全國高等院校古籍整理研究工作委員會規劃重點項目

二〇一一——二〇二〇年國家古籍整理出版規劃項目

國家古籍整理出版專項經費資助項目

俞樾全集

汪少華 王華寶 — 主編

春在堂隨筆 九九銷夏錄

（清）俞樾 — 著

王華寶 — 整理

鳳凰出版社

總目

春在堂隨筆

目録

前言

《春在堂隨筆》是俞樾衆多雜著中的一種，共十卷。從内容來看，分卷列條，每條無標題，主題不集中；由篇幅而言，各卷大體相當。可見，該書是他根據平日所作筆記整理而成，大體按成稿的先後排序。北京師範大學圖書館藏有殘稿本一卷多，據于天池的研究，成稿後又續有訂正。

一、書名的來源

俞樾有據所居之處爲書命名的習慣，如《俞樓雜纂》《右台仙館筆記》，且有以「春在堂」命名的系列，本書即其中之一，並將一生著述亦總括爲「春在堂全書」。卷一首條即談及，因試詩中首句「花落春仍在」爲曾國藩所激賞，稱「他日所至，未可量也」，儘管俞氏在官場並不得意，「雖名山壇坫，萬不敢望，而窮愁筆墨，倘有一字流傳，或亦可言『春在』乎。此則無賴之語，聊以解嘲，因顏所居曰『春在堂』。他日見吾師，當請爲書此三字也」，闡明了居處及書名的來源。

二、本書内容及其學術文化價值

《春在堂隨筆》是一部包含有學術考證、詩文雜録、社會民情、時政議論、個人經歷等的綜合隨筆録，多有可取之處。有涉時事及議論者，如卷二記「西人有醫士名合信者，著《博物新編》，内載有用電氣製煉字畫銅板之法」，卷七有「自鴉片烟入中國，而受其害者日甚，於是戒烟之方亦日出」，而記戒烟方；卷九記「道光辛丑歲，英夷犯定海，陷之，浙東西皆聳」。卷十記「露宿黄河之堤」作詩，連及「後讀《漢書・溝洫志》」，「光緒十三年，河決鄭州，安徽董紫珊毓琦獻二策」，參見《爾雅》等，縱論治理黄河事。

有文史考釋或議論者，如關於經史的議論，卷三有「經學無底，史學無邊。經學深，故無底，史學太汗漫，故無邊」之説；又有關於同治時書局會刻「二十四史」事，記潘鴻的觀點，論各版本之優劣、「備校各書」以及「天文、曆法等志，非平時所專習者不能訂其訛奪，每局應延請精於曆算星學者一二人，專校天文各志」；又記述《明紀》成書經過，「蓋此事惟余知之詳也，故紀之於此，以告海内讀《明紀》者」；卷二記「永懷堂《十三經注》」「今其版在浙江書局，余取觀之，其謬誤甚多。尤可笑者，《孝經》題漢鄭氏注，而實則唐玄宗注也」。其説至今仍有借鑒意義。

談文學的如卷九「詩人不解經義，由來久矣」，「乃知小説家多依仿古事而爲之也」的議論，卷十記「許氏長外孫女三多……于歸後，爲其壻捉刀，作試帖詩甚工。女子能詩者多，能爲試帖詩者頗少。因録二首」，均有可觀之處。

關於個人行歷，書中多有記載，其中可用以研究俞氏本人的材料極多，如卷一記曾國藩之賞識及言「李少荃拼命做官，俞蔭甫拼命著書」，又有「天風吹我下蓬瀛」之感嘆；卷三記有「余舅氏姚平泉先生……嘗自謂，以出世之心行入世之事。斯言余終身誦之」；卷四考述俞氏所自出；卷八「余於庚辰歲，既免喪，其明日，即手題一聯懸春在堂云：『越水吴山隨所適，布衣蔬食了餘生』」；卷一記《春在堂全書》各書情況「今列所著書目於此」；卷八「余著《右台仙館筆記》以《閱微》爲法，而不襲《聊齋》筆意，秉先君子之訓也」，等等，對研究俞氏生平與著作當有助益。

俞樾治學，注意運用石刻、碑帖、畫像資料等，來考證古代經史之文，如卷一有「吕本南茂才，又以王右軍《平安帖》墨迹見示」，卷二有「沈韵初孝廉樹鏞，以趙廿二年石刻見示」，「韵初又示余南武陽功曹墓闕畫像題字」，「咸豐二年，餘姚客星山新出一漢碑」。俞氏且注意與他書互校互證，以見其價值。如卷二記紹興禹穴的石刻，因得搨本，與王昶《金石萃編》、阮元《兩浙金石録》互證，考其「至今可辨者」。卷七有記龍洲所存韓愈《偃王廟碑》搨本殘文，與清刻韓愈文集相校，辨其異同。此皆顯示其治學的特點。

其内容，趙宣、張桂蘭《文獻學視域下的〈春在堂隨筆〉考略》（《圖書館學刊》二〇一五年第三期）一文有詳細的統計、分析和歸納，分類統計爲：一、軼聞掌故一百三十九則；二、小學考釋十九則；三、文學考釋與評定三十則；四、史學考釋與評定十四則；五、經學考釋與評定三則；六、鐘鼎石刻考釋與評定二十三則；七、佛經考釋與評定四則；八、天文曆法考釋與評定六則；九、天文曆法考釋與評定六則；十、游歷二十一則。並揭示「軼聞掌故」「是全書占比最大的一部分，除了十九則名物、五則人物、二則地理、六則書法外，還涵蓋了一則記時、一則圍棋、三則西學、一則外域歷史、二則造船、一則時政」。並進而歸納「他的特點是不專攻經學，重視民間文學，於文學也頗有成績。所以，反映在《春在堂隨筆》中，『經學考釋與評定』僅占很小的比例，其餘則廣泛涉及『小學』『文學』『史學』『鐘鼎石刻』『佛經』等諸多領域」。這些統計和分析，印證該文揭示的《春在堂全書》的學術文化價值：「自道光二十年（一八四〇）到清末的七十年間，更是清代筆記的百花齊放時期，俞樾的一生則恰恰貫穿了晚清這七十年的光陰。歐風東漸，晚清各種社會思潮此起彼伏，爲筆記與文學以多重價值、多重視角審視歷史與記録現實創造了條件。所以，它不僅是中國古典筆記的終結，而且是近代白話筆記的開端。」

三、版本傳承與整理概況

本書版本，多爲《春在堂全書》本，由八卷增至九卷、十卷本，也有幾種單行本，並民國版附《小浮梅閒话》共三册本等。

又有殘稿本一卷多存世。據于天池《跋〈春在堂隨筆稿〉》（《北京師範大學學報》二〇〇〇年第二期）介紹：北京師範大學圖書館藏《春在堂隨筆稿》爲俞樾的手稿本。一册，半頁八行，行十九字，封面題「俞曲園手寫《春在堂隨筆稿》，煜峰」，扉頁小篆「春在堂隨筆」，爲俞樾親筆題簽。《春在堂隨筆稿》通篇用隸書書寫，體現了俞樾「自幼不習小楷書」，「尋常書劄，率以隸體書之」的特點。稿本不分卷，起於「余自幼不習楷書，而故事：殿試考試，尤以字體爲重……」，止於「餘姚新出一漢碑……吴君康甫有釋文，當求其詳並證異同也」。相當於通行本的第一卷及第二卷的前半部分。吴受福在跋文稱稿本爲「隨筆第一卷」，並不十分符合實際。與通行本比較，稿本除不分卷外，在内容編排上缺通行本卷一第十八條「余壬子散館後未引見」，卷二第一條「陸存齋觀察心言嘗問余曰」。而在第八條後多出「『刑部員外郎蔣君鳳藻妻彭乃泳莪相國女孫，相國疾病，封臂肉和藥以進。同治四年，臺臣以聞，旌如例。按國初定制，割股不准旌表。世宗憲皇帝以爲既有此事，若不與旌表，無以彰苦志，見雍正六年上諭。是愚孝亦聖人所許矣。余親串中有署安義縣周祖誥女仲英割臂療母，病竟愈。又有蔡子泉秀才妻姚惠割臂療夫，病竟不愈。是二人者皆于例宜旌者也，姑識于此』。周事在咸豐四年，姚事在同治四年。另外，稿本中第八條『余著《考工記世室重屋明堂考》』，在通行本中則移入卷四第十三條中，並且文字上做了很大的變動。」于文認爲「從具體的條目表達上看，通行本較稿本有了較大的增删潤色。有的是内容上的補充……有的是文字上的加工……有的則是表達上的訂正」，「稿本的校勘價值還是很大的」。

新整理的單行本則有江蘇人民出版社版、鳳凰出版社版、遼寧教育出版社新世紀萬有文庫本、新文豐出版公司版、内蒙古人民出版社版等。本次整理標點，以光緒二十五年版《春在堂全書》重訂本中的《春在堂隨筆》爲底本，參考蔡啓盛《春在堂全書校勘記》及所涉相關典籍，參校新整理本，個别排版訛誤徑行改正。

王華寶

二〇一六年七月

春在堂隨筆一

余自幼不習小楷書，而故事殿廷考試，尤以字體爲重。道光三十年，余中進士，保和殿覆試，獲在第一，人皆疑焉。後知其由湘鄉相公。湘鄉得余卷，極賞其文，言于杜文正，必欲置第一。群公聚觀，皆曰：「文則佳矣！然倉卒中安能辨此？殆録舊文耳。」湘鄉曰：「不然。其詩亦相稱，豈詩亦舊詩乎？」議遂定。由是得入翰林。追念微名所自，每飯不敢忘也。時詩題爲「淡烟疏雨落花天」，余首句云「花落春仍在」，湘鄉深賞之，曰：「此與『將飛更作迴風舞，已落猶成半面妝』相似，他日所至，未可量也。」然余竟淪棄終身，負吾師期望，良可愧矣。湘鄉出入將相，手定東南，勛業之盛，一時無兩。尤善相士，其所識拔者，名臣名將指不勝屈，獨余無狀，累吾師知人之明。同治四年，余在金陵，寓書于公，述及前句，且曰：「由今思之，蓬山乍到，風引仍回，洵符花落之讖矣。」然比來杜門撰述，已及八十卷。雖名山壇坫，萬不敢望，而窮愁筆墨，儻有一字流傳，或亦可言「春在」乎。此則無賴之語，聊以解嘲，因顔所居曰「春在堂」。他日見吾師，當請爲書此三字也。

肅毅伯李少荃制府，于鄉榜爲同年，于翰林爲前輩，然未嘗一面也。同治元年，公奉命撫江蘇，駐上海。有商華伯太守者，亦甲辰同年也。公見之，問曰：「浙江同年有孫琴西、俞蔭甫二人，頗識之否？」以相識對。問所在，無以應也。適章采南修撰視學閩中，取道上海，亦甲辰同年也。華伯問，知余在天津，以告公。公喜曰：「若致書，先爲吾道意。」余聞而感之，然不知公何以知余也。同治四年，余始識公于金陵。請其故，公曰：「湘鄉告余也。」庚戌會試後，余問湘鄉今科得人否，舉君名以告，因識之不敢忘。去年，余充江南鄉試監臨官，見湘鄉公于金陵，猶能誦君覆試時詩也。」樾歎曰：「以樾之不肖，猶未見棄于師友如此，可感亦可媿矣。」公又謂余曰：「丁未前庚戌一科耳，然丁未翰林，入任卿貳、出任封疆者數人矣。庚戌何落寞如此，豈所謂榜運乎？」余曰：「榜則何運之有？存乎人耳。丁未有老前輩一人，榜運安得而不佳？庚戌有學生一人，榜運安得而佳？」公大笑。未幾，公延余主講蘇州紫陽書院，適琴西主講杭州之紫陽，余因以書報公曰：「庚戌有兩紫陽焉。老前輩聞之，得無詫榜運之闊乎？」

余與孫琴西衣言三爲同年：道光十七年丁酉科，君得拔貢，余中副榜；廿四年甲辰科同舉於鄉；三十年庚戌科同成進士。相得甚歡，而論詩不合。故余嘗贈以詩曰：「廿載名場同得失，兩家詩派異原流。」然君刻《遜學齋詩》十卷，止余一序。余于咸豐九年刻《日損益齋詩》十卷，亦止君一序也。同治四年，兩人分主蘇、杭紫陽書院，又贈以詩曰：「廿年得失共名場，今日東南兩紫陽。」一時以爲佳話，其詩均存集中。

同治四年，余至杭州。時劉笏堂汝璆攝杭州守，奇士也。署中僮僕止四人，内室無婢媪，其夫人至躬洗厠牏焉。自述其家世寒微，父幼時，負炭鬻之市，顧善治生，積貲累巨萬。然盡散之宗族，不名一錢，止存薄田數畝，供饘鬻而已。五日一食肉，肉不得逾八兩。性嗜琴，雖逆旅之中，未嘗一日不與琴俱也。母七歲來歸，每日以米少許，雜莧菜煮鬻食之。劉君既貴，爲「慈莧圖」紀其事。湘鄉相公曰：「子不可有母而無父。」乃因父嗜琴，易之爲「琴莧圖」。圖中琴一張，莧一筐，無他物。求詩于余，余爲作長歌一章。適琉球國貢使東子祥國興過杭州，乃琴西舊爲琉球官學教習時弟子也，以琉球紙詒琴西，余因亦得之，爲篆書「琴莧圖」三字贈焉。君少時即能飲酒，父戒之曰「非至五十歲不得飲」，自是不内勺飲矣。余與同席者二次，未嘗見其一舉杯也。語余曰：「吾挂名仕籍，亦父命也。父嘗行市中，遇冠蓋者避不及，前驅者鞭箠及之，微傷於額，歸而慍焉，呼吾而詔之曰：『汝過三十歲必出仕。』故不得已而從軍，積功得官，慰吾父地下也。」君雖以軍功顯，然恂恂儒雅。論爲政，必以教民爲先；議興鄉課，欲行之一州八縣。見余所著《群經平議》，曰：「是不可不刻也。盍寫副本畀我？」及余臨行，君贈以寫書之費。徐問之，則假之錢肆者也。其夫人亦賢婦，雖居太守署，然守家法，五日市肉八兩如故。君以其病，謀少益之，夫人不可，曰：「家法不可由吾壞，若少益之，上何以對舅姑，下何以對子婦哉？」君又欲傭一人代之執爨，又不可，曰：「君繼母在家，莫爲之役，奈何以婢媪役於我？」

鎮洋方毓辰著《毛詩句解析疑》十四卷，每句采先儒舊說，微有折中，雖不能自成一家之學，然其用力勤矣。同治四年，余至上海，於同年應敏齋觀察署中見其書。時方君已死，其子孫不能守，謀并其姓名而鬻之。問其直，曰：「洋泉一百二十。」余謂敏齋曰：「賣者不孝，買者不仁。此事君胡與焉！將來倘有餘力，爲刻其書，而以其版付彼子孫，使食其利，此則仁者之用心矣。」敏齋深然之。余即還蘇州，未知其終，姑記於此。他日或竟有買此書者易姓名而刻之，得此，猶可證其真僞也。

寶山蔣敦復，字超存，號劍人，著《嘯古堂詩集》。方江浙陷賊時，著《憤言》一篇，《議戰》、《議守》二篇，《萬言書》一篇，亦留心天下事者。又著《兵鑑》一書，刺取諸史中言兵事者，分爲四門：曰兵律，曰兵謀，曰兵機，曰兵戒。惜其書未成。其已成書者，惟《英志》八卷，紀英吉利國事甚詳。英吉利自宋英宗治平元年以來，分爲五朝，始有歲月可紀。第一朝曰諾曼的，其二曰北藍大日奈，其三曰都鐸爾，其四曰斯底亞爾的，其五曰伯崙瑞格。今其女主亞勒山的那維多利亞，乃伯崙瑞格朝第六主也。其傳國之法，傳子亦傳女，傳兄弟亦傳兄弟之子，若女，傳女子之子，亦傳女子之女。真殊俗哉。

蘇州新設紫陽書院，在梵門橋，舊爲吴氏屋。道光十七年，余過蘇州，適太恭人族弟松田老人主於吴氏，余因得識吴氏昆弟，飯於其聽事之西偏。至道光二十年，其屋歸於邵氏。咸豐十年，賊陷蘇州，據其屋爲僞府。官軍收復後，遂改爲書院。同治四年，當事者延余主講，乃移居焉。回憶飯此時，止二十九年耳，而屋已再易主，而皆不能有。余以當時一飯之客，反得爲此屋暫作主人。夢幻泡影，大率類此。世之人輒思爲子孫百世之計，何爲者也！松田老人年已七十，尚寓吴中，時來書院，與余談舊事甚悉。留此老眼以閱興亡，造物者其有意乎？

《論語徵》甲乙至壬癸十卷，日本物茂卿撰。其書每葉二十行，每行二十字，每卷首末兩葉版心，皆有「滕元啓謹書」五字。同治五年，戴子高於杭州書肆得之，以示余。其大旨好與宋儒牴牾，然亦有謂朱注是處，議論通達，多可采者。惟謂上《論》成於琴張，下《論》成於原憲，故二子獨稱名。此則近於臆説，然亦見會意之巧矣。今録數事於左：

千乘之國。萬乘、千乘、百乘，古言也。謂天子爲萬乘，諸侯爲千乘，大夫爲百乘，語其富也。如千金之子，孰能計其囊之藏適千而言之乎？古來注家，布算求合，可謂不解事子雲矣。

學則不固。謂不固守一師之説。傳曰：博學無方，孔子無常師。

爲政以德。爲政，秉政也。以德，爲用有德之人。秉政而用有德之人，不勞而治，故有北辰之喻。

五十而知天命。五十，命爲大夫，五十而爵不至，有以知天命也。知天之命我以傳先王之道於後也。

舉直錯諸枉。蓋以積材之道爲喻。積材之道，以直者置於枉者之上，則枉者爲直者壓而自直矣。故曰能使枉者直。

子奚不爲政。我死子爲政，謂秉柄於其國也。疇昔之羊子爲政，謂秉柄於其事也。此章孔子爲大夫時事。聖人施爲，不與常人同。於其官政，不必屑屑然有所更張，然其意豈或人所能知？故引書答之。

季氏旅於泰山。古注以爲譏僭。然觀其引林放，則孔子之譏在奢不在僭。必季氏爲魯侯旅，而其行禮徒務美觀故爾。後儒每言及季氏，輒謂之僭，豈不泥乎？

禘自既灌而往者。《易》曰：「觀，盥而不薦。」王弼引此章。《祭統》曰：「獻之屬，莫重於祼。」灌、盥、祼通用。孔子於禘，欲觀其大者，而不欲觀其小者，重本也。但《易》觀盥，凡祭皆然。禘爲大祭，故特言之。

無適也，無莫也。《無量壽經》《華嚴經》皆有「無所適莫」之文。《華嚴經》慧苑《音義》引《漢書》注曰：「適，主也。」《爾雅》曰：「莫，定也。」謂普於一切，無偏主親，無偏定疏。澄觀《疏》曰：「無主定於親疏。」《無量壽經》慧遠《義疏》曰：「無適適之親，無莫莫之疏。」璟興《連義述文贊》曰：「適，親也；莫，疏也。」乃知適莫爲親疏，古來相傳之説。

宰予晝寢。晝處於寢也。《檀弓》曰：「夫晝居於内，問其疾可也。」

孰謂微生高直。高，蓋孔子鄉人，以直見稱，孔子亦愛之。故反言以戲之，親之至也。意者，孔子家乞醯，曰「或」者，佯爲不知，皆戲言。若他人乞之，則是瑣事，孔子何與聞其瑣事乎！

三年學，不至於穀。穀，禄也。不曰禄而曰穀，謂禄之薄者，蓋廪俸也。學三年，而其所學未成可禄之才，是志大而學博者也，故曰不易得也。

達巷黨人。達巷，姓；黨人，名。

食不語，寢不言。語者，誨言也，如樂語合語之說。古者飲食之禮，如養老有乞言合語是也。然當食不語，食訖乃語，所以尊道。故君子平日亦依其禮，當食不誨言也。寢者，内寢也。言者，言政事也，如高宗三年不言是也。内寢不言政事，所以敬天職。

期月而已可也。先王之政，有月令焉。未期，則設施猶有未周。

齊人歸女樂。據《孟子》：「膰肉不至，不稅冕而行。」無歸女樂事。疑歸女樂與不致膰，本非一時之事。史公合二事以係於定公十四年，非也。莊周書亦言孔子再逐於魯。

君子惡居下流。謂紂之爲逋逃藪也。衆惡人歸紂，而紂受之，其所自爲惡雖不甚，而衆惡人所爲惡，皆紂之惡也。故曰：天下之惡皆歸焉。

華亭尹仌叔鋆惪，以其祖母黄紡織圖索題。圖中題者甚衆，有張春水七古一章，署云：「吳江張瀚未定草，璞卿女史陸惠書。」鈐一小印，云：「文章知己，患難夫妻。張春水、陸璞卿合印。」亦詞場佳話也。

同年勒少仲觀察，以史忠正祠墓圖索題。圖中有陳君弢詩[一]，自注云：「史閣部復攝政睿

[一] 弢，原作「𢎺」，據清蔡啓盛《春在堂全書校勘記》改。

親王書，乃樂平王綱字乾維者代筆，見南昌彭士望《耻躬堂集》。」余惟忠正此書海內盛傳，然莫知其爲王君筆也，故特表而出之。

余生平謬以文字受海內名公鉅卿之知，雖云過當，然或者尚有以致之也。乃童稚之年，芒無知識，而一二老輩殷殷期許，殊不可解。迄今老大無成，有負其意，爲之汗顔。每擬仿隨園老人作感知己詩，因循未果，偶記二事於此：一爲處士黄公。公忘其名，但記其行五耳。余七歲時，先君子爲求昏平泉舅氏第四女，舅氏已許之，姈氏猶豫。黄公乃姈氏之弟也，偶省其姊，知此事，詫曰：「此佳壻也！今失此壻，他日雖列萬炬以求之，豈可得邪？」議遂決。是時，余一童子耳，讀書魯鈍，不異常兒，不知公何所見而云然也。一爲孫公。公名家球，字竹孫。娶於戴氏，乃先君子中表妹。而吾兄壬甫，又公之壻也。故余少時即讀書公家。一日，公與余共飯，譽之不啻口出。時公有兒子在旁，和之曰：「兩俞難兄難弟，他日顯達，可操券也。」公正色曰：「爾勿草草，若小俞者，豈獨簪纓中人邪，乃當代之傳人也。」余時方治舉子業，爲八股文字，懼不中繩墨，了不知可傳者爲何物也。公卒於道光二十四年。余初舉於鄉，往問公疾，疾已篤矣。執余手曰：「吾死後，子爲我作小傳，或銘誄，但得見名字於集中，九原無恨矣。」今《賓萌外集》中有《竹孫孫公誄》一篇，然文體卑弱，未足報公地下也。

上海曹海林學博，出示宋敕書一，其文曰：「敕朝奉大夫新除司封郎官曹緯。」敕文凡七十八字，皆行書，筆勢飛動。末書：「奉敕如右，牒到奉行，□年四月八日下。」惜年字以上皆闕，不知其年號云何也。又有圖像二，緋衣秉笏，儀容甚偉。又有「文武登庸曹氏流芳家寶」行書十字，大可五寸許，末署「晦翁」，晦字亦剥蝕，然尚可辨識，惟「緯」不知何人。曹氏以宋武惠王爲遠祖，武惠七子：璨、玥、瑋、玹、玘、玗、琮，字皆從玉。而此敕書，是緯非瑋，字迹分明。且瑋亦未始爲司封郎官，則不得即以爲武惠子也。《宋史》又有曹輔，南劍州人。輔之子曰紳，豈緯與紳兄弟行歟？又有曹彦約，都昌人，嘗從朱文公講學，此有「晦翁」題字，豈即彦約之先人歟？是皆不可知，因漫書數語於其後而歸之。

湘鄉相公有《聖哲畫像記》，其略曰：「書籍之浩浩若江海，然非一人之腹所能飲盡也，要在慎擇而已。余既自度其不逮，乃擇古今聖哲三十三人，命兒子紀澤圖其遺像，都爲一卷，藏之家塾。後嗣有志讀書，取足於此，不必廣心博騖。而斯文之傳，莫大於是矣。」其圖文王、周公、孔子、孟子爲一圖，左氏、莊子、司馬子長、班孟堅爲一圖，諸葛孔明、陸敬輿、范希文、司馬君實爲一圖，周茂叔、程伯淳、程正叔、張子厚、朱元晦爲一圖，韓退之、柳子厚、歐陽永叔、曾子固爲一圖，李太白、杜子美、蘇子瞻、黄魯直爲一圖，許叔重、鄭康成、杜君卿、馬貴與爲一圖，顧亭林、秦味經、姚姬傳、王懷祖爲一圖。而總論其後曰：「學問之道有三，曰義理，曰詞章，曰考據。如文、周、孔、孟之道，左、莊、馬、班之才，誠不可以一方體論矣。至如葛、陸、范、馬，在聖門則以德行而兼政事者也；周、程、張、朱，在聖門則德行之科也：皆義理也。韓、柳、歐、曾，李、杜、蘇、黄，在聖門則言語之科也：所謂詞章也。許、鄭、杜、馬，顧、秦、姚、王，在聖門則文學之科也；顧、秦於杜、馬爲近，姚、王於許、鄭爲近：皆考據也。此三十三子者，師其一人，讀其一書，終身用之，有不能盡。」末復括以歌曰：「文、周、孔、孟，班、馬、左、莊，葛、陸、范、馬，周、程、朱、張，韓、柳、歐、曾，李、杜、蘇、黄，許、鄭、杜、馬，顧、秦、姚、王。」同治六年，余至金陵，湘鄉公留宿節署，因得見之，而記於此。

金陵之游，以玄武湖觀荷花爲最〔一〕。是日，余將行矣，湘鄉公餞之於妙相庵，先與幕府諸君登太平門樓，觀沅浦中丞由地道攻克金陵故迹。遂出城，至玄武湖，湖方十餘里，遍種荷花。各乘小舟，穿花中而過，紅衣翠蓋，亭亭可愛。公所坐舟與余輩大小無異，而有司供張者，以使相之尊不可露坐，施小帷帳蔽之，然止能繞花而行，不能直入萬花深處矣。余笑曰：「山人之

〔一〕玄武湖，原作「元武湖」，避諱也，今徑改。

樂，過於宰相，即此可見也。」

沅浦中丞由地道攻克金陵處，名龍脖子。時缺口已修補，有湘鄉公紀事碑，亦甚簡略，末有銘曰：「窮天下力，復此金湯。苦哉將士，來者無忘。」可見當時力戰之艱。同游者有趙惠甫，曾躬在行間，於雨花臺望見之，云：「是日爲同治三年六月十六日，黎明微雨，旋霽。日中又雨，大聲忽發，磚石俱飛，倏忽之間而烟氣迷漫不見天日。及烟散，則見城中龍廣山上萬蟻蠕蠕，蓋皆人也。時我軍已由缺口入城矣。俄而旌旗盡開，四面齊下，而賊所據僞府同時火起矣。未入城時，上有黑雲，大數畝許，歷久不變。及我兵長驅入而黑雲亦與之俱，是殆有神助乎！」余有詩紀之，皆據趙語。

江艮庭先生，生平不作楷書，雖草草涉筆，非篆即隸也。一日書片紙，付奴子至藥肆購藥物，字皆小篆，市人不識。更以隸書往，亦不識。先生慍曰：「隸書本以便徒隸，若輩并徒隸不如邪？」余生平亦有先生之風，尋常書札率以隸體書之。湘鄉公述此事戲余，因録之以自嘲焉。

湘鄉公喜諧謔，因余鋭意著述，戲之曰：「李少荃拼命做官，俞蔭甫拼命著書，吾皆不爲也。」余聞而自媿，亦以自喜。然少荃伯相，功業爛然，爲中興之冠；余窮愁著書，醬瓿上物耳，且自中州罷歸，已逾十稔，而所著書，止一百餘卷，乃與中興名臣同一拼命，豈命果有貴賤乎？今列所著書目於此：匧書二種：《群經平議》三十五卷，《諸子平議》三十五卷；《第一樓叢書》九種：《易貫》五卷，《玩易篇》一卷，《論語小言》一卷，《春秋名字解詁補義》一卷，《古書疑義舉例》七卷，《兒笘録》四卷，《讀書餘録》二卷，《詁經精舍自課文》二卷，《湖樓筆談》七卷；集二種：《賓萌集》五卷，《賓萌外集》四卷；《春在堂書》六種：《雜文》二卷，《詩編》六卷，《詞録》二卷，《尺牘》及《隨筆》未定卷數，《楹聯録存》一卷；外書二種：《袖中書》一卷，《詁經精舍内外篇》未定卷數〔一〕。嗟乎！文士名心，書生習氣，緘石知謬，享帚自珍。聊記其大略，亦見窮命之不值一錢也。

余壬子散館後，未引見。戲書一詩黏齋壁云：「天風吹我下蓬瀛，敢與群仙證舊盟。好向玉堂稱過客，重煩丹筆注微名。升沉有數人難挽，造化無心事總平。卻笑隨園老居士，落花詩句太關情。」跋其後云：「散館改官，口占一律。」同年愼延青毓林見之而笑。及引見後，蒙恩授編修。延青過余齋，喟然長歎。余問何歎，延青曰：「吾歎此一首好詩，將來編集時，竟無從安

〔一〕 按，今傳《春在堂全書》，因版本差異，卷數不一，後刻已達五百餘卷。

頓也。」相與大笑。然余不久即免官。回首玉堂，真同過客，「天風吹我下蓬瀛」，斯言驗矣。延青今已下世，不及與之追理前説。懷舊悽愴，爲之腹痛。

同治七年，余主講西湖詁經精舍。精舍有樓三楹，余每日憑欄俯瞰，湖光山色，皆在几席間，甚樂也。每思造一小舟，艤之隄下，興之所至，縱其所如。暮景晨曦，隨時領略，庶幾不負湖居。乃閲《西湖志》，有明人聞啓祥《西湖打船啓》一篇，適與愚意合。啓祥，字子將，萬曆間舉南雍，與計吏入京師，至國門，忽意不自得，徑返。後屢以薦被徵，悉辭不赴，見《錢唐縣志》。又《靈隱寺志》稱其絶意仕進，築阿西山，言語妙天下。即此啓，足見一斑也。今録其略云：「欲領西湖之勝，無過山居，而予尤不能忘情於舟。山居，飲食寢處，常住不移，而舟則活。山居看山，背面橫斜，一定不易，而舟則幻。昔馮開之先生既築室孤山，又買一舟佐之，白頭老宿，時時蕭然讀書其中。三十年來，風流頓盡，罕有繼者。予及二三兄弟，素懷此志。而書生無暇，兼亦無資。陸放翁云『一事尚須煩布策，幾時能具釣魚船』，正謂是也。嚴子印持，向有糾會打船之議，事未果行。今予踉蹌北歸，造物予我以閑，亟思一舟爲避事息躬之所，而瓶鉢罄然，不能不重理前説。願期同志十人，各輸十千，共成一舟，請自隗始，其餘次第成就。十年以還，便可人主一舟。舟不必大，如少陵云『野航恰受兩三人』，略加開拓，可容五六，不啻大矣。亦不必華，如白傅云『細篷青蔑織魚鱗』，略參眉公所謂『朱欄碧幄，明櫺短帆』，不啻華矣。尤不必高。西湖妙在裏湖，正如美人寢幃，神仙別館，窈窕深靚〔一〕，殆不可名。今船必著樓，遂令斷橋以北、六橋以西，封以丸泥，恍同函谷，此何理也？放翁又云『船設低篷學釣徒』，卻又太低。但使俯仰笑談，冠纓不礙，則亦不啻高矣。楊肥翁嘗有打船說，制度詳明，可垂金石。今舟成之日，廣列科條，除其苛法，約以三章，此誠伊人之典型，舟居之律令矣。」篇中所稱馮開之先生，名夢禎，萬曆丁丑進士，官南京國子監祭酒。移病去官，築庵孤山之麓，名其堂曰「快雪」。見錢牧齋所撰墓志。舊《錢唐縣志》稱其晚年製桂舟，貯書畫，遨游西湖，竟月不返。其風趣可想也。

厲樊榭《湖船録》云：「黄貞父儀部，用巨竹爲泭，浮湖中。編篷屋其上，朱闌周遭，設青幕障之，行則揭焉，支以小戟。其下用文木，斵平若砥，布於泭上。中可容六七胡床，位置几席觴豆，旁及彝鼎、罍洗、茶鐺、棋局之屬。兩黄頭刺，撑之而行。吴江周本音名之曰『浮梅檻』。」此事極新奇可喜，黄以前未有聞，後亦無繼者。果此制可行，豈不視造船更省乎？稽《仁和縣

〔一〕 靚，原作「艷」，清蔡啓盛《校勘記》作「靚」。靚，通静。深靚，即深邃寧静。

志》，黄汝亨字貞父，萬曆二十六年進士，授進賢知縣，遷南京工部主事，升禮部郎。尋遷江西提學僉事，進布政參議，謝病不復出，結廬南屏小蓬萊，題曰「寓林」。有《寓林文集》三十卷，詩六卷。蓋其人亦風雅君子也。貞父有《浮梅檻記》一篇，今録其略云：「客夏游黄山白岳，見竹筏行溪林間，好事者載酒從之，甚適。因思吾家西湖上，湖水清且廣，雅宜此具。歸而與吴德聚謀製之，朱欄青幕，竟與烟水雲霞通爲一席，泠泠如也。按《地理志》云：『有梅湖者，昔人以梅爲筏，沈于此湖，有時浮出，至春則開花，流滿湖面。』友人周本音至，遂欣然題之曰『浮梅檻』。予時與韵人禪衲，倘徉六橋，觀者如堵，俱歎西湖千載以來未有，當時蘇、白風流，意想不及。此人情喜新之談。夫我輩寥廓，湛妙之觀，豈必此具，乃與梅湖仙人争奇哉。」以上並儀部自記之文。同時王在晉作《浮梅檻賦》，湯臨川亦有《浮梅檻詩》，足見其傾倒一時矣。其子婦顧若璞，有《同夫子坐浮梅檻詩》。

吴江吕本南茂才多保，以其先世文穆公墨迹求題，因得展視，行書八字，大可二寸許，云「飛翠鳴玉，出入禁門」。又有小字兩行，多漫漶不可辨。適徐誠庵大令本立來，與之審視。徐云：「紙有破碎處，裝潢拙工，誤顛到之耳。」因爲移正，居然可識，其文云：「齊僕射玄暹有讓表云，宋世子老師吕蒙正書。」然語仍不可解，或尚有闕文也。卷中有道光十年裔孫晉昭跋，云：「崇禎甲戌，五世伯祖非庵公，諱一經，督學中州。五世祖聲王公隨至洛陽，有某氏手卷，題首八字，係文穆公書，遂以金易之，珍藏於家。」云云。至此八字，未詳所出。潘安仁《西征賦》云：「飛翠緌，拖鳴玉，以出入禁門者眾矣。」齊僕射讓表或襲用其語，然僕射亦未知何人。題跋諸公，都不置一詞。余漫題數語而歸之，因識於此，當更核也。

吕本南茂才，又以王右軍《平安帖》墨蹟見示。其文曰：「適得足下書，深有感切。遂冀平安，不暫面。王羲之頓首。」墨色闇淡，紙質亦多損壞。有内府寶玩印，又有張九齡、歐陽修名印，餘兩印不甚可辨。其前有明敕云：「頃四明所進王羲之《平安帖》，筆墨飛動，古勁圓朗，真跡無疑。敕卿等重加審定，裝潢成卷，諸跋不必删去可也。宣德四年夏六月武英殿敕。」其後有魏徵跋、賀知章跋、薛紹彭跋、東坡居士蘇軾跋、黄庭堅跋、放翁陸游跋、趙孟頫跋，班惟志七言絶句一首，又有米芾、顧瑛、許衢、張羽、李和、吴寬、朱澤民、高啓諸人名印。余不能辨其真僞，亦不敢率題一語。留數日而歸之，姑記所見如此。

余課士詁經精舍，以司馬温公隸書家人卦賦命題，限「涑水崖碑半緑苔」爲韵。諸生押涑字，皆入屋韵，獨朱君鏡清押尤韵。余按大徐本《説文》：「涑，瀚也。河東有涑水。速侯切。」小徐本：「涑，瀚也。一曰河東涑水。相玉反。」是此字二徐異讀。然《左傳》「伐我涑川」，《釋文》：「涑，徐息録反。又音速。《字林》同。」則涑水之涑，當讀入聲，固魏晉以來舊讀矣。又考《玉篇》：「涑，先侯切，濯生練也。又先候切，與漱同。又先卜切。」是涑字有平去入三音：讀平聲者，即涑瀚之本義；讀去聲者，爲盥漱之借字；讀入聲者，顧野王不説其義，而以《左傳釋文》證之，則爲涑水字無疑矣。朱君故押尤韵，未免好異之見也。

余又嘗以張景陽「有渰興南岑」句爲題，諸生或以渰字作平聲。余謂題出《文選》，義本《毛詩》。陸德明《毛詩音義》云：「有渰，本又作弇，於檢反，雲興貌。」李善注《文選》曰：「渰與弇同，音奄。」則此字不當讀平聲也。及還蘇寓，偶以語徐誠庵大令本立。次日，以一紙見示云：「渰字，《韵府群玉》入覃韵，無仄聲。《韵府拾遺》入儉韵。今坊本或收入平聲，或平上兼收。以此。按《集韵》覃談鹽沾嚴咸銜七韵，俱無渰字。上聲五十琰渰字注：『衣檢切。《説文》雲雨貌，或作霒。』考《字典》渰字注：『《唐韵》《集韵》《韵會》衣檢切，《正韵》於檢切，並音奄。』是由《唐韵》以至韓道昭《改併集韵》，渰字俱讀上聲，無入平韵者。雖未知《平水韵》書何如，然黄公紹《韵會》一遵劉氏意，《平水》亦與《韵會》同，惟陰氏時中反之。檢今韵十三覃渰字注：『烏含切，没也。』渰之訓没，不知何本，疑淹字之假借。《集韵》去聲五十五艷淹字云：『於贍切，没也。』可悟訓没之由，乃既以淹爲渰，又誤於贍爲烏含，遂以艷韵而收入覃韵，真歧中之歧矣。」

徐君爲余三十六年前同補博士弟子員之老友，精於音律，以一字而遍檢群籍，求其本音，亦可謂留心小學者矣。聞其著《詞律拾遺》，頗足爲萬紅友功臣，未知能卒業否。其所撰《荔園詞》二卷，余已爲序而行之。

白太傅詩云：「猶有夸張年少處，笑呼張丈與殷兄。」然則古人所稱兄者，必其年長於己者也。王補帆同年，小於余者兩歲，每謂余宜弟之而勿兄，然尋常書問，習貫爲常。率爾落筆，輒誤以弟自稱，因戲於弟上加眔作罤，注其旁曰：「周人稱兄曰罤。」錢子密吏部與余約如補帆，余亦嘗誤自稱弟。子密報云：「何不用周人稱兄之例？」亦尺牘中一故事也。

余著《群經平議》，解《尚書》「巽朕位」，巽是纂之假字。及讀薛尚功《鐘鼎款識》有《宰辟夫敦》三，其文並云「用饌乃祖考事」，蓋假饌爲纂也，可證成余說。又著《諸子平議》，解《晏子春秋》「賴君之賜，得以壽三族」，壽是保之假字。而薛書載《叔液鼎》、《魯正叔盤》，並云「永壽用之」，即永保用之也，亦可證成余說。古彝器銘詞之可寶貴如此。

長洲褚稼軒《堅瓠集》，有移棋相間法。以黑白各三子，三移，而黑白相間。自三子至十子皆然，多一子則多一移耳。余試之，良然。而內子季蘭復推廣之，自十一子以至二十子。余恐其久而忘也，因筆之於此。三子：左一、二，左四、五，左一、二。四子：左二、三，右五、六，右

二、三，左一、二。五子：左二、三，右四、五，左五、六，右二、三，左一、二。六子：左二、三，右六、七，左四、五，右五、六，右二、三，左一、二。七子：左二、三，右五、六，左五、六，右六、七，左七、八，右二、三，左一、二。八子：左二、三，右八、九，左五、六，右五、六，左六、七，右七、八，右二、三，左一、二。九子：左二、三，右七、八，左六、七，右四、五，左九、十，右八、九，左五、六，右二、三，左一、二。十子：左二、三，右十、十一，左五、六，右六、七，左八、九，右九、十，左六、七，右五、六，右二、三，左一、二。十一子：左二、三，右九、十，左六、七，右五、六，左九、十，右十、十一，左十一、十二，右六、七，左五、六，右二、三，左一、二。十二子：左二、三，右十二、十三，左五、六，右六、七，左九、十，右九、十，左十、十一，右十一、十二，左六、七，右五、六，右二、三，左一、二。十三子：左二、三，右十一、十二，左六、七，右七、八，左十、十一，右四、五，左十三、十四，右八、九，左九、十，右十二、十三，左五、六，右二、三，左一、二。十四子：左二、三，右十四、十五，左五、六，右六、七，左九、十，右十、十一，左十二、十三，右十三、十四，左十、十一，右九、十，左六、七，右五、六，右二、三，左一、二。十五子：左二、三，右十三、十四，左六、七，右九、十，左十二、十三，右五、六，左九、十，右十四、十五，左十五、十六，右十、十一，左十一、十二，右六、七，左五、六，左二、三，右一、二。十六子：左二、三，右十六、十七，左五、六，右六、七，左九、十，右十二、十三，左十三、十四，右九、十，左十四、十五，右十五、十六，左十、十一，右十一、十二，左六、七，右五、六，右二、三，左一、二。十七子：左二、三，右十五、十六，左六、七，右十一、十二，左十四、十五，右五、六，左十、十一，右八、九，左十七、十八，右十六、十七，左十三、十四，右十二、十三，左九、十，右六、七，左五、六，右二、三，左一、二。十八子：左二、三，右十八、十九，左五、六，右六、七，左九、十，右十四、十五，左十五、十六，右十、十一，左十二、十三，右十七、十八，左十六、十七，右十三、十四，左十、十一，右九、十，左六、七，右五、六，右二、三，左一、二。十九子：左二、三，右十七、十八，左六、七，右十三、十四，左十六、十七，右五、六，左十、十一，右九、十，左十三、十四，右十八、十九，左十九、二十，右十四、十五，左十五、十六，右十、十一，左九、十，右六、七，左五、六，右二、三，左一、二。二十子：左二、三，右二十、廿一，左五、六，右六、七，左九、十，右十六、十七，左十七、十八，右十、十一，左十三、十四，右十三、十四，左十八、十九，右十九、二十，左十四、十五，右十五、十六，左十、十一，右九、十，左六、七，右五、六，右二、三，左一、二。凡自左移之右，則曰左，從左起數；自右移之左，則曰右，從右起數。

靈隱冷泉亭舊縣一聯云：「泉自幾時冷起，峰從何處飛來。」亂後失去，寺僧屬吴平齋觀察補書之。戊辰九月，余與内子往游，小坐亭上，因讀此聯。内子謂問語甚儁，請作答語。余即云：「泉自有時冷起，峰從無處飛來。」内子云：「不如竟道『泉自冷時冷起，峰從飛處飛來』。」相與大笑。越數日，次女繡孫來湖樓，余語及之，並命亦作答語。女思久之，笑曰：「泉自禹時冷起，峰從項處飛來。」余驚問項字何指，女曰：「不是項羽將此山拔起，安得飛來？」余大笑，方啜茗，不禁襟袖之淋漓也。

李筱泉中丞以筆見贈，來書云：「長頭羊毫筆，昔姚伯昂先生最善用之。弟苦不能用，管城子歎失所久矣。公精篆隸，必能任意揮灑，爲此子一吐其氣也。」語意甚雋永。余復書云：「承惠，筆極佳。然佳毫入拙手，仍未得所。公之位置此子，似小失之矣。」

余前客新安時，其地當水潦大至，山中往往出蛟，曾作《伐蛟行》一篇，有云「霹靂一聲裂山出」，又云「驅駕雷霆欲出山」，想當然語，非紀實也。己巳之夏，在西湖講舍，適天竺山中出一蛟，其夕甚雨而無雷。後晤何子永舍人，言凡出蛟之日，皆無雷。甚媿前詩體物之未精。已而勒少仲同年，言前年其家鄉桃花嶺大出蛟，凡數十處。其出也，無不有雷。又似子永之言不塙。事不目睹，耳聞而臆斷有無，不免爲東坡所譏矣。

春在堂隨筆二

陸存齋觀察心言嘗問余曰：「莊子稱『聖人不死，大盗不止』，此聖人孰謂也？」余謝不知。存齋曰：「若謂堯、舜、禹、湯諸聖人，則聖人之死久矣，何以莊子又發此論乎？莊子所謂聖人，正謂當時諸侯耳。」余思此言極有理。當時田齊、三晉，皆篡竊之國，而儼然列爲諸侯，僭稱王號，乃欲以治小民錐刀之争，正所謂「竊鉤者誅，竊國者侯」也。莊子未可明言，故悠謬其辭，而曰「聖人不死，大盗不止」。所謂聖人，正以名號推尊之，非以德言，亦猶古以君子爲在位者之通稱也。《禮記・鄉飲酒義》篇注曰：「君子，謂卿大夫士也。」卿大夫士謂之君子，則諸侯王謂之聖人，亦其所矣。推莊子之意，欲治天下之盗，必先治天下之諸侯。魯臧武仲有言：「子召外盗而大禮焉，何以治吾盗？」孔子之告季孫，亦曰：「苟子之不欲，雖賞之不竊。」莊子之意，亦若是而已。讀者徒驚其放言高論，河漢無極，而不能善會其意，非能讀古人書者也。

鄭君注《儀禮・大射儀》篇曰：「豐，從豆，豳聲。」自來不知豳爲何字。詁經精舍肄業諸生戴君果恒曰：「𡵓，古峰字也。從山，從二丰，丰亦聲。」此説殊佳。《説文》：「丰，草盛丰丰也。」山峰之上，必有草木丰丰然，故從山從二丰，正取丰丰之意，而即以丰爲聲。後變爲從山夆聲，形聲雖同，然不如從二丰之有意矣。𡵓爲峰古文，竟是定論，故記之。

余著《群經平議》，以《梓材》一篇爲周公營洛邑誥庶殷之詞，即《召誥》所謂「越七日甲子，周公乃朝用書，命庶殷侯甸男邦伯」者是也。篇首「王曰封」，封是衍字。《康誥》篇首四十八字，當移至此篇之首。後知金仁山《通鑒前編》説與余同。見書不多，遂與前人闇合，良自媿恧，且恐似此者尚多也。聊記於此，告世之讀余書者。

西人有醫士名合信者，著《博物新編》，内載有用電氣製煉字畫銅板之法。其有舊樣者，即以白蠟印舊樣爲模，若作新樣者，即以白蠟捻成一版，畫工用刀筆劃刻山水人物於蠟版上。畫成之後，再以黑鉛屑薄糁，劃痕乃用鐵綫一條，長約二尺，一端穿插蠟版，一端穿繫精錡數片。復用清水兩盤，一浸蠟版，一浸精錡。精錡之盤，調以磺強水。蠟版之盤，撤膽礬浸之。精錡爲強水所化，即有電氣發出，由鐵綫傳遞於膽礬水中，膽礬被電氣所逼，礬質漸化，即有紅銅結積於蠟版上。礬盡加礬，水涸添水。紅銅漸積漸多，三數日後，銅版厚結二三分許，取出，刮去白蠟，則銅版錚錚，凹凸成章，幾疑其有鬼斧神工之妙也。按此法，以之刷印書籍最佳。聞滬上已有試爲之者，未知成否，故記於此。磺強水，又名火磺油。西人製磺強水有二法，均見《博物新編》，兹不録。精錡質如白鉛，亦出外國。大約欲爲此法，則此二物必從彼國購來也。

年家子鄒蓉閣在衡，於蘇州白善橋觀音殿得元大德時所鑄文廟編鐘一。搨其文以示余，兩面皆有「太簇」二字。其一面云：「大德乙巳，平江路總管朵兒赤、教授劉惟肖造。」一面云：「杭州路儒學樂師施得仲〔一〕。」按大德乙巳，爲成宗九年。據《元史·禮樂志》：「成宗十年，命江浙行省製造宣聖廟樂器，以宋舊樂工施得仲審較音律，運至京師。」此鐘之鑄，必在是時。與史差一年者，史據其至京之日言之也。施得仲既爲宋樂工，必與宋太學遺制符合。數百年後，存此一鐘，洵可寶貴。蓉閣即將此鐘寄至杭州。今未知在何所，當竢至杭一問之。

沈韵初孝廉樹鏞，以趙廿二年石刻見示。此石在直隸永年縣西六十里婁山，其文曰：「趙廿二年八月丙寅，群臣上醻此石北。」沈西雍觀察謂是石虎建武六年所刻，上溯石勒之年而并數之，故稱趙廿二年。然金石刻辭，從無此例。劉寛夫侍御謂漢侯國得自紀年，定爲趙王遂之

〔一〕 德，原作「得」，殘稿本作「德」，《元史·禮樂志》亦作「德」，本條提到施氏，前兩處用「得」，後一處用「德」，上海博物館藏編鐘、《吴郡金石目》均作「石得仲」，今據以統一。

廿二年。較沈説爲得之。然考《前漢書》，趙敬肅王彭祖、共王充，並享國長久。《後漢書》趙節王栩、頃王商、惠王乾，亦享國長久。此五王皆得有二十二年。侍御止據魯三十四年石刻，謂彼刻稱五鳳二年魯卅四年，而此不冠以漢年，明是漢文帝時未有年號之故，遂決以爲趙王遂。此説亦未足據。侯國得自紀年，原不必定冠以王朝之年。魯三十四年石刻，未可泥爲定例。使必冠以漢年，則文帝雖無年號，獨不可冠以漢幾年乎？侯國之尊王朝，豈以有無年號而異？然則此碑爲何王，固不能臆决矣。

韵初又示余南武陽功曹墓闕畫像題字，並附有樊君文卿釋文。其中錯誤甚多，或傳寫失之也。末行樊釋作「昌令於唐」四字。余審視之，唐字實是高字；昌字其形作丰，必非昌字；令字亦不相似，似是食字。鄭君注《洛誥》「惟洛食」曰：「皆可長久，居民使服田相食。」《漢書・元后傳》云：「予乃卜波水之北，郎池之南，惟玉食；予又卜金水之南，明堂之西，亦惟玉食。」此墓闕食字，或即此義。其上丰字〔一〕，當是年字。年上疑更有萬字，「萬年食於高」。下有闕文，乃頌禱之詞。

〔一〕上，原誤作「工」，據蔡啓盛《校勘記》改。

會稽大禹陵旁有禹寺，老屋三楹，無可觀覽。其左墉有一碑，塵積寸許，拂拭而讀之，則唐開成五年「往生碑」也。碑皆真書，額題「往生碑」三字。其文云：「唐開成五年，歲次庚申，皇帝昇極。是歲夏五月，會稽禹寺請玄英法師講《金剛經》於餘姚平原精舍，會次募一千二百五十人，結九品往生社。英公學我真教，挹其遺蹤，施有等差，階陳九品。旁求貞石，書其姓字。」云云。其下列第一品至第九品人姓名，男女皆有之。此碑乃道光二十年寺僧鉏地所得，徐鐵孫太守榮移樹殿中。碑文完好，字體樸茂，亦希覯之物，自來金石家未著録。余匆匆捫讀，未審視其書撰人姓名，鹵莽如此，可笑也。爲詩存集中，並記大略於此。行謀托人至越中搨數本以歸也。

南鎮，即會稽山。余登其巔，至所謂香爐峰者，極高峻。雙峰左右立，天然如門，才容一人，曲折而進，亦奇境也。中建佛閣，奉觀音，題曰「南天竺」。憑欄俯視，眼界頗寬，視越郡城，僅如衣帶之環繞矣。舁夫以兩竹竿懸坐具於下，並懸尺許之竹，以承雙足，游人踞坐其上。余笑曰：「大禹山行乘樺，豈即此歟？」後聞勒少仲同年云，江西多有之，名曰「掇子」。掇音讀如篤，余疑即兜子之轉音。又思「竹馬」二字，合書之即爲篤，竟名「篤子」，亦於義有取。

余從前避地越中，止於七星巖一游，有詩存集中。己巳之夏，余至上虞，展舅氏姚平泉廣文之墓，並以舅母黃孺人祔葬焉。歸次紹興，始遍探禹陵、南鎮、蘭亭之勝，游覽固亦有緣歟？

蘭亭時修葺未竟，彭雪琴侍郎往游，以三百金爲助。侍郎之母太夫人，乃山陰王氏女也。其外家零落，侍郎訪求不得，故出金助修蘭亭，用志渭陽之思。而余此行，亦因外家窀穸之事，因以詩寄侍郎，其末云：「英雄至性果然真，不負之江來問津。媿我羊曇憔悴甚，墓門展拜更傷神。」

余與彭雪琴侍郎，初不相識。己巳之春，余來詁經精舍開課，適侍郎借寓湖樓，一見如舊。以望雲思親圖屬題，乃知侍郎母太夫人，山陰王氏女。其外王父，游幕皖北，太夫人行年三十有五矣，猶然待字。時封公爲其地巡檢司，適喪偶，縣令爲作合，遂成二姓之好。其後封公先卒，太夫人守節撫孤，備嘗辛苦。及其殁也，侍郎猶爲諸生，不及見其貴顯也。然侍郎天資忠孝，功業爛然，稱中興名臣，足以慰太夫人地下矣。

雪琴侍郎以諸生從戎，在軍中二十年，戰功卓犖，中外共見。然其人，實温温儒雅，善畫墨梅。因借寓余講舍湖樓，許畫梅花一幅，以當屋租。余贈之詩，所謂「一樓甘讓元龍卧，數點梅花萬古春」也。後果踐斯語。余於如冠九前輩處，見其所書楹帖，有小印云「兒女心腸，英雄肝膽」。又聞勒少仲同年言其一小印云「古之傷心人」。賢者多情，即此可見矣。

余至杭州屢矣，游西湖亦屢矣，然率皆烟波一棹，未及登山也。戊辰歲，主講詁經精舍，始游天竺、韜光、靈隱諸勝。其秋，又偕内子往游，而南山一路，未及蠟屐。己巳之夏，乃決游計。乘籃輿度六橋，先至理安。時已盡毁於賊，正在締造。寺僧導觀法雨泉，清瑩可愛。中有泉龍，不過二寸，而有四足，具五爪。僧言由此至龍井，有九溪十八澗，地極幽秀。惜未及往，乃由理安至雲棲，舁夫憚於登陟，取道江干，往返皆然，殊少味矣。雲棲修篁夾道，意境殊勝，而僧言從前彌望皆緑，仰不見天，今已濯濯矣。飯於寺中，僧出示董香光所書《金剛經》墨迹，遂得敬觀高宗御題。僧言庚辛之亂埋之土中，故不毁也。復導觀蓮池和尚骨塔，其外又有太素錦庵主之塔，即其妻也。游畢出山，至虎跑泉，則寺燬未修，泉水故在其旁，亦蕪穢不治。舁夫促還，遂不及一品其泉，請俟他日矣。是日始而陰晦，四山雲氣迷濛，如欲雨者。余用韓、蘇二公衡岳故事，默禱於神，已而晴日杲杲。歸途乃誦坡仙「率然有請不我拒，信我人厄非天窮」之句以答神貺。

潘少梅以小印見贈，文曰「西湖長」，云舊得之市上。棱角刓敝，而篆文頗古雅有致。余雖不敢當，然年來適爲西湖詁經精舍山長，未始不可妄竊以自娱也。監院校官孟君蘭艇，因言薛慰農觀察舊年主講崇文書院，倩人刻此印，屢刻屢不當意，遂不復刻。時觀察已移席金陵。余因笑曰：「慰農之不得長爲西湖長，而余承乏於此，其即徵之此印乎？」已而慰農從金陵來，言所寓惜陰書院，屋甚精雅，門前湖光如鏡，芙渠彌望無際，榜曰「何必西湖」。余聞之，憬然有會前語，信乎人生所至，莫非緣也。惟念「西湖長」之名，本之東坡。東坡守杭守潁，皆有西湖，故《到潁謝執政啓》云：「入參兩禁，每玷北扉之榮；出典二邦，迭爲西湖之長。」後謫惠州，亦有西湖，故楊誠齋詩云：「東坡元是西湖長，不到羅浮那得休。」然則「西湖長」之名，如慰農曾官斯土者，方得稱之。此印似非山中人所當用也。乃本朝有詩僧正巖，賦《點絳唇》詞云：「來往烟波，此生自號西湖長。」彼釋子可以自號，則吾儕或亦無嫌。因賦《驀山溪》詞，其首句云：「飄零書劍，老作西湖長。」居之不疑，可一笑矣。

慰農主講崇文時，曾命門下士造一湖船。船未造而慰農去金陵，其門下士因以其錢，就鳳林寺後隙地築屋三間，榜曰「薛廬」。慰農自金陵來，余語及之，且曰：「昔人牽船以代屋，君今造屋以代船，宜曰『薛舫』，不宜曰『薛廬』也。」慰農深然之。未知果更易否，聊記於此。

永懷堂《十三經注》，乃明崇禎間金千仞蟠、葛靖調鼒兩人彙刻。卷首或題明後學金蟠訂，或題明後學葛鼒訂，蓋刻書之資出其人耳。今其版在浙江書局，余取觀之，其謬誤甚多。尤可笑者，《孝經》題漢鄭氏注，而實則唐玄宗注也，其他從可知矣。前有翰林院編修崑山朱天麟序一篇，草草下筆，不一披覽，何歟？

咸豐二年，餘姚客星山新出一漢碑，碑文首有「三老」二字，故即名曰「三老碑」。宗湘文觀察源瀚以搨本見贈。余諦視之，碑前半分四截。其最上一截四行二十二字，曰「三老諱通，字少父，庚午忌日。祖母失諱，字宗君，癸未忌日」；次一截六行四十六字，曰「掾諱忽，字子儀，建武十七年，歲在辛丑，四月五日辛卯忌日。母諱捐，字□君，建武廿八年，歲在壬子，五月十日甲戌忌日」；次一截，六行三十八字，曰「伯子玄曰大孫，次子但曰仲城，次子紆曰子淵，次子提餘曰伯老，次子持侯曰仲雍，次子楹曰少河」〔一〕；最下一截，五行二十九字，曰「次子邯曰子南，次子士曰元士，次子富曰少元，子女曰无名，次女反曰君期」。其後，又直書三行，共八十二字，曰：「三老德業赫烈，克命先己，汁稽履化，難名兮。而右九孫，日月虧代，猶元風力射。邯及所識祖諱，欽顯後嗣。蓋《春秋》義，言不及尊，翼上也。念高祖此字失寫，補入左旁。至九子未遠，所諱不列，言事觸忌，貴所出□及□。敬曉末孫，□副祖德焉。」詳其文義，三老生一子而有九孫，此碑乃九孫中第七孫名邯者所立，以識祖父名字，且存忌日。然祖及祖母忌日，有日而無年月，亦殊略矣。所引《春秋》之義，殆即《穀梁傳》孔父不名爲祖諱之説，意

〔一〕楹，下一條作「次子盈」。周清泉釋文作「盆」。則「盈」字似是。

其人乃爲《穀梁》之學者也。父歿於建武十七年，則九子之生，必有在王莽之世者。莽禁二名，而提餘、持侯名皆二字，其亦有用漢臘之意乎？名字俱備，而姓氏竟不得詳，更當考之。又其文字有不可識者，姑作空圍記之。聞藏是碑者，爲周君世熊，字清泉。有釋文，當求其詳，並證異同也。

余既得《三老碑》搨本，未數月，即有以周君清泉釋文題跋見示，其所釋，與余微有異同：「三老諱通，字少父」，少作小；「母諱捐，字□君」，君上是謁字；「次子盈」，盈作盆；「次子士曰元士」，士字均作土；「子女曰无名」，无作元；「汁稽履化」，化作仁；「貴所出□及□」，出下是嚴字，及下是焦字；「敬曉末孫□副祖德焉」，孫下作蒿字，注曰：疑古莫字。因附於此，俾覽者詳焉。其題跋曰：「先君子解組，後卜居邑之客星山下嚴陵塢，即漢徵士嚴先生故里也。咸豐壬子夏五月，村人入山取土，得此石，平正欲以甃墓，見石上有字，歸以告余。余往視，碑額斷缺，無從辨其姓氏。幸正文完好，共得二百十七字，因卜日設祭，移置山館，建竹亭覆之。按東漢光武、晉惠帝、東晉元帝、後趙石虎、西燕慕容忠、齊明帝、魏北海王，皆紀元建武。惟光武有廿八年，且值壬子。碑紀其母忌日，即未必刻於是歲。字法由篆入隸，與永平建初諸石相類，定出東漢初無疑。三老諱通，邑志失傳。掾諱忽，字子儀。考《後漢書・任延傳》，延爲會稽都尉，時避亂江南者，皆未還中土。會稽稱多士，如董子儀、嚴子陵，延皆以師禮待之。此諱忽字子儀者，殁於建武十七年，時地悉合，豈即董子儀歟？原注云：吾邑董氏，盛於漢代董昆、董春、董襲，見《太平御覽》、《北堂書鈔》注引《會稽典録》、謝承《後漢書》、《會稽先賢贊》諸書。漢碑盛桓靈朝，當建武時，碑制未備。額右乚形，頗類碑字末筆。其文奥衍，大意爲子儀第七子邯追遠而作。祖母、母有諱字，而不及氏。末云貴所出嚴及焦，或二母之氏歟？」又云：「碑出咸豐壬子，上溯建武王子，正得一千八百一年。辛酉之亂，賊火吾廬，亭相去稍遠，得不毁。事平，碑仆於地，旁甃漢晉磚數十，如竈突然。蓋賊用以作炊者，石受薰灼，左側黔黑，而文字無恙。凡物隱顯成毁，固有定數。此碑倖免劫灰，先賢遺跡，賴以不墜，知海内好古家同此愉快也。」

余在會稽禹寺，見唐開成五年「往生碑」，已載其大略於前矣。後至省垣，以語如冠九前輩，遂托人至會稽搨數本見贈。因載其全文於此。碑額書「往生碑」三字，文前有題目云「結九品往生社并序」，沙門處訥撰文云：「唐開成五年，歲次庚申，皇帝昇極。是歲夏五月，會稽禹寺請玄英法師講《金剛經》於餘姚平原精舍，會次慕一千二百五十人，結九品往生社。夫爲善者，迷於所趣，無量壽佛，返念不息。遺民掛冕，康樂投簪。史氏稱之，其風不泯。英公學我真教，挹其遺蹤，施有等差，階陳九品。旁求貞石，書其姓字。不以予管見，命序其事云：第一品：僧良品：僧處訥、僧永端、徐十一娘；第二品；第三品：蔣漸達；第四品：朱寧；第五品：僧良捷、僧陟霄、僧獻通、僧惠平、潘顒、魏宬、邵仕興、蔣沛、吕三娘、張菩提、梁出世、陳卅一娘、胡大惠；第六品：僧雅操、僧智源、蘇約、梁十一娘、邵玘、陸遂、徐文政、方榮進、鄭大娘、馬超、朱趙七、尼淨嚴；第七品：僧閑居、僧清習、僧履言、潘雅、傅成、申屠儉、潘存約、陳卅娘、項卿、朱清淨、尼宛輪；第八品：尼堅持、李皋、高二娘、鄭簡、盧倣、朱智明、許三娘、宋十四娘、僧法敭、僧元宥；第九品：方榮進、鄭師簡、危倫、吴貫之、許玩、楊成、方常和、徐式、繆阡從、繆岑、繆陶婆、鄭協、繆日華、李瑜、戚通、方子明、邵強、謝行恭、翁珍、周慶徽、馬詗、徐公佐、蘇澄、尼契能、尼深淨、尼志常、尼弘政、尼弘辯、尼契虚、尼圓政、尼遠照、尼體常、尼契端、尼目淨、尼妙喜、潘妙性、梁出世、徐十二娘、徐三娘、朱十二娘、方二娘、姜三娘、張圓滿、沈十一娘、鄭三娘、丁蓮花、邵六娘、董法超、劉智滿、胡二娘、梅十二娘、張八娘、施十一娘、劉一娘、周三娘、胡福相、沈九娘、虞清淨、黄二娘、王三娘、葉四娘、吴卅娘、江十一娘、李志圓、黄三娘、李圓滿、繆真姓、鍾元成、宋怦、胡仲芳、劉叔、俞子興、朱珵、蔣仕琳、夏用、陸嵩、劉文皋、賈政、沈簡、龔榮、盛望、陳可津。」按碑文稱一千二百五十人，而所列止二百三十三人。第二品下不列姓名，殆不得其人而闕之歟。碑中男女混淆，僧尼雜糅，至爲可笑。余詩所云：「坐惜蚩蚩民，作事等兒戲。以此求西方，往生庸可冀。」備録其文，姑以詒好事者云爾。「㲈」字不可識，殆當時俗體。序中慕字，依文義當作募，直誤字耳，未必用六書假借法也。梁出世一人而既列第四品，又列第九品，此不可解。

吴平齋觀察，示余石刻鄭板橋字一紙，其文云：「大幅六兩，中幅四兩，小幅二兩，條幅對聯壹兩，扇子斗方五錢。凡送禮物食物，總不如白銀爲妙。公之所送，未必弟之所好也。送現銀則中心喜樂，書畫皆佳。禮物既屬糾纏，賒欠尤爲賴賬。年老神倦，亦不能陪諸君子作無益語言也。」又附一詩云：「畫竹多於買竹錢，紙高六尺價三千。任渠話舊論交接，只當秋風過耳邊。」末署「乾隆己酉，板橋鄭燮」。平齋跋其後云：「板橋道人此書，爲吴山尊學士所刻。歲己巳夏四月，范湖居士、退樓主人重刻於滬上。此後范湖、退樓書畫潤筆，皆準板橋所定，即以此帖爲仿單，不復增減。」退樓即平齋自號，范湖居士乃周君存伯也。余謂東坡先生字，在當日只換羊肉而已，吾輩率爾落筆，便欲白銀，亦大罪過。然年來以筆墨爲人役，亦甚苦之。讀板橋此帖，輒爲誦古詩曰：「齊心同所願，含意俱未申。」退樓諸公聞之，當乾笑也。

《湖壖雜記》載宋神宗時，高麗國王祈於佛，得一子，常啼，惟聞木魚聲則止。有聲自空來，尋聲所自起，愈尋愈遠，逾海而南，得之武林鏡湖之畔，一僧端坐擊魚。使者告以故，且言世子臂間有「佛無靈」字，僧遂偕往。見世子曰：「此吾師也。吾師先爲輿夫，肩輿得金，自給之外，以餘貲投井。積久，建刹於湖上。一年而師跛，明年盲，三年爲雷擊死。吾因題『佛無靈』三字於其臂，孰意其生於此乎？」王曰：「如是，則佛有靈矣。」因爲建寺其地，顔曰「高麗」。按高麗寺即慧因寺，後唐天成二年，吴越王建。宋神宗時，寺僧淨源疏釋經義，流傳殊域，致高麗國王之子僧義天航海而來，乞爲弟子。及還國，以青紙金書《華嚴經》三百部，并經閣之貲，附貢舶以進，遂建華嚴大閣藏之，俗因呼爲高麗寺。詳見《慧因寺志》及明潘晟《重修慧因講寺記》。然則寺建於吴越，非宋時創造，且非高麗所建也。高麗所造，特華嚴閣耳。「佛無靈」之説，是流俗所妄傳，明矣。

余游淨慈寺，寺僧大圓指門外百工池，謂是宋時顛僧道濟遺迹。余按《西湖志》云，宋建炎已前，寺累遭火，鞠爲荆墟。熙寧間有善青烏之術者，云須鑿池以禳之。寺僧寳文乃募化開池，與力者萬人，故名。則此池之開，非道濟也。世俗知有道濟，不知有寳文，傳訛久矣。

道光三年，直隸正定府元氏縣民劉黄頭，掘地得一石，爲唐宣城縣尉李君之妻賈氏墓志銘。末行刻「後一千三百年爲劉黄頭所發」十二字。自道光三年，上溯葬年唐建中二年，年雖小差，而姓名不爽，亦可異也。戴子高以搨本見示，余按其文，夫人諱嬪，字淑容，長樂縣人。

李君隴西人，舉賢良，授宣城尉，先卒。夫人以建中二年二月十二日，卒於其從父之弟趙州元氏縣官舍，即以其年三月，窆於七義原。從子文則爲之銘，其銘詞末二句曰：「一扃泉壤，萬歲千春。」殆因是語而推算之，遂得黄頭發塚之事乎。末行所書，與全碑字體一律，是即其從子爲之矣。

吴興沈吉齋，名夢巖，二十年前，曾以所著題《榴庵詩集》求序於余，今存《賓萌外集》中，然久不與通音問矣。同治六年，朱君采蓀以其書來，乃知吉齋著述繁富，有《廿二史雜説》《尚書彙解》《肉譜》《匹夫小史》《古韻通叶》《庚癸一家言》等書。其《肉譜》，體例與王、李《蒙求》相類，不知何以爲此名。《匹夫小史》，記常言俗事。《庚癸一家言》，則專記粤賊之難者也。余皆未之見。惟《尚書彙解》曾得讀之，似於經學尚疏。余貽書吉齋，小有規正，而此後竟不得其一字，蓋未見采納也。余憫其窮老著書，終就湮没，略識梗概於此。

鄞縣董梓庭吏部，名作模，道光三年進士，嘗以事戍伊犁。辛丑、壬寅間，從靖逆將軍於廣東。罷歸，遂僑寓揚州。十年一夢，極烟花三月之樂。今歲行年七十有七矣，腰腳猶健，自言昔歲游西湖，尚步行三十里也。時從廣東載書數萬卷，至蘇州求售。蘇州太守李薇生爲之先容，頗有所獲。與余相遇，知余有《群經平議》已刻版，爲印百部去。余笑曰：「楊子草《太玄》，同時有尚白之嘲、覆醬之議。今鄮人殺青甫竟，而公即以奇貨居之，勝古人多矣。」

福建南臺，有閩越王騶無諸廟。庚午之春，余至閩，因往觀焉。廟在山上，前殿祀王，後殿并祀夫人。夫人居左，而王右之，以漢制尚右也。其後有釣龍臺、釣龍井，云是王故迹。泉水甘洌，瀹茗頗佳。其巔有榕陰山館，憑欄俯視，海外帆檣，歷歷可數，亦壯觀也。前殿兩廡，從祀者四，曰白馬王，曰吴巖王，曰顯惠將軍，曰協惠將軍，皆不知何人。嘉慶間碑稱，兩王皆無諸之孫，白馬王即繇君丑，吴巖王即吴陽。其説尚可採。而又以白馬王謂即白馬三郎。余按：白馬三郎乃五代時閩王王審知也，以爲無諸之孫，謬矣。又稱白馬王有射桑溪惡鱓事，因有射鱓尊王之稱，荒誕益甚。余謂無諸建國於兹，允宜廟食。以《史》、《漢》《閩越傳》考之，無諸之後，有閩越王郢、閩越王餘善，皆以背漢不善其終，非祀典所宜及。惟繇君丑，是無諸孫，以郢等首惡不預謀，立爲越繇王，奉閩越祀。其後又有繇王居股，以殺餘善自歸，封東成侯。又有越衍侯吴陽、越建成侯敖，俱以殺餘善功，吴陽封卯石侯，敖封開陵侯。此四人者，於從祀爲宜。又有東越將多軍降漢，封無錫侯，亦可在從祀之列。此外若吞漢將軍騶力，及史失其名之徇北將軍，皆叛臣之黨，不得與於此矣。閩俗尚鬼，祀典多不經。余憫無諸之廟，而從祀諸人，陋俚無據，因書所見如此。官斯土者，有好古君子，當於愚言有取焉。

余因白馬三郎之稱，而思閩王王審知，亦五代時賢君也。自宜廟食閩土，春秋崇祀。余至閩，適當春仲，見當路諸公於祀典所有事者，牲牷玉帛，奉行如例。而王審知之廟無聞焉。豈非閩中一缺典乎？唐天祐二年，爲審知建祠福州，侍郎于兢撰碑文，其略云：「公器局端雅，識理融明。及膺帝命，寵陟齋壇。一年而足食足兵，再歲而知禮知義，方隅之内，仰止攸同。使之以時，齊之以禮，故得汙萊盡闢，雞犬相聞，時和年豐，家給人足，俊造相望，廉秀特盛。閩川以南，地雖設險，人尚争雄。公感之以恩，綏之以德，示以寬仁，俾之柔服。遂使數十年之氛祲，遽致廓清，一千里之封疆，旋觀昭泰。兵戈洊起，帑庾多虚，凡列土疆，悉重征税，商旅以之而壅滯，工賈以之而殫貧。公則盡去繁苛，縱其交易，關譏鄽市，匪絶往來，衡麓舟鮫，皆除守禦，故得填郊溢郭，擊轂摩肩，竟敦廉讓之風，驟睹樂康之俗。」據此，則王氏之造福閩疆，亦不讓吾浙之有錢氏矣。此碑今尚在，余於壬甫兄福防署中見其搨本，因録辜較如右。

禹陵窆石文，康熙間張編修希良視學吾浙，屬部吏搨之，以意屬讀，得二十九字。惜其釋文，今未之見。王氏《金石萃編》、阮氏《兩浙金石録》均有所審定。然至今可辨者，止「日王石乾象并天文晦真黄」十一字而已。「象」字止存上半之刀，「晦」字止存左半之日。以余觀之，

「象」字可信，「晦」字猶存疑也。其右刻詩一章，當是宋元人之作。除前人所辨識外，余又加審定其不可識者四字。詩云：「沐雨櫛風無暇日，胼胝還見聖躬勞。古陌□□□元氣，梅梁赴海作波濤。至今遺迹衣冠在，長使空山魑魅號。欲覓□陵尋窆石，山僧爲我剪蓬蒿。」余去歲游禹陵觀窆石，惜未及手搨以歸。今春魏稼孫以搨本見示，因得諦觀之，而録於此。

余前視學河南時，香巖制府英桂方爲河南巡撫，今一別十五年矣。庚午歲，重見於閩中，公爲言咸豐九年自豫入覲，蒙文宗顯皇帝召見，語次及樾，有「俞樾寫作俱佳，人頗聰明」之諭。是時，臣樾去官已一年有餘矣。何意蟣蝨微臣，尚在眷注之中。昔蘇軾聞神宗有奇才之歎，痛哭失聲。樾之才，固不足以比蘇軾，而以天涯殘客，重聆先帝玉音，亦不禁涕淚之横集也。

吴仲英大令恒居家時，有李君覺仙館其家。一日晨起，有客來訪之，覺仙卧未起，乃去。已而又至窗外覘之，仲英笑曰：「覺仙還未覺。」客應聲曰：「張子又來張。」仲英大驚，遽出延之入，問其姓名，乃張君日熙，亦武林名下士也。遂與定交，以一聯作合，是亦金蘭譜中一佳話也。

西湖北山路，由岳王墳而進有三洞，曰香山，曰紫雲，曰金鼓。庚午初夏，余往游焉。香山洞甚淺，無可觀覽。金鼓洞蕪廢太甚，有兩道士居洞中，衣服挾斯，髮髩髩然，殊可憎惡。昔人改郭景純詩云：「青溪三千仞，中有二道士。」輒誦斯言，一笑而出。惟紫雲洞極有致，其前洞廣修，可百筵。中間一徑纔通人，石巉巖可畏，俯首而入，猶懼觸額。既入，則豁然開朗，與前洞等。内鑿佛像數軀，且有泉水注崖石間，泠泠然。僧言此中可銷夏，六月中游屐相繼，此時尚早也。張平子云：「幽谷嶜岑，夏含霜雪。」信夫！

余將從天竺至龍井，僧言逾棋盤嶺，取道較近，遂從其言。輿轎逾嶺，上下各三里，舁夫頗以登陟爲艱。然山徑曲折，蒼翠四合，若無路者，亦山行之勝致也。登其顛，則錢唐江在前，西湖在東，湖中游船了了可數。距余所居詁經精舍，若在咫尺矣。山岬有僧寺，不知何名。壁縣一鐙，書「安隱堂」，殆即其名也。有老僧以采樵爲業，時方揀擇新茶，因取極細者烹以供客，即龍井茶矣。僧自言不知佛法，亦無布施，終歲自食其力，乃削髮一山農耳。然其人頗不覺可厭，視叢林大和上，或轉勝之也。

西湖之勝，尤在裏湖。兵燹以來，名勝之地化爲榛莽。惟錢王祠、岳王墓、和靖先生祠、蘇白二公祠及平湖秋月、三潭印月、湖心亭，稍稍修葺，以供游覽。而六橋以西，無游跡矣。余獨棹扁舟，進蘇堤第三橋，泛於裏湖，至於茅家步。又進玉帶橋，訪金沙港關廟遺址，積垣蔓草，幾不復識，惟池水尚未枯竭。然遍地荆榛，不能臨流賦詩矣。記憶體殿屋三間，亦危欲傾圮。倘及其未圮修葺之，事半功倍，然無人議及也。回憶道光丙申，余初至其地，至今三十五年，不勝今昔之感。

阮公墩在湖心亭之西，去年彭雪琴侍郎謀築屋其上，親履行之，而泥土甚鬆，以篙刺之，應手而入，始知其不可屋。笑語余曰：「此真軟公墩也。」然余謂：「築屋雖非宜，雜蒔花木，當無不可。若於其四面臨水處遍種芙蓉，花時照耀中流，爛如雲錦，亦奇景也。」惜無好事者與謀之。

余居西湖寓樓，樓多鼠，每夕跳踉几案，若行康莊。燭有餘燼，無不見跋。始甚惡之，繼而念鼠亦飢耳。且于余衣服書籍一無所損，又何惡焉。適有饋餅餌者，夜則置一枚於案頭以飼之。鼠得餅，不復嚼蠟矣。一夕，余自食餅，覺不佳，復吐出之，遂并以飼鼠。次日視之，餅盡，而余所吐棄者故在。乃笑曰：「鼠子亦狷介乃爾。」是夕，置二餅以謝之。次日，止食其一。余歎曰：「不惟狷介，乃亦有禮。」

佛家放生，儒家亦放生。或謂孔子「釣而不綱」「弋不射宿」，是孟子「數罟不入汙池，魚鱉不可勝食」之意，非是愛惜物命。余謂君賜生，必畜之。可見總以不殺爲是。不然，推君言不宿之義，大君有賜，自宜即付庖厨，何爲而必畜乎？庚午五月，余以小舟載雞六頭，至淨慈寺，交寺僧大圓畜之。歸而漫書數語，示好殺者。

洞庭山出茶葉，名碧蘿春。余寓蘇久，數有以饋者，然佳者亦不易得。屠君石巨居山中，以隱梅庵圖屬題，餉一小瓶，色味香俱清絶。余攜至詁經精舍，汲西湖水瀹碧蘿春，歎曰：「窮措大口福，被此折盡矣。」

春在堂隨筆三

上虞有文衡山所書前後《出師表》石刻，末署「嘉靖三十年辛亥七月二十四日文徵明書，時年八十有二」。又有葛桷跋云：「余待白姑蘇，荷衡山翁知最稔，爲余書武侯《出師》二表，以余世系出瑯琊也。命工鐫石以傳，珍翁之楷法者，不因得武侯盡瘁之心乎？古虞葛桷識。」沈肖巖爲上虞校官，搨以見贈。余觀其首行書「出師表」三字，末書「諸葛武侯」四字。亭林先生《日知録》云：「萬歷以後，坊刻盛行，每題之文，必注其人之名於下。而刻古書者，亦化而同之，變古書以肖時文之面目。使古人見之，當爲絶倒。」今觀此刻，則嘉靖間已然，雖衡山翁亦不免從俗，可歎也。

余舅氏平泉姚公，嘗著《疇經》，借《洪範》九疇衍爲八十一疇，其書未成。然宋蔡沈著《洪範皇極内外篇》，已衍《洪範》九數爲八十一章矣。公又以唐宋之間，散而無統，不得拘薛、歐兩史之例，以五代爲正統，欲撰一書，名《十一國志》，以李克用爲首，次王建、朱温、楊行密、劉巖、王審知、石敬瑭、劉知遠，而以劉崇附之，又次爲李昇、郭威，凡十一國，仿陳壽《三國志》之例，國自爲書，而楚與南平、吴越，别爲載記，其書亦未成。然國朝吴任臣，已有《十國春秋》之作矣。乃歎吾人偶有所見，前人都已先爲之。正如元郝經撰《續後漢書》，而不知宋蕭常先有此作矣。至於議論之偶同者，當更不可勝數。余所著書，恐皆不免。

勒少仲同年方錡，嘗攝政江蘇臬使，至三年之久。余寓吴下，往來甚密。後奉檄至皖北筦釐捐局事，寄宣紙，長一丈有二尺者，索余書大字作楹帖。其來書云：「曩在京師，見伊墨卿先生以六尺素紙作五言楹帖，可喜之至。惜未購得，至今憾之。同年中，平時欽佩出於肝鬲無逾兄者。若不能多得兄書，他日老去，定以爲憾矣。」余深愧其言，自惟筆力孱弱，方之墨卿先生，無能爲役，乃承良友拳拳如此「心誠憐，白髮玄」，信夫！

吾家德清東門外之南埭，數百年矣，莫知所自始。相傳元提舉希賢公，實始居此。先朝議君詩云：「我家巾山陽，溯源自元末。堂堂希賢公，孫謀善貽厥。」注云：「見明沈御史松族譜序中。」然希賢公名諱無聞焉。先世多隱於農，故譜牒不著。庚午歲，余於吴中，見候補縣丞俞君永泰，字棣華，徽州婺源人。爲余言，天下俞氏，皆出於徽。徽有十八派，今家祠有屋宇十八區，清明大祭，十八派皆有至者。各以其派居祠屋中，以三日爲率，祭日及前後各一日也。三日中，有供張，或道遠多留一二日，則須自具矣。子姓繁多，爲婺著姓。余因求觀其譜，而譜在徽。越數日，鈔示大略。始祖曰縱，二世曰歸，三世曰貞，四世曰奇鸞，五世曰藥，六世曰中、曰安、曰吉，七世曰永宗、曰永崇、曰永深、曰永沅。沅始由宣州遷歙。沅之子曰植，植之子曰昊、曰昱、曰晃、曰昌。昱遷浙，昌遷婺。所謂十八派者，皆遷婺後所分也。然則吾浙之有俞氏，尚在十八派未分以前所別出乎？俞縱、俞歸、俞藥，皆見史。譜牒家所引據，不甚可信。自沅以來，當不誣也。用識於此，殊深籍氏數典之懼〔一〕。

趙忠節名景賢，字竹生，乃先君門下士。甲辰之秋，余與同舉於鄉者也。自幼倜儻，雖翩翩公子，而有俠丈夫風，呼盧縱飲，意氣浩然。及咸豐之季，東南淪陷，君獨守湖州城，歷三載餘，卒死於賊。論者謂張睢陽、文信國合爲一人，洵不虛也。歲在庚午，余寓吴下，君之從孫曰鉉者，以君遺墨一册見示。爲文者一，爲詩者六，爲帛書者六。其在賊中所作五律四章，合肥相國曾以入奏，有云：「亂刃交揮處，危冠獨坐時。」海内誦而壯之。其帛書，則皆在危城中，使諜者從間道寄其族父吟蕉觀察於上海者。稿雖出於君，而蠅頭細字，皆幕中客所書。末署清

〔一〕籍，原作「藉」，據蔡啓盛《校勘記》改。

瀾，蓋恐諜者或爲賊所得，故變其名，不欲使賊知也。或親筆作數行附後，則仍署名。書中多隱語，曰「子固」，則爲湘鄉相公；曰「琅琊」，則謂浙撫王壯愍；曰「包魚」，則謂鮑提督超；曰「黑糖」，則謂火藥；曰「軟硬白物」，則謂銀米；曰「當十青蚨」，則謂大錢口；曰「勃如色」，則謂戰；曰「屢博得綵」，則謂戰而勝。頗有古人麥麴鞠窮遺意，亦足見時事之艱危，而用心之苦矣。至云「作一日事，盡一日心」，又云「力竭矣，而心不敢謂竭。勢危矣，而身不以爲危。守死善道，以盡臣子之責而已」。讀之可以廉頑立懦。烏呼！睢陽聞笛之詩，信國衣帶之銘，君之遺墨，追配無愧。不圖吾榜有此偉人，因題七律一章歸之，而撮其大略於此。

同治己巳，江寧、蘇州、杭州、武昌四書局有會刻《二十四史》之舉。余與聞其事，在詁精經舍曾以會刻全史章程命題。肄業生潘鴻，字儀父，擬章程八條以進。今録其四條：一曰，《二十四史》總計三千二百九十四卷，四局分刻，當各得八百二十餘卷。今擬以《史記》《漢書》《後漢書》《三國志》《晉書》《宋書》《南齊書》《梁書》《北齊書》爲一分，共八百三十卷；《陳書》《魏書》《周書》《南史》《北史》《舊唐書》《新唐書》爲一分，共八百三十五卷；《隋書》《舊五代史》《新五代史》《宋史》爲一分，共八百八卷；《遼史》《金史》《元史》《明史》爲一分，共八百二十一卷。二曰，《二十四史》除殿版外，有汲古閣《十七史》本，明南北監版《二十一史》本。其單行本之佳者：《史記》、兩《漢書》、《新五代史》有明汪氏本；《史記》《漢書》有淩氏評林本；《後漢書》有元刻本；南北史、新舊《唐書》各有合鈔本；《舊唐書》有明聞人詮本。其間異同不一，應作校勘記附末。三曰，備校各書，如吴仁傑《兩漢刊誤補遺》、潘眉《三國志考證》、梁玉繩《史記質疑》〔一〕、王念孫《讀書雜志》〔二〕、錢大昕《廿二史考異》《三史拾遺》《諸史拾遺》、王鳴盛《十七史商榷》，皆足考訂異同。其他如《通典》、《通考》、《通鑑》、《續通鑑》、《宏簡録》、《宋史新編》、《東都事略》、李燾《長編》、《歷代名臣奏議》、《宋元學案》、王鴻緒《明史稿》、吴任臣《十國春秋》、厲鶚《遼史拾遺》之類，凡足資考訂者，皆宜購備。四曰，天文、律曆等志，非平時所專習者不能訂其訛奪，每局應延請精於曆算星學者一二人，專校天文各志。

何子貞前輩爲余言：「治經使人靜細，治史使人躁浮。」又曰：「子居京師久矣，嘗見座主之請門生乎？以一柬招之，則無不至。至而主人不遽出也，客畢至，然後乃出。揖之坐則坐，命之飲則飲。惟吾所欲言，無不諾諾，此史學也。又嘗見門生之請座主乎？先十日而聚謀，衣

〔一〕《史記質疑》，今通行本作《史記志疑》。
〔二〕《讀書雜志》中有《史記雜志》六卷。

冠登門而具柬焉。既屆期，昧爽咸集。客至，肅以入，側目而視，側耳而聽，惟恐不當其意，此經學也。」余謂先生之取譬妙矣。先生又言：「經有學，史無學。」余則曰：「經學無底，史學無邊。經學深，故無底；史學太汗漫，故無邊。」

余同年生謝夢漁，以庚戌進士第三人及第，學問淹雅。官京師二十餘年，鬱鬱不得志。嘗語余曰：「學問是一事，科名是一事，禄位是一事，三者分而不合。有學問者不必有科名也，有科名者不必有禄位也。」余深韙其言。偶以語何子貞前輩，先生曰：「傳不傳，又是一事。」

余在詁經精舍，曾以天竺山訪周伯温題記命題，然恨未見搨本。辛未之春，肄業生陳桂舟殿英，入山搨得數紙，以一紙見詒。文字完具，篆法遒勁，洵石墨之奇珍也。其文曰：「理公嵒，晉高僧慧理師嘗燕宋焉，在錢唐虎林山天竹招提之東南，玲瓏幺邃，竹樹岑蔚。至正九年，上人慧苣，來尻觀堂，起廢緝㡀，爰辟是嵒。窈窕繚複，霏如堂皇，雲涌雪積，發渫霝薀。後七年，屮丞綏寧楊公之弟元帥伯顔，清暇游愒，抉奇樂靜，捐金庀工，載鑿嵒石，刻十佛及補陀大士像，金碧炳赫，怳躋西土，冀徼福惠，壽我重親，利我軍旅。仌釋氛沴，永奠方嶽。嵒之異勝，誕增於昔，爲虎林奇觀。實苣公軌行精愨，有以致之。居民號曰菩薩，蓋非夸益。天竹和尚允肅師，臘以八十，與苣同志，徵文示久，乃篆諸石。浙省參知政事番陽周伯琦伯温記并書。」右篆書二百十一字，爲十三行，行十七字，惟弟八行止十六字，則以「氛」字下，石有泐處也。第十行「菩」字下，亦有泐處，故其上「號曰」二字較小。然則當日竟是據石書丹，非鉤摹上石也。文中「慧苣」之「苣」不作炬，「緝㴒」之「㴒」不作敝，「霏如」之「霏」不作靡，「屮丞」之「屮」不作左，「游惕」之「惕」不作愬，「亼釋」之「亼」不作冰，皆與《説文》合。然亦有好古而反失之者，如「丝邃」之「丝」，自當作幽。《説文》：「幽，隱也。從山，中從丝，丝亦聲。」此云丝邃，義屬山嵒，則以幽字爲宜。幽必從山，猶邃必從穴也。乃作丝字，反失之矣。又如「霝薀」之「霝」，自當作靈。《曾子·天圓篇》：「陽之精氣曰神，陰之精氣曰靈。」此云霝薀，正謂精氣所薀結，則以靈字爲宜，乃作霝字。《説文》：「霝，雨零也。」反失之矣。伯温《六書正譌》一書，頗爲後人指摘。觀此刻者，但玩其筆意可也。末有隸書小字兩行云：「此碑同□葉子得之理公嵒。攀蘿剔蘚，相與太息。何二百年來，人莫知而志莫載邪？豈尤物神護，將光終難掩，文寶久秘者必彰？刻雖晚出，余與郎子愛其古也，用表於世。嘉靖戊戌冬十二月立春日，葉彬題。」按「同」下一字，似是「敦」字，漫漶難辨，郎子亦不知所謂。首行訖於「掩」字，下尚有數字，搨者未全也。「將光」二字相連屬，「將」字止有上半，殆由鉤摹上石，紙本粘合，故不分晰耳。以是知古人磨崖，必據石，手自書丹也。

世傳鐵樹，每逢甲子歲開花。同治甲子，余在天津，元旦賦詩曰：「喜逢鐵樹開花歲，應是銀河洗甲年。」後見《七修類稿》云：「鐵樹遇丁卯年則開花。」因將此詩改易。然長洲褚稼軒《堅瓠集》云：「鐵樹即紅豆樹。我郡東禪寺中有之，天啓甲子開花與否，無考。康熙二十三年甲子，其花盛開，結實纍纍。」是甲子開花之説又信也。福建福寧府署中，有鐵樹一株，嘉慶己卯歲開花，荔園太守誠安曾題「嘉樹」二字，以識其事。至今歲同治辛未，五十三年矣。吾兄壬甫適守是郡，樹又作花。然則鐵樹開花，初無定歲，但必數十年始一花耳。

余舅氏姚平泉先生，温良樂易，君子人也。嘗自謂，以出世之心行入世之事。斯言余終身誦之。今年校其遺書，屬先生門下士陳子莊大令付之剞劂。有《瑣談》二卷，内一條云：「凡人以君子之心度人，未必皆中，然我不失爲君子，况中乎？以小人之心度人，未必不中，然我不免爲小人，况不中乎？」數語亦名言也。謹識於此，以代几席之銘。

余長子紹萊，幼聘仁和周氏雲笈大令之第三女，名芝，字叔英。雲笈知江西安義縣，寇至，死之。女距父死一月，無疾而卒。余有傳，存集中。偶檢舊篋，得曩時手書傳稿，末附軼事數則，輒録於此：女生前有手植桃樹一株，在家圃中。臨卒前數日，自至樹下，撫摩數四，歎曰：「吾數年心血也！」女臨卒之日，家人爲其父作紙錢，將焚之，女亦助之作，復微哂曰：「不知冥中需此何爲？」女既卒數月，其姊仲英，夢有人以父命召之，乃偕往。至一處，甚閎敞，中設一案，父據案南面坐，女旁侍西面坐。女見仲英至，頞若微蹙者。仲英入拜，父怒視曰：「聞家人議吾何不稍避，而死於賊。吾何避哉！吾何避哉！且爾曹不好慰爾母，終日號泣何也？」言已，起入內。女出一紙示仲英，字小不甚可辨，中數字稍明白，曰：「萬事如雹耳。」正欲諦視，有人自內出曰：「速去！速去！」仲英驚寤。其長姊伯英，同夕得夢，亦如之，但稍模糊耳。又一夕，仲英夢女入其卧內，仲英知其已死，且知己之爲夢也。因問其死狀，女曰：「亦不自知，但鶻突間覺有人引至父所耳。」問：「我他日死，亦能見父否？」曰：「可。凡死者皆相聚如生前。即印雪老人亦常在我父處，或時作畫，甚樂也。」女所稱印雪老人，蓋即先君子。余家僑寓臨平時，以「印雪」二字顔所居軒。先君子生時，能畫墨菊，或以淡墨作山水小幅。然不輕爲人作，故無知者。即周氏與余家親串，往來甚密，亦未之知也。女能於夢中言之，良足異矣。女又言，其從兄嫂有身，必女也，已而果生女。初，女聞雲笈之訃，微謂其家人曰：「仕途何味？凡今之仕宦者，宜早勸令歸休矣。」是時余方視學中州，其明年，以人言免歸。女此言豈爲余發乎？余家初聘女時，女始六歲。女卒後，其母姚恭人爲余言，是日然兩燭於堂前，女嬉戲，滅其右之一，并錫檠鎔焉，因共秘其事不以聞。噫！豈與吾兒無緣乎！因憶前明才女葉小鸞，許嫁張氏，壻家以棗茗爲謝，俗所重也。茗中乃有斷玉搔頭一枝，大驚，密棄之，後果未昏而夭。事見其父天寥先生年譜，與此相類。夫小鸞，特才女耳。若乃父爲忠臣，女爲孝女，如叔英者，不尤可傳乎？余既爲之傳，又書其軼事如此，冀當世好事君子，或爲詩文以張之也。

廣東粵秀山之麓，舊有道觀，曰應元宮，祀雷神。王補帆同年官廣東布政使時，即其地建書院，爲舉人肄業之所。仍其名曰應元，蓋以大魁望多士也。因於講堂之左辟一軒，曰仰山，移奉雷神於其中。補帆手題楹聯云：「嶽峙層霄，海内斯文尊北斗。雷鳴昨夜，天公有意屬南州。」跋云：「用宋人黄仲冕故事，預爲肄業孝廉來歲大魁之兆。」至明年，爲同治辛未科會試，應元書院中得儁者九人，而狀元梁君耀樞即九人之一。梁君字斗南，楹聯中「北斗」「南州」，已早寓之矣。補帆時官閩撫，因郵寄一聯，縣其講堂，云：「瑞兆豈無因，不負隔年彈柳汁；科名原有定，適逢佳會種梅花。」其云柳汁者，因庚午春開課，有柳汁染衣賦題也；其云梅花者，補帆五世伯祖樓村先生，康熙癸未會試及廷對皆第一，所居曰「十三本梅花書屋」。補帆以書院落成，適届未科，因於左偏餘地築屋，植梅樹十三本，亦顏之曰「十三本梅花書屋」，爲諸孝廉兆也。補帆書來述及以爲佳話，且曰：「此凱泰一大快事，君宜録入《春在堂隨筆》中。」因書大略如此。又，補帆在粵時，因久旱，禱於雷神，有驗。更題一聯於仰山閣云：「繞郭雲山收一覽，出山雷雨慰群生。」時補帆因水土不宜，擬引疾歸。有人誦此聯，以爲必不得請。未幾，遷閩撫。

江蘇元和陳幾亭吏部鶴，著《明紀》一書，體裁明密，決擇謹嚴，頗具史才。五十三卷後，其孫内閣中書克家續成之。中書佐張忠武戎幕，死庚申之難。孤維驥，抱遺書，奉其母，走海上，流離轉徙，幸獲保全。中書故人吴平齋觀察取其書，擬刻之，未果也。已而江浙間有會刻全史之議。初，同治八年春，余在蘇寓，得浙撫李筱荃中丞書，謀合江寧、蘇州、杭州三書局，合刻《二十四史》，屬余謀之江南諸當事。余因移書問兩江制府馬端敏，端敏復書，許刻至《隋書》而止。則寧局所刻，凡十五種矣。又以告蘇撫丁雨生中丞，中丞稍難之，曰：「蘇局已刻《資治通鑑》，應敏齋廉訪又購得畢氏《續通鑑》版歸局中，則自明以前事迹具矣。吾再刻一《明史》，而三千年往事燦然在目，何事《二十四史》爲？」余曰：「固也。然公并《明史》不刻則已耳，既刻《明史》，則一大部也，何不更刻一二種，以成此美舉乎？」中丞首肯，乃以刻遼、金、明三史自任。此外惟新舊兩《唐書》、薛歐兩《五代史》、宋元兩史耳。遂以告筱荃中丞，大喜，即定議，吾浙刻兩《唐書》及《宋史》，而以兩《五代》及《元史》，請李少荃伯相刻之於湖北。伯相不願刻《元史》，復移書丁中丞，請以《元史》歸蘇局而刻《明史》，其意謂元、明一也，可以交易。而不知適與丁中丞初意相左矣。於是，平齋觀察乃出《明紀》示余曰：「子盍與中丞言之，與其兩局争刻一《明史》，何如刻此書哉？」余因與丁中丞書曰：「公欲刻《明史》，以補畢氏《通鑑》所未及，使學者不必讀《二十四史》，而數千年事犁然大備，此意甚盛。但《明史》與《通鑑》體非一律，若刻陳氏此書，則與《通鑑》體例相同，合成全璧，洵可於『二十四史』外，别張一幟矣。」中丞然之，遂以書付蘇局開雕。書成，而中丞已奉諱去，繼之者爲張子青中丞。因其書無序，請馮景庭中允爲之序。中允爲述刻書緣起，而未盡其事曲折。蓋此事惟余知之詳也，故紀之於此，以告海内讀《明紀》者。

家兄壬甫，前在京師時，見有以太極數爲人推算行年者。其人坐一室，二僕侍焉。案上陳硯一、筆一、算盤一，旁列二長几，積書如堵。客以生所值支干告之，其人就算盤推算，珠走如飛，琅琅有聲，亦莫知其爲乘爲除也。算已，謂其僕曰幾千幾百幾十有幾，僕即於几上檢書一册示之。其人任舉一事問客，或曰：「君兄弟行當第幾？」或曰：「君室中人年如干歲？」其有不合，則又推算如前。大約一事相符，則其餘皆合。自少至長，或逐年，或逐月，歷歷如繪，然至此日此時而止，過此以往，茫如捕風矣。今年與潘君子浚言及，潘曰：「其推已往者，先天數也；其推未來者，後天數也。先天數準，後天數不準。若將未來事，亦作已往事，以先天數推之，則無不準矣。」因言有蘇君日新，字紫垣，皖人也，以縣令需次吴中。有鄉人來，欲居會館，館人拒之。因蘇君以請，乃許焉。久而知其人精於太極數，蘇君就之推算。且曰，吾今年三十有幾，請作五十有幾算之。其人不可，強而後可。翌日，持一函來告曰：「以後事盡此中矣。然今年不可啓視，至明年穀雨日，乃可啓之。」届期發書，乃止十二字，曰：「露結之霜既見，東流之水已盡。」不解所謂，姑置之。至是年九月，以奉諱歸，適在霜降後，應上一句。至十二月，蘇君物故，應下一句。乃歎人生世間，事皆前定，精於數者，固能前知也。

金眉生都轉安清，負才望，喜談天下事，亦振奇人也。自西事之興，士大夫持正者多喜言戰，眉生獨主和議，曰：「人知和之可耻，而不知戰不勝而求和之更可耻。人知戰之爲上，而不知不戰而能屈人之更爲上。」咸豐戊午，舉朝議和約，頭緒繁多，而入京入江兩端，所關尤鉅。萬藕舲尚書力阻入京，宋雪帆侍郎力阻入江。眉生作《豢夷説》一篇，請以寬免沿海關税，抵其入江入京兩事。當時不能用，然實正論也。國家無洋税，豈遂不能立國？而夷夏之防不致潰決，則所得多矣。偶見其上湘鄉相國書云：「和之一字，乃南宋以後第一惡名。而北宋以前，無此成見也。三代下主戰亡國者有之，未有以主和亡國者。漢高祖以三十萬衆困於平城，非婁敬之策，則遂無漢矣；先帝殂於白帝，吴蜀不共戴天，而武侯卒不與吴争，後人無譏其忘仇蒙詬者；回紇、吐蕃，其辱唐肅、代、德三宗極矣，而汾陽、鄴侯皆主欵；及北宋之寇萊公、范文正公、富鄭公、司馬温公，於遼，於夏，無不議和；神宗踐阼，富公即云：『願陛下二十年口不言兵。』此十數公者，豈皆古來無氣男子哉？厥後蔡攸、童貫，思恢復幽薊之奇功，横挑邊釁，宣和因而北轍；韓侂胄希不世之勛，一戰而腰領不保。此非古事之得失昭昭可見者乎？今海内新遭髮、捻之禍，元氣已極敝矣。無業之游民，失職之游勇，伏戎於莽，紛紛皆是。此時鎮定安集之不暇，若又從而爲意外之圖，則如大病甫愈之身，尚欲負重致遠，一有蹉跌，禍不可知。夫泰西各國鼎峙，緩則相噬，急則相援。竭天下之力，敵一國可也，而不可敵衆國；支一時可也，而不可支數載。況外釁一起，内訌必生。洋人用財如泥沙，沿海五六省之莠民，爲其所嗾，揭竿而起，則洋人不必親執戈矛，而中土已不勝其敝矣。故攘外必先自強，而自強在於刑政修、人才盛，二者苟備，則九世之讎可復，一旅之甲可興。非貿貿然暴虎馮河、撫劍疾視者所可與議也。」其書千餘言，通達治體。今録其大略如此。

江浙之開書局也，余曾有續刻《皇清經解》之議。因博訪通人，搜羅衆籍。戴子高望以書目一紙見示，採擷略備。乃當事諸君子，莫有從余議者。余窮老且病，此志終不果矣。而子高所詒書目，猶在篋中，因録於此，竢後之君子。《周易》，則有若莊氏存與之《彖傳論》《象傳論》《繫辭傳論》《説卦傳論》《卦氣解》《八卦觀象解》，張氏惠言之《虞氏易言》《虞氏易事》，劉氏申受之《虞氏易言補》《易虞氏五述》，李氏鋭之《周易虞氏略例》，胡氏祥麐之《虞氏易消息圖説》，姚氏配中之《周易姚氏學》。《尚書》，則有若莊氏存與之《尚書既見書説》，莊氏述祖之《尚書考證》《尚書記》，劉氏申受之《書序述聞》，宋氏于廷之《書譜》，龔氏自珍之《尚書序大義》《尚書馬氏家法》《大誓答問》，魏氏源之《書古微》，周氏用錫之《尚書證義》，焦氏循之《禹貢鄭注釋》，朱氏右曾之《逸周書補注》。《詩》，則有若莊氏存與之《毛詩説》，莊氏述祖之《毛詩考證》《周頌口義》，汪氏龍之《毛詩異義》，陳氏奂之《詩毛氏傳疏》《毛詩説音義類》，胡氏承珙之《毛詩後箋》，馬氏瑞辰之《毛詩傳箋通釋》，朱氏右曾之《詩地理考實》，魏氏源之《詩古微》。《儀禮》，則有若褚氏寅亮之《儀禮管見》，張氏惠言之《儀禮圖》，胡氏承珙之《儀禮古今文疏義》，胡氏培翬之《儀禮正義》《儀禮宫室定制考》，吴氏卓信之《喪禮經傳約》，吴氏嘉賓之《喪服會通》，董氏蠡舟之《釋祀》，徐氏養原之《儀禮古今文疏證》《飲食考》，鄭氏珍之《禮經小記》。《周官》，則有若莊氏存與之《周官記》《周官説》，莊氏綬甲之《周官禮鄭氏注箋》，莊氏有可之《周官指掌》，沈氏夢蘭之《周官學溝洫圖説》，徐氏養原之《周禮故書考》，鄭氏珍之《輪輿私箋》，錢氏坫之《車制考》。《禮記》，則有若王氏聘珍之《大戴禮記解詁》，莊氏述祖之《夏時説義》《夏時等例》《夏小正文句音釋》，劉氏申受之《夏時經傳箋》，黄氏模之《夏小正分箋》《夏小正異義》，魏氏源之《曾子章句》《子思子章句》，金氏鶚之《禮説》。《春秋》，則有若龔氏自珍之《春秋决事比》，魏氏源之《春秋公羊古微》，柳氏興宗之《穀梁大義述》，洪氏亮吉之《春秋左傳詁》，梁氏處素之《左通補釋》，臧氏壽恭之《春秋左氏古義》，朱氏右曾之《春秋左氏傳疏》，董氏斯垣之《國語正義》，黄氏模之《國語補韋》，汪氏遠孫之《國語古注輯存》《國語韋注補正》《國語明道本考異》。《論語》，則有若江氏聲之《論語竢質》，程氏廷祚之《論語説》，錢氏坫之《論語後録》，宋氏于廷之《論語發微》，徐氏養原之《論語魯讀考》，包氏慎言之《論語温故録》。《孟子》，則有若宋氏于廷之《孟子趙注補正》。《孝經》，則有若周氏仲孚之《孝經集解》。《爾雅》，則有若戴氏鎣之《爾雅郭注補正》，丁氏傳之《爾雅叙篇》，錢氏坫之《爾雅釋地以下四篇注》。小學，則有若鈕氏樹玉之《説文段氏注訂》，桂氏馥之《説文義證》，王氏筠之《説文解字句讀》，嚴氏可均之《説文翼》。以上共九十四種。此外，若毛氏奇齡之《尚書廣聽録》《舜典補亡》《孝經問》《四書改錯》《聖門釋非録》，阮氏學海堂本未刻，宜補刻； 劉氏逢禄之《公羊何氏釋例》《公羊何氏解詁箋》，學海堂本多脱誤，宜重刻。又，阮刻體例未免雜亂，續刻者宜以經歸經，而别爲《經義文鈔》一書附後，以采輯諸家文集，及説部書中之有涉經義者。均子高説。

子高嘗爲《論語注》，專以公羊家師説説《論語》，蓋亦一家之學也。偶檢舊櫝，得子高手書一通，皆蠅頭細書。録注中義六十三事，質之於余，因擇其尤平易者識之：「因不失其親」，因讀曰姻，姻，外親也。姻非五服之親，然猶必不失其親，以其亦有宗道，《雜記》曰外宗。爲君夫人，猶内宗也。外宗爲姑姊妹之女、舅之女及從母。

「井有仁焉」，井，穽之假字。仁讀曰人。

「子路曰：『子行三軍，則誰與？』」當別爲章。

「啓予足，啓予手。」啓，敞之假字，省視也。

「不踐迹，亦不入於室。」言不踐善人已然之迹，亦不能入於善人之室。

「去兵」，謂去力役之征；「去食」，謂去粟米之征。

「君子上達」，言作君作師，上通天道。「小人下達」，言務工作，力田野，下通物性而已。

「賜也賢乎哉？」賢，勞也。

「道不同，不相爲謀。」若或遠或近，或去或不去。

「往者不可諫，來者猶可追。」往，往世也。諫，猶正也。來，來世也。言待來世之治，猶可追乎？明不可追。莊子述此歌曰：「往世不可追，來世不可待。」右皆子高之説。余因子高解「往者不可諫」，而悟「來者猶可追」之義。《周官·追師》注：「追，猶治也。」猶可追，言猶可治也。夫子删《詩》《書》，定禮樂，贊《周易》，修《春秋》，爲後世法，皆所以治來世也。公羊子曰：「制春秋之義，以俟後聖；以君子之爲，亦有樂乎此也。」深得孔子之意，而皆自楚狂一言發之，楚狂之功大矣。

傅長虞《七經詩》，乃後世集句之祖，《藝文類聚》載之，而《尚書》一篇缺焉，余曾爲補之，其辭曰：「我聞在昔，維彼陶唐，克明峻德，光於四方。迪維有夏，亦粵成湯，誕作民主，率由典常。丕顯文武，無怠無荒，萬邦作式，四夷來王。俊乂在官，嘉言孔彰，即我御事，咸懷忠良。維民從乂，若網在綱，聞於上帝，至治馨香。皇天眷佑，降之百祥，歲則大熟，身其康強。後王立政，不和政哤，勿畏入畏，不臧厥臧。維貨其吉，謂暴無傷，珍禽奇獸，峻宇雕牆。流毒下國，九有以亡，嗚呼群后，無傲從康。」此詩乃余幼時之作，雜采枚書，殊不足録。然人或賞其掇拾之工穩，故録之於此。

「白日壹去不可追，以後稱今成昔時。山澤所樂世莫禁，金石之辭臣能爲。六經既明有著作，萬念盡滅無思維。登高而立及者遠，此理自古長如斯。」右七言詩一章，乃集繹山碑字所爲。余嘗集繹山碑字爲楹帖，得一百聯，因成此詩。截金雕玉，亦頗費翦裁，録而存之，庶無負一時之興也。

潘孝廉鴻，字儀父，肄業詁經精舍三年，乃精舍之高才生也。余嘗見其與兒子紹萊書，洋洋千言，頗有所見。今録其略云：「士必通經，方足致用。六藝雖不完，大旨皆具。漢初師儒，淵原不遠。其所推暨，復有以補益之。若賈之於《禮》，董之於《春秋》，皆原本經術，爲犖犖大者。遷之史體，圓而用神，固之書體，方而用知，亦《尚書》、《春秋》之大宗子也。劉子政《詩》

《書》《春秋》學，皆名家，《七略》之作，尤六藝百家之總龜。子歆乖畢家學，張皇古文，竄亂《尚書》《周官》，以《左氏》爲《春秋傳》，與博士爭，師心媚俗，誠千古之罪人，不獨劉氏之不才子矣。唐人所頒《正義》，實爲滅裂經傳之首。《易》用輔嗣，《書》傳僞孔，《詩》糅毛鄭，三《禮》以後，鄭盡掊前哲，《論語》用何晏，《左氏春秋》用杜預，均無當也。本朝創明絶學，時亦出入門戶，異同皆爲妄論。但求師法大義之所在，彼紛紛者，與宋人説經一丘之貉而已。夫説《易》者，由施孟京梁丘而下，至鄭荀虞氏，不爲玄虚所惑，則先後天之誣妄，何敢緣隙？奮筆説《書》者，墒守伏生，參馬鄭之一二，王肅之流，無可詆諆，則枚賾之才遠出張霸下，何敢黎丘晝見？説《詩》者，篤信毛公爲子夏真傳，知三家皆後起，即韓嬰之洞達天人，郎顗之旁推政化，尚在無達詁之例，何論讖緯雜書，支離怪誕，致開新安疑序之變？説《春秋》者，師法胡毋生、董子之條例，則《公羊》科旨，皎然明白，赤也之書，裨益絲粟，丘明固不傳《春秋》者，何足與議？三禮實未嘗致力，不敢妄論。然操此以往，其不合者尟矣。説經諸書，大都簡要者多得，繁蕪者多失。審乎家法，明乎大義，自然别黑白而定一尊。素不願如東原一流人，句櫛字比，鉤考一名一物，耗心竭神，僅成數卷廢紙。竊謂周孔復生，講求平治，必在教養、用人、理財諸大端，至於宫室、衣服、器用，去其奇衺大甚而已。易桌椅而爲几席，易樓閣而爲堂室，易杯碗而爲俎豆，能乎不能，此所以與子高輩終古不合也。兵者五禮之一，儒者所當知。弟所見兵家言，自周秦以下，凡數十種。而《孫武子》十三篇，最爲近古。致力三載，爲之考證、注釋。其不能自信者，《漢·藝文志》有《孫子圖》一種，今不傳，往往於《九地》等篇，無以定其方向，故未敢自信爲成書也。百家争鳴，或傳或不傳，而言之有故、持之成理者，屈指可盡。漢世諸子，《大玄》《法言》，實不在《孟》《荀》下。好學而深思之，當不河漢斯言〔一〕。」

余有《學校祀倉頡議》一篇，載《賓萌集》。後應敏齋同年，以金岱峰廣文所著《尊經閣祀典録》見示，則知倉頡之祀，有行之者矣。今録其詳文，曰：「温州府教授金衍宗，爲重修尊經閣落成，倡祀字祖經師，詳請立案事。衍宗前任臨安縣教諭時，重建尊經閣，崇祀歷代經師於閣上。恪遵功令，以《十三經注疏》爲主，其已入兩廡者不贅。《易》，祀王弼、韓康伯、孔穎達；《詩》，祀毛亨；《周禮》、《儀禮》，祀賈公彦；《禮記》，祀戴聖；《左傳》，祀杜預；《公羊》，祀何休、徐彦；《穀梁》，祀楊士勛；《孝經》，祀邢昺；《論語》，祀何晏；《孟子》，祀趙岐、孫奭；《爾雅》，祀郭璞；《大戴記》，祀戴德、盧辯；《國語》，祀韋昭；《説文》，祀許慎。並附祀功在群經

〔一〕河，原作「何」，據蔡啓盛《校勘記》改。河漢，出自《莊子·逍遥游》，比喻言論虚夸迂闊，不著邊際。

之河間獻王劉德暨作《群經音義》之陸德明，共二十一人。及菹温教授任，適重修學宫與尊經閣甫竣，竊見淩郡博廷堪《校禮堂文集》，有倉頡廟碑云甘泉始立廟祀。又聞杭州刊刻《惜字録》，奉倉頡爲字祖，勸於書院、家塾各設祀。因於閣上兩旁，各設神廚，東奉黄帝史官倉氏頡、沮氏誦神位，西奉歷代經師神位二十一人，如臨安故事，字祖經師，同日致祭，庶於敬教報功之意。美備無遺，斯亦贊興文教之一助歟。」按金君於臨海創祀經師，事在道光十九年；於温州創祀字祖經師，事在咸豐元年。字祖之名，頗嫌不典，然亦無以易之。至崇祀經師，尤足補祀典所未備。全謝山《鮚埼亭外集》有《尊經閣祀典議》云：「今聖廟旁，皆有尊經閣，登斯閣者，以敬學尊師之意，修追遠報本之文，則俎豆於斯爲合。蓋以尊經而遂及傳經之祀，則凡得載於箋疏、得見於儒林者，無不可也。不特《春秋》之鄒、夾，《詩》之齊、魯、韓，暨北宫、司馬、仲梁諸子，固所當祀。即其人或未醇，若張禹、何晏、劉炫、邢昺，皆可存。何也？節取其功而録之，固不可與坐聖人之廡下者同年而語，則稍恕焉，而未濫也。」金君此舉，即本全氏之議而變通之。然其《祀典録・自序》曰：「余在臨水倡祀經師，初議首祀孺悲，繼以孺悲當列七十子中，不當僅以經師祀以漢唐經師，不勝枚舉，故一以列在學宫之《十三經注疏》爲主，尊功令，嚴祀事也。」不知何時罷祀，大率之，姑闕之以俟。又《宋史》理宗端平二年，詔祀蘇軾在張子、二程子上。

以與伊川不合，去之。至《夏小正經傳》編次詮釋，始自宋傅氏崧卿，功不可没。雖止《大戴記》中一篇，當與盧僕射並祀。」是金君固自有遺議。樾謂學校嚴重，事在官司，宜從功令。至書院家塾，有舉行斯典者，當從全氏之議，博考漢唐經師，使抱殘守缺之功不致泯没，而學者亦得以聞風興起也。

春在堂隨筆四

自軍興以來，資糧扉屨，不能不取給於捐輸。朝廷恩施優渥，除本人得獎叙外，有加廣學額之事，誠曠典也。惟東南兵燹之後，市廛寥落，村聚凋殘，學額雖增而應試之人轉減。是以入學甚易，乃有未窺六甲已博一衿者。文風日薄，士習日囂，議者謂不如請減學額，仍如原定之數，而酌加鄉試中額以償之。此議甚善，惜無人言之於朝也。憶戊辰之春，余在杭州，見陳子中太守，言是年二月舉行縣試，而於潛令適於是日至省上謁，問：「何不縣試？」曰：「本縣止童生二人，其一甫學作起講，未成篇；其一在鄉間開酒店，農事尚早，飲酒人多，不克分身，應試皆須待三四月間也。」是歲，此二人者皆入學。舉此一端，學校之失之太易，亦可見矣。

余嘗於舊書中，見文字數篇，皆論列時事者，不知何人之作。其議多迂遠難行，惟有二事，似頗可採，今録於此。其一事曰：「我朝堂陛森嚴，京官除各部院堂官及道科外，外官除督撫藩臬外，均不準專摺言事。所以杜儳越而靖紛紜，其制固甚善也。然竊謂庶僚之中，有宜許其進言者，内則編檢，外則道府，既可以廣采納之途，亦可以寓考課之術。惟在示以限制，使無妨政體而已。考翰林之官，始於唐代。《唐書・職官志》謂翰林之職，本以文學備顧問，因得參謀議，納諫諍。然其時醫卜伎術之流，以至方士浮屠，皆得待詔翰林，非盡文學之士也。今之編修檢討，皆由庶吉士授職，士林欣羡，以爲榮遇，而謀議不參，諫諍不納。竊友過從，但以詩賦楷法，互相砥礪，兵農禮樂，都未講求，此豈國家儲材之本意乎？愚以爲，凡事之上關君德，下繫民生，以及學術所宜辨明、典禮所宜釐訂者，翰林院官除未留館之庶吉士外，其業經授職之編修檢討，如果確有所見，宜皆準其繕寫封章，自赴宫門呈遞。惟不準其參劾保舉，以杜侵官之漸。如此，則翰苑諸臣，皆知上意所求不止在詩賦楷法，必將留心時務，討論典章，以成有用之材。而即其所言，觀其所學，亦足知其人之賢否，不必專以詩賦楷法工拙爲升降矣。若夫道則領數郡之事，府則領數縣之事，外官而至道府，其職任不爲不崇。漢時太守，皆得自達朝廷，今則有督撫藩臬臨乎其上，古今異宜，非可一概而論。地方公事，自宜申詳司院，由督撫具奏，以符定制。若令其自行陳請，則意見各殊，事權不一，於公事轉多窒礙矣。然道府簡放後，例須謝恩，由外任升擢者，亦必進京引見。向來每蒙召見一次，天威咫尺，該員等心存敬畏，多未能盡其所懷。愚以爲，道府新任，均宜令其呈遞封章，指陳時事，而亦不準其參劾保舉，並不準其論列本省上司僚屬賢否，以爲市恩報怨之地。其有剿襲陳言、毫無實用者，密諭該省督撫，俟其到任後，留心察看。如有議論詳明、通達治體者，即於召對時，再行詳悉垂詢。若其敷陳曉暢，氣度從容，即是真才，可備大用，是亦觀人之一道也。《虞書》曰：『敷奏以言，明試以功。』若無敷奏之言，又何明試之有？愚謂京官編檢，外官道府，宜許其進言者，正以此耳。」又一事曰：「我朝因仍明制，以八股時文取士。康熙間，曾議廢之。不久而復，誠未有以易之也。愚以爲，制藝雖在所宜廢，而成法亦不可驟更。若必舍舊謀新，責人以素所不習，亦非所以順人心而服士論也。夫國家取士，原未嘗專以制藝。其第三場之策，本足以考取真才。乃士子所用心，試官所注目，止在頭場，經文已不甚講求，策問更視同贅設。此則奉行之不善，而非立法之未周也。今雖明降諭旨，令考官於第三場悉心衡校，不過習爲故事，陽奉陰違。宜即舊制而變通之，請自明年會試始，飭令總裁官，照欽定額數，加一倍擬中，即將擬中第三場試卷，先行進呈御覽，欽派大臣閲看，擇其根據經史、通達古今者，取中如額。然後知會闈中，照常出榜。若所進之卷，不敷取中，奏請再行補進若干卷，并將總裁同考各官交部議處，則衡校諸臣，自然加意鄭重。而各舉子知科名得失以此爲定，亦不得不誦習經史，以求實學矣。會試如此，則鄉試士子於第三場自不敢如前草率，而各省主考官亦必仰承意旨，與會場一律認真。風氣所趨，日新月異。數年之後，天下士子，將自厭制藝之空疏，從而廢之，自無異論。即或不廢，而將第三場改作頭場，則制藝雖存，不過以今之經文視之，總以頭場爲重，而科舉所得，多閎通之士矣。」

宋于庭先生翔鳳，嘗與余言：「近日士子，不讀經書，不通經義。有學使者以『多聞闕疑』命題，一生文中用『所聞異辭』『所傳聞異辭』二語，居然高等。彼殆不知『異辭』二字作何解也。」余謂先生此論亦太苛，此生畢竟曾見過《公羊傳》。尚有並此二語而不知者，先生又謂之何？至於引經不合本義，古人亦或有之。漢光武建武十九年，詔曰：《春秋》之義，立子以貴。東海王陽，皇后之子，宜承大統。」按《公羊傳》：「立適以長不以賢，立子以貴不以長。」所謂立子者，謂立庶子也。《公羊》此文，蓋明立適立庶之不同，上言立適，下言立子，子對適言，則是庶子可知矣。建武詔書既云「東海王陽，皇后之子，宜承大統」，則是主於立適也。而反引《公羊》立子之文，殆未知「立子」二字作何解乎？漢世多通《公羊》者，而當時秉筆之臣，鹵莽若此，何責童蒙之深也？于庭先生，乃莊葆琛先生之甥，能傳莊氏之學，嘗語余曰：「子見《歸藏》之《易》乎？」余曰：「未也。」先生曰，「《說文》始一終亥之書，即《歸藏》也。」余不能通其說，因亦不問。後以語戴子高，子高曰：「此皆莊氏之微言。」先生没，微言絶矣。

汪調生道鼎，乃汪春生前輩之從弟。癸卯歲，余客春生玉山縣署，適調生亦至，與共晨夕者數月。調生負才自喜，而與余極相得，每夕縱談至漏三下始休。嘗以《漢書·古今人表》有古無今，擬爲補之。是歲除夕，兩人聯句，達旦不寐。其明年，調生還浙，余寄詩曰：「一燈覓句過除夕，九等論才到古人。」皆紀實也。調生久下世，詩亦不存集中，已忘之矣。偶於書肆見調生所著《坐花誌果》八卷，皆記三十年來耳目見聞之事，頗足資懲勸。追念舊事，爲之泫然。其書名《坐花誌果》，未知所出，安得起九原而問之也？

《漢書·公孫弘傳》：「凡爲丞相御史六歲，年八十，終丞相位。」所言如此而已。《漢武故事》乃云：「上常輕服爲微行，時丞相公孫宏數諫，弗從。宏謂其子曰：『吾年已八十餘，陛下擢爲宰相，士猶爲知己死，況不世之君乎？今陛下微行不已，社稷必危。吾雖不逮史魚，冀萬一能以尸諫。』因自殺。上聞而悲之，自爲誄。」此事與《漢書》絕異，使宏果以尸諫而自殺，則亦漢之賢相矣。《漢武故事》舊稱班固撰，然其載長陵女子徐儀君事云：「至今上元延中已百三十七歲矣。」按元延乃漢成帝年號，則此書乃成帝時人所爲，非班固也。晁公武《讀書記》引張柬之《洞冥記跋》，謂出於王儉，益無據矣。余從前與汪調生擬補《漢書》今人表，調生以公孫宏爲阿世之學，頗貶抑之。今偶閱《漢武故事》，得此一事，惜調生久作古人，不及更與之論定也。

咸豐十一年十月，賊陷諸暨。有包立身者，縣之包村人，倡義集團，遠近附之，攜家來投者不下十餘萬人。賊屢以大隊擊之，輒敗。誘之降，不從。同治元年三月，僞侍王約湖州之賊僞梯王，由富陽進攻包村，環數十里爲營。立身善以少擊衆，相持八九月，先後殺賊十餘萬人。是夏大旱，水涸，汲道爲賊所遏，村中人衆食不繼。賊又絶其糧道，勢危甚。然主客萬餘人，無一降者。七月朔，賊由隧道攻之，村陷。立身與妹美英，率親軍數千人潰圍出。至馬面山，賊追及之，圍數匝。立身中炮死，美英手刃數賊，知不免，自刎死。其兄立忠、立賢，皆死於陣。父建勳，母虞，二嫂曰任、曰王，妻虞，弟婦屠，妹彩福、彩官，侄和尚，女鳳娥，侄女大姑、二姑，同日死之。凡包村死者，一萬四千七十七人。同治三年，護理浙江巡撫布政使蔣公益澧以其事聞，詔從優議恤。按包立身之初起也，人或傳其有異術，能布香灰爲城。然朱久香前輩嘗見之，其人恂恂如常人，初無他異。而能於賊勢方熾之日，全省糜爛之餘，且又無名位之可以號召，形勢之可以固守，揭竿斬木，自成一軍。與賊相持，久而不下，遠近景附，遂成邑聚。既陷之後，同日赴義。烏乎！可謂豪傑之士矣。當日浙中團練，以吾湖趙忠節爲最。今觀包村之事，其難更有甚焉。中興以來，世多知有包立身之名，而莫詳其事實。余偶於斷爛朝報中得蔣中丞奏疏，因書其大略如此。

辛酉歲，余避兵上虞之槎浦，偶從友人借得《金罍子》一書。書每葉以故紙襯之，其中有篆書數十紙。啓視之，得一百有九字，顛到錯亂不可讀。察其文義，知爲秦會稽刻石之詞。行篋中無《史記》，無可取證。且會稽秦刻久已無存，亦未敢臆斷也。筆墨黯淡，紙質糜爛，且黏連於書，不可取出。乃影寫其字而藏之，姑以爲翫而已。其明年，航海至天津，假得《史記》，逐字排比之，則自「皇帝休烈」至「貴賤並通」四十三句，尚存大半，此後無一字矣，蓋石之前半也。不知好事者依《史記》戲爲之邪？抑會稽一石，尚有臨摹之本留傳人間邪？夫秦刻之存於今者：太山琅邪止數十字；繹山傳刻已失其真；近虞山楊氏刻徐鼎臣所臨《碣石頌》，真僞難明。何意窮海之濱，睹兹奇迹。雖真僞亦不可知，未可聽其泯没也。因臨數本，分詒好事者，吴下顧駿叔茂才承之曾得其一。

同治初，上海修縣志，余參預其間。故老相傳，有楊天相事，舊志不載，莫能詳也。今讀故人汪調生所著《坐花誌果》，内有楊協戎一條，頗具本末。其略云：乾隆末，有盗横行江浙洋面，詔書名捕之〔一〕，爲崇明副將楊天相所獲。提督陳大用飛章入告，倉卒未會總督銜。總督

〔一〕名，整理本多改爲「命」，非是。

某，髦而貪，且銜提督之獨奏也，思有以中之。已而有旨，命兩江總督審明正法。盜因以十萬金賄總督，總督受之。適揚州某太守自侍御外擢至江寧，上謁。總督語以是案尚有可疑，太守遽曰：「緑營習氣，往往誣平人爲盜以自邀功，宜詳察之。」總督大喜，即以此案屬之。竟以誣良爲盜定案，出盜於獄，而殺楊天相於海口，提督亦坐免，戍軍臺。楊天相死之明日，總督出行香，若有所見，即日死。逾年，盜忽至山東巡撫衙門自首，歷言在江南被獲行賄得脱狀。東撫不欲興大獄，誅盜而諱其事。按楊天相之獄既未平反，載筆之士難於叙述，此舊志之所以不載也。然天相死時，提協兩標兵皆呼冤擊鼓，願罷伍歸農，幾成大變。而上海之民爲天相焚紙錢，積灰如山阜。至今父老猶能言之，則此事固不可没其實也，因書其大概如此。上海志書聞已告成，未知於此事果否載入也。

先大夫言：「小車俗名二把手，遇順風，有以布爲帆者。曩於山東道上見之，口占一絶云：『車行如駛不須推，陸海茫茫妙想開。偷得船家使風法，布帆三尺樹陰來。』及自通州坐船進京，船皆以驢曳縴，他處未有也。乃歎天下事，無獨而必有其對，因復成一絶句，云：『舟行忽與坐車同，妙法偏宜六閘中。邪許不勞喧兩岸，一繩驢背去悤悤。』」右見《印雪軒隨筆》卷一。余咸豐中奉使中州，行河陝間，山路崎嶇，輿行必以縴夫挽之，與行舟無異，乃作《縴夫行》

一篇，其首四句云：「頑青鈍碧起迎面，高可千盤寛一綫。輿丁欲上愁遷延，乃仿船家例用縴。」此與先大夫所見，可云三異矣。至於輪船入中國，而船亦用輪，此又事之愈出愈奇者也。

葉調生《鷗陂漁話》載杭州錢曇如女史，母夢年羹堯而生，此事大奇。女史不知何人，既爲年大將軍後身，定當比蹤彦雲，非尋常脂粉也。姑記於此，當訪之杭人耳。

浙西人家，晨起皆啜粥。乃觀宋《杜清獻公文集》有奏劄云：「今范鍾令臣粥後過堂議事，臣筋力雖未强，只得勉從其言，在初八日粥後一往。若淩晨朝參，尚畏風寒，又當遲以數日。」云云。然則晨起啜粥，宋時已然，且形諸奏劄，則知當時上下通行，雖宫禁亦習聞其語也。清獻公名範，宋理宗朝宰相。

張肖眉洵，仁和人。余乙巳會試，與同寓全浙會館，相得甚歡。肖眉後以翰林直南書房。辛酉歲，杭城再陷，肖眉適在籍，死焉。及余主講詁經精舍，精舍故有遺愛、先覺、正氣三祠，乃道光初從金沙港移附於此者。遺愛即名宦也，先覺即鄉賢也，正氣即忠義也。庚辛之亂，杭州死難諸公均入正氣祠，而君獨未之及。余曰是一缺典也，乃以屬監院校官，俾告之大府而補入焉。今檢敝簏，偶得君《戊午秋寄懷》二律，時余新從河南學政罷歸，拳拳慰藉，其意良厚。故人之筆，不可再得，吉光片羽，謹録而存之。其詩曰：「喧呶市虎竟何如，脱卻朝衫樂有餘。詩句難消才子氣，烽烟未定故山居。歸來元亮應耽酒，老去康成好著書。慚愧東華門外客，軟紅十丈倦驅車。」「茫茫身世等浮漚，莫向長安問昔游。每聽笛聲悲舊雨，自注：謂雲笈同年。忽看棋局動新愁。天邊燕子真如客，江上鱸魚況已秋。篛笠蓑衣家具在，相從應有五湖舟。」

馬君晉蕃字讌香，黄君式三字薇香，亦於是年入祀先覺祠。馬君乃余老友，乙巳之春，與同北上，乘小車自丹陽至京口。甫至江干，讌香指示余曰：「此金山也。」余有句云：「故人知有看山癖，一見金山指向人。」一時光景依然如昨，而君已古人矣。黄君初不相知。同治初，吴和甫學使，余同年生也，按試寧波，以明堂考命題。有定海諸生黄以周，據《隋·宇文愷傳》以《考工記》「夏后氏世室，堂脩二七」，「二」爲衍文。學使即録其說寄余吴中，并曰，可附《群經平議》說同。學使訝其與余《群經平議》說同。詰所自來，乃以其父式三所著《明堂步筵說》進。學使即録其說寄余吴中，并曰，可附《群經平議》第十四卷後。余因黄君雖亦以「二」爲衍文，然其說實與余異，故未附入。其時黄君下世久矣。學使報滿，引疾歸，不久亦卒。而其來書猶存篋衍，偶一披覽，既喜黄君所見之略同，又重違學使拳拳之意，因節録其大略於此。云：「《考工記》曰：『夏后氏世室，堂脩二七。』《隋書·宇文愷傳》言：『《記》文云，堂脩七。雠校古書，並無「二」字。』式三案：殷度以尋，堂脩七尋；周度以筵，堂脩七筵；則夏度以步，堂脩七步。鄭君康成以堂脩七步爲隘，注有『令堂脩十四步』之文，假令之辭也。而後人乃依此作二七字，宇文愷所見，固得其實也。《記》云『廣四脩一』者，以脩七步三分之。堂室之脩，各得二步又三分之一。堂室之廣有四步者，其脩則一也。《記》云『五室三四步四三尺』，中大室、南明堂、北元堂，廣四步三尺；其餘堂室廣三步四尺也。《記》云『門堂三之二，室三之一』者，明堂周垣有四門，以三之二爲門之堂，以三之一爲門之室。堂之左右爲室，所謂塾也。《記》云，周人明堂『東西九筵，南北七筵』，『凡室二筵』。凡室者，四隅之室，非大室也。《記》文止言四隅之室二筵，而大室與四正堂之丈尺自明。以此推之，大室東西五筵，南北三筵；明堂、元堂東西五筵，南北二筵；青陽、總章，東西二筵，南北三筵。四隅室廣脩皆二筵，合之爲東西九筵，南北七筵，畫之爲圖，井然有理矣。」先生著述甚富，有《易釋》《尚書啓幪》《詩序通説》《傳箋通説》《傳箋通考》《春秋釋》《周季編略》《炳燭録》《鄭君粹言》《朱吕問答》《儆居文集》，俱未刊行。惟《論語後案》曾以聚珍版印之，和甫處有一本，余未見也。

自來經生多不工詞翰，宋于庭先生翔鳳，傳常州莊氏之學，而所著《洞簫樓詩》，多清麗可誦。余於戊午冬，移居石氏五柳園，有詩四章，一時和者頗多。今皆不存，惟先生詩尚在，而五柳園鞠爲茂草矣。感念今昔，爲之惘然。其詩曰：「城郭園林畫不如，寬閑合作寓公居。貯囊未必存餘俸，插架猶堪列賜書。人境移家非寂寞，天街思舊費踟躕。商量此後誰千古，時盼高軒過敝廬。」「此間一律住名賢，往迹流傳過百年。自注：康熙間爲何義門學士故宅，嘉慶間石琢堂編修居之。不乏清風與明月，何勞鑿石更疏泉。書成自具胸中竹，語妙能生舌底蓮。觸熱衝寒正無數，任他蚰蚿各相憐。」「重到真教老眼揩，回思昔日訪高齋。自注：琢堂先生與先君庚戌同年，翔鳳每還家，必往謁見。論文忽忘前修遠，道古方聽新論佳。待與吾徒開境界，要知此事賴梯階。栽培先問淵明菊，早向東籬次第排。」「吾生刻意慎風波，其奈烽烟滿地多。無麥兼憂人局促，緝麻敢即市嫛婗。漸聞駔儈充流品，聊與高賢寄詠歌。相約閉門參運會，坐看山月上藤蘿。」

舊篋中尚有蔣叔起超伯七古一章，其題云：「天祺節扈游同樂，獲窺福海瑶臺之勝，歸而得讀大集，率成一詩，奉柬。」蓋是時，叔起猶官比部值樞廷也。詩曰：「昨游崑閬循丹梯，海天一碧揩瑠瓈。雲韶樂分坐立部，雞婁鼓動騰雙猊。球陽使者適來覲，瓜果頻見中璫齎。屬車扈從豈不好，顧我野性同山麛。歸來袒衣復不幘，欲裹廠布師歧黎。急開君詩掃煩暑，爽若快雨驅霆霓。君身具有廣長舌，下筆便掩閻浮提。奇奇怪怪讀難識，不但觥觵兼撐犁。俗兒所藏鼠角耳，如君乃握天曹犀。草書況逼《肚痛帖》，才翁兄弟應難齊。隱居吴中亦不惡，時有後懊花間啼。我詩相貽譬礓礫，乃辱報之金裹蹄。從來南斗醉如泥，禄命恣人來取攜。惟當留氣暖下臍，勞生何者非夏畦。」此詩神味，絶似坡公，奇恣可喜。余官京師時，寓廬與叔起最近，晨夕過從。每讀余詩，輒擊節不置，謂當代不得不以此事相推，余甚愧之。此詩亦極傾倒。後聞叔起官廣東，尚有見懷之作，則余未之見矣。

孫琴西同年衣言，嘗以琉球貢紙書詩二首見贈，云：「前接來詩，悤悤未及和，頃鍾六英同年自越州來，相見於補老處，云至蘇可相見。忽然興發，即書兩首奉寄。」其一云：「握手重來翰墨場，莫嫌髭鬢異青陽。承明舊事都如昨，項領群公不可當。垂老中興思衮職，遠方消息畏戎行。河汾要及當時用，欲借元經更熟商。」其二云：「青山無恙舊戰場，國故有合儒紫陽。自注云：杭州紫陽書院建自徽州鹺賈。按是年琴西正主講紫陽也。議郎博士我敢望，大師祭酒君能當。越吳兩國四百里，經書一目十數行。賞音忽得子期去，異義更就康成商。」琴西詩筆高邁，同時作者無與抗行。余嘗與論詩，不合，戲曰：「吾所師者唐之白，子所師者宋之黄，無怪其齟齬矣。」其所著《遜學齋集》十卷，余爲序而刻之。年來不甚作詩，故無續刻者。此二詩未知其存稿否？即其生硬之致，可知其瓣香所在也。

余少時，即斐然有著述之志，嘗戲草《骫骳子》一卷，多悠謬之談、滑稽之論。其稿久不存，清夜思之，偶得數事，聊録於此，以資一噱：伏羲氏畫八卦既成，以示骫骳子。骫骳子曰：「子畫卦以何爲始？」伏羲氏曰：「吾始於一畫。」骫骳子曰：「子誤矣，當始於一竪也。夫一豎者，引而上行，則輕清爲天；引而下行，則重濁爲地。是故一豎者，天地之象也，天高而地下也。一畫者，日月之象也，日東而月西也。今以一畫爲始，將先有日月而後有天地乎？」　堯在位七十載，倦於勤，讓於許由。許由不受，讓於巢父。巢父辭焉，讓於骫骳子。骫骳子受之，立爲天子。三月而返之堯，歸而見巢父。巢父曰：「鄉者，吾與子友也。今子受堯之天下，非吾友也。請與子絶。」骫骳子笑曰：「子何視天下之重，而視吾之輕也？夫吾視天下之去留，猶蚊虻之過眼也。是故立爲天子，而吾不以爲榮；返爲匹夫，而吾不以爲高。今子以辭天下爲高，將無以受天下爲榮邪？」　禹受命治水，將行，問於骫骳子曰：「天下之水，無大於河。敢問治河有道乎？」骫骳子曰：「子意如何？」禹曰：「吾將鑿龍門以受之。」骫骳子曰：「予未知治河也。夫河出於昆侖之墟，千里一曲。其曲也，皆有大山以當其衝，故河不得而不曲也。吾嘗登昆侖而觀焉，其一曲有山，是曰規山；其二曲有山，是曰精石。子盍往而鑿之？是二山者，苟能通其一，使河不折而入中國，此一日之勞而萬世之逸也。」禹不從，卒鑿龍門。骫骳子歎曰：「中國世有河患矣！」　成湯出，見人張網四面，湯解其三面而祝之曰：「欲左者左，欲右者右。不用命者，乃入吾網。」諸侯聞之曰：「仁哉，湯也，德及禽獸矣！」歸之者四十國。骫骫骳子聞之曰：「不仁哉，湯也！夫禽獸猶罪其不用命，況諸侯乎？」居無何，湯興師伐夏，放帝桀於南巢。

伊尹放太甲於桐，往見骫骳子。骫骳子曰：「子，天民之先覺者也。子始耕於有莘之野，挾堯舜之道以要湯，後世以山林爲捷徑者，子覺之也；五就湯而五就桀，後世朝秦而暮楚者，子覺之也；相湯而伐桀，有其天下，後世以臣伐君者，子覺之也；已立太甲而又放之，後世置君如弈棋者，子覺之也。夫子，覺者也，覺人多矣。」伊尹大慚而去。其明年，太甲潛出自桐，殺伊尹。

武王既伐紂，伯夷、叔齊耻之，逃於首陽山，采薇蕨以爲食。骫骳子載米三十車以餉之，伯夷、叔齊不受，曰：「子之粟，周粟也。」骫骳子曰：「子胡不達之甚！子之心而有周邪，薇亦周薇也，蕨亦周蕨也；子之心而無周邪，子所戴之天，猶商之天也，子所履之地，猶商之地也，子所飲之水，猶商之水也，子所食之粟，猶商之粟也。」二子不聽，遂餓而死。骫骳子歌而吊之曰：「登西山兮采我薇，黄農虞夏兮猶可追，思二子兮我心悲。」

孔子既成六經，告備於天，門弟子皆賀，骫骳子吊焉。子路怒曰：「吾夫子之書成，門弟子皆賀，而子獨吊，何也？有説則可，無説則血吾劍。」骫骳子曰：「吾非吊夫子也，乃吊天下後世讀夫子之書者。夫以夫子之身，而再逐於魯，削迹於宋，然則讀夫子之書者，能無厄乎？以夫子之身，而絶糧於陳，菜色於蔡，然則讀夫子之書者，能無窮乎？昔倉頡作文字而鬼夜哭，悲患難之始此也。

夫識倉頡之字且爲不祥，況乎讀夫子之書？」子路以告，孔子憮然曰：「吾厄窮而不怨也。雖然，骫骳子之見遠矣。」

余少時曾作《鬎頭詩》一首，編詩時以其題目過小削之。然通篇描寫，頗爲曲盡。今不屑爲，今亦不能爲也，因補録於此，云：「人生尺寸膚，何一不當寶。豈真疾在首，而乃薙同草。乃有古人語，頗足備一考。鬎髮使蕩然，何有蝨與蚤。以譬治山賊，當先除其道。此語誰爲之，矍鑠伏波老。試之小黄門，一時定絶倒。其後文文山，有詩載遺稿。髮亡心則存，想見怒如擣。而我生於今，頗覺此事好。既免壯士衝，亦減商山皓。經旬不一鬎，首乃如蓬葆。誰歟職其役，短衣而破襖。入廚呼作湯，驚走戛羹嫂。注水洗頭盆，伏而鹽其腦。一尺布不縫，龘更甚魯縞。以代礪石磨，仍能芒刃保。但聞霍霍聲，如割田中稻。其下承以盤，奉若圭垂繅。過眼天花飛，滿頭敗簟掃。吾非陶彭澤，折腰亦弗惱。甚或閉兩目，不辨白與皂。低昂黍麥頭，忽已新如棗。倘有蟣蝨臣，勿問胎與夭。既而握髮三，舍舊更新造。交柯青珊瑚，纏絲黑瑪瑙。吾身欹側久，如木科上槁。爾乃手推敲，有若苦吟島。耳門不容麥，亦復恣探討。其具貯一筒，合喚葫蘆套。須臾技盡奏，頰更飲水澡。顧視種種髮，風戾未及燥。酬之青銅錢，俾就酒家媪。而我坐一室，耳目滌煩懊。起觀晴檐外，睨日尚杲杲。髯奴未足責，髮神或可禱。

聊以醒低睡，非敢矜速藻。」

余癸卯歲將之江西，苕上章君紫伯以永嘉磚贈。磚長尺，廣半之，四面有字，其文曰：「吴興烏程俞道由、俞道初兄弟治作之，永嘉元年八月十日立功。」余爲賦長歌曰：「永嘉元年八月中，吴興烏程始立功。治且作者兄弟同，道由道初皆吾宗。爲是吾宗特見贈，臨歧厚意百朋勝。麻布紋猶散似花，青泥質已堅如錠。而我悤悤啓別筵，到今始劈芨皮箋。不去搜奇《金石録》，不來數典永嘉年。祇憐得姓衰宗早，世系茫茫竟難表。黄帝之將曰俞跗，遥遥華胄無從考。《列子》三醫俞氏存，寓言十九恐非真。已傳漢世改從俞俞東，更見吴時賜姓孫俞河。要之江東有俞氏，亦有一二見於史。將軍俞恭敗可憐，都督俞贊降可耻。幸而東晉又起家，一才一節俱堪夸。俞縱捐軀死蘭石，俞歸高論屈重華。如何俞容仕前趙，竟以常侍弄牙爪。要知此姓在江東，自晉而下頗不少。宋有將軍俞伯奇，又有欣之與湛之。俞僉永嘉一郡吏，而以孝義千秋垂。堂堂更有茶陵子俞道隆，乃與此磚名酷似。降而南齊亦有人，傳中一見俞公喜。是時門第雖未崇，頗亦不與衰門同。欲使俞藥改姓喻，咄咄怪事蕭老公。雲旗將軍終不改，姓自臣始語何偉。惜哉隋有俞普明，以術者傳無乃猥。不如文俊在唐朝，慶山一諫其人高。小兒節療有俞竇，能以醫傳亦足豪。厥後錢氏有吴越，聞人又見俞公帛。俞壽俞浩雖無聞，亦有姓名留載籍。《宋史》列傳登三人，曰充曰臬曰獻卿。《隱逸傳》中俞汝尚，《藝文志》内俞庭椿。爲問元朝有誰某，象山縣男堪不朽俞述祖。勝朝佐命數河間，一姓四公古無有俞廷玉子通海、通源、通淵。嗚呼！上從五帝迄元明，滄海桑田幾度更。系無宰相難成表，代有傳人亦足榮。青史論人人不足，何妨更取叢編續。俞益期見《水經注》，俞郢見於《清異録》。我將宦績數從頭，頗亦不愧甘棠稠。已見順昌留政績俞偉，更聞力戰在嘉州俞興。我將著述問先哲，頗幸名山人未絶。十卷《尚書集傳》成俞元燮，《叢談》豈僅題螢雪俞元德。我將經義窮搜牢，麟經獨抱漢與臯俞漢、俞臯。風流更有玉吾叟俞琰，搖頭説《易》幾忘勞。我將書法問前代，書史之中有人在。紫芝翁仿趙鷗波俞和，建德君師李北海俞鎮。我從詩國溯風流，秀清二老俱千秋俞紫芝、俞紫琳。《佩韋齋集》十六卷，至今猶荷《四庫》收俞德鄰。而要詩人不止此，唐宋遥遥兩進士唐俞簡、宋俞桂。更有金山寺壁詩，誰歟作者名俞似。山人俞遠神仙姿，俞浙潛心注杜詩。豈獨異人有俞叟，豈徒識味有俞兒。所嗟譜牒今無一，三桓七穆憑誰説。子美難歸五派中，伯魚敢謂諸田出。自明以後數難終，欲稽所出嗟無從。漫將吹律夸清角，誤欲分榮到漢封。走也烏巾山下住〔一〕，摩

〔一〕烏，原作「鳥」，據蔡啓盛《校勘記》改。

挲遍認先人樹。元朝提舉希賢公，實始移家來此處。今爲雁戶藕花汀，屋後山光空復青。難將靈運《山居賦》，寫作蘭成《思舊銘》。此甎未識何年出，思古幽情難抹殺。姓氏初非豆麥殊，當年何必無瓜葛。冉冉頻驚人事遷，斑斑猶帶土花圓。待招華表歸來鶴，重認烏曹舊日甎。人笑郭韜強依附，我道顔標非認錯。不見當年觸髑生，殷勤來拜羲皇墓。」此詩作時，頗費搜輯之功。後以遺漏尚多，故編詩仍從芟薙。然以作之之難，亦覺棄之可惜，仍録於此，以備吾家故事云。

辛未歲，竹樵方伯恩錫開藩吴下，相與唱和甚歡。余因言蘇州府學有宋紹熙間唱和詩石刻，方伯即搨一紙見贈。其首唱者，建安袁説友；和之者，浦城張體仁、胥臺成欽亮、浦城章澥、胥臺唐子壽、胥臺王藝、三山陳德明、桐川周承勛、胥臺胡元功、浚儀趙彦衛、浚儀趙彦瓊、浚儀趙彦真。書石者，歷陽龔頤正。碑額分書「同年酬倡」四字，蓋諸君皆同年也。袁公原唱云：「同年幾合幾分違，三十年間見日稀。尊酒相逢今也幸，詩書論舊政焉依。慈恩故事今回首，吴地清談對落暉。平世功名在公等，尚期努力佐龍飛。」其詩亦不甚佳，和者似較勝也。前有范石湖序，頗足見宋人同年之重，因録於此，云：「進士科，始於隋，盛於唐，本朝因之。偕升者謂之同年，衣冠之好，由來尚矣。唐人尤憙期集燕設之名，亡慮十數，而曲江大會，長安坊市爲半空，天子至御樓以觀。當此時，通榜之士，意氣相予甚厚，否則有紫陌青雲之譏。本朝略去浮侈，但存聞喜一燕而爲之。同年之制，則加詳焉。既朝謝揆日，集貢院，奉賜第，録黄於香案，列拜庭下。禮畢，更以齒班立，四十以上東序西鄉，未四十西序東鄉。推年最長若最少者各一人升堂，長者中立南鄉，少者北鄉。春官吏贊拜，少者拜，又贊答拜，長者洎兩序皆再拜，謂之拜黄甲、叙同年。所以明章風期、惠篤事、契委曲之意，過唐遠矣。士大夫寧得輕負此意，契然雲散，異日相視，如塗之人乎？紹熙改元，建安袁起巖、張元善俱使浙西。始以歲五日，會同年之在吴下者，於姑蘇之臺，登臨勝絶，傾倒情素，獻醻樂甚，賦詩相屬，州里傳寫，一夕殆遍。好事者雜然高贊，以爲《伐木》之詩也。起巖謂僕嘗涔春闈，使爲序引。僕時位下渠足數，獨以親見諸公貴名之起，又嘉二使君能修舊好，略記團司故實，以代揚觶之詞。庶凡號稱同年者，聞風動懷，增重名義，或於雅道小有補焉，非直爲一觴一詠設也。二月望，石湖范成大書。」

按：此刻，自來金石家未著録，惟錢竹汀先生《養新録》曾載其大略。余讀范石湖序，慨然增同年之重，輒依韵爲一詩。擬遍徵諸同年和，而名位卑下，未可執牛耳主齊盟，聊發此議而已。詩曰：「芙蓉鏡下久暌違，落落晨星比昔稀。豈以雲泥今隔絶，遂忘蒲稗舊因依。翱翔霄漢誰先路，憔悴江湖已夕暉。記否鵾鵬初展翼，烟波鷗鷺也同飛。」

春在堂隨筆五

年家子鄒蓉閣，以張文毅公《冰溪吟草》一卷示余，乃甲寅夏日，公罷江西巡撫，僑居玉山縣而作。縣有水曰冰溪，戴叔倫詩所稱「冰爲溪水玉爲山」者是也〔一〕，故題曰《冰溪吟草》。首爲《廣哀詩》四十三章。序曰：「自粤賊犯順以來，用兵五年，又各處土寇竊發，其間歿於王事者，未易更僕數。今年夏，閒居無事，因取平生師友姻黨及江西將吏之死事者，各系以詩，用志吾哀。略以時日之先後爲次，下吏末弁，匹夫匹婦，亦皆與焉。忠孝節義，不可以貴賤論也。」其詩每章皆以「嗚呼」發端，首章云「嗚呼林文忠」，次章云「嗚呼李文恭」，他章皆然。詩雖止四十三章，然七章「嗚呼武昌城」，十五章「嗚呼石頭城」，皆羅列多人，固不止四十三人也。又七言古詩一篇，題曰：「去年七月朔，余在南昌，守城督戰，奴子鄭貴侍側，與材官哈恩，俱斃於

〔一〕戴叔倫，唐代詩人，刻本誤作「載叔倫」，今正。

賊礮如雨礮，血濺余身。今一年矣，感而有作。」詩曰：「去年今日豫章城，我在城頭督戰兵。賊礮如雨向城擊，忽然鮮血濺我纓。左右駭愕環相顧，中有二人中礮仆。材官哈恩僕鄭貴，淋漓血染城頭路。哈恩碎顱氣僅存，鄭貴洞腹猶能言。首問主人受傷否，次言有母乏饔飧。我聞此語心悲切，世人枉自談名節。此僕二十不讀書，臨死之言何烈烈。人生忠孝賦於天，我今報國知何年？將母猶荷君恩重，愧汝國殤空淚漣。」公諱芾，字黼侯，陝西涇陽人，以翰林起家，官至江西巡撫。守南昌省城百餘日，有功東南大局。後在籍充團練使，死回民之亂，事具國史。余於公爲詞館後輩，初不相識。讀其詩，重其爲人。録存此詩，亦足見一斑也。

陳子莊大令其元，嘗受業於余舅氏姚平泉先生。少時恃才自喜，芥視青紫。道光戊子歲，初應鄉試。試畢，與數友游西湖。適有請箕仙者，子莊率爾問：「今科中否？」盤中書曰：「爾甲子舉人也。」戊子至甲子，相去尚遥，子莊意頗不然，大言曰：「仙人不靈。」盤中又書曰：「靈靈靈。」相與轟然，一笑而散。乃屢試秋闈，一衿如故。而距甲子之科，亦不遠矣。無何東南大亂，蘇杭淪陷，甲子科竟不獲舉行。至賊平後，始補行之，則子莊已需次江蘇矣。乞假而歸，將復就試。學使者以其既列仕籍，擯不録送，無如何也。復與數友游湖上，語及前事，曰：「仙人真不靈矣。」一友笑曰：「靈靈靈。子於甲子之歲，爲左繼皋制府所薦舉，疏云爲『敬舉人材，仰求録用事』。然則子非甲子舉人乎？」子莊亦憬然，信乎事皆前定也。子莊宰青浦時，有歸思，繪峰泖莼思圖，求題於余。余信筆書五言三章曰：「之子有歸思，秋來問水濱。欲將種花手，去作採莼人。烟雨扁舟活，丹青一幀新。鄉山九十九，蒼翠撲船唇。我欲留君住，青山負草堂。我將勸君隱，丹詔惜循良。且喜宦游地，依然雲水鄉。何妨緩歸棹，在此作龔黄。我讀君詩句，因之自汗顔。早經謝朝籍，仍欠卧鄉關。東舍採菱去，西家獲稻還。還來應笑我，吴下鬢毛斑。」余生平題圖之作，多不存稿。此詩乃興到語，然人或賞其流動有致，姑録於此。其餘類此者尚多，然旋作旋忘，思之不得。輒自笑曰：「姑聽後人收作集外詩矣。」

南海桂皓庭孝廉文燦自金陵來吴下，以戴子高、劉叔俛兩君書來見，亦博學士也。所著有《易大義補》《禹貢川澤考》《詩箋禮注異義考》《周禮今釋》《春秋列國圖考》《箴膏肓評》《起廢疾評》《發墨守評》《論語皇疏考證》《孟子趙注考證》《孝經集解》《孝經集證》。以上諸種，總名《經學叢書》。同治元年進呈，曾邀乙夜之覽。又有《説文部首句讀》《四海記》《經學博采録》《興藝堂集》。其《經學博采録》與江氏藩《漢學師承記》體例相似。君知余撰著頗富，索觀已刻各書並未刻者録目以去。其亦將采入之歟？

余於道光丁酉歲應鄉試，曾中式副榜。因考宋時解試，有所謂待補小榜者，其今副榜之權與乎？宋趙升《朝野類要》云：「待補者，三場内只第一場合格，及補試内，只大場合格。蓋恐黜落之可惜，故以此勉其學者。」洪邁《夷堅志》載吴滲事云：「營道士人吴沂，淳熙丙午獲鄉舉。丁未下第，夢二龍夾其體，又夢人令更名滲，則當再薦。至己酉，遂更名，果再預選。榜首蓋其叔應龍，而待補小榜有石應龍，遂符其兆。」又載黄竑事云：「竑習《春秋》，已爲考官所黜。同院建昌教授包履常，得其論卷，愛之。欲寘諸待補小榜，令釣前後兩場草卷參讀，見首場經義，批抹數十條，不可復收。乃攜謁本考官共議，將令另謄録。其人閲所黜義，大悔前失，曰：『非君見臨，幾失一士；過不憚改，遑恤其他。』遂取已入等者，摘其疵病，寘於待補之冠，而以竑居第三。」觀此，可知宋時待補小榜，即今副榜也。余中副榜時，年纔十七，故先大夫勖以詩曰：「共説終軍纔弱冠，已成龐統半英雄。」又曰：「閉户曾窮皓首經，先人晚謝一衿青。不圖世澤延孫舍，早有清芬接祖庭。」蓋謂先祖南莊府君，曾副乾隆甲寅賢書也。又曰：「只憐燕市人如舊，未見鵾鵬化北溟。」謂是歲壬甫兄應京兆試未售也。及癸卯歲，兄舉於鄉。至甲辰歲，余繼之。或曰：「祖孫副榜，兄弟聯科，是亦君家佳話矣。」

余登丁酉鄉試副榜，是科同邑中式者五人：歸君真，字璞人；車君玉階，字墨林；江君毓荃，字巽齋；戴先生福謙，字貽仲；蔡君篤培，字補辰。迄今不過三十五年，而五人者墓草宿矣，獨余尚在耳。江君篤信紫陽之學，著《讀朱階梯》一書，其自序云：「朱子云：四子，六經之階梯；《近思録》，四子之階梯。愚續之曰：《朱子文集語類》，《近思録》之階梯；薛文清、胡文敬、陸清獻、張楊園諸先生之書，又《朱子文集語類》之階梯。則欲讀朱子書者，必自薛、胡、張、陸之書始。由是而上溯真文忠、許文正兩先生，以及朱子門人，如陳北溪先生之書，熟觀而深究之，始能得其要領。」云其書十四卷，道體一，論學二，致知三，存養四，克治五，家道六，出處七，治體八，治法九，政事十，教學十一，警戒十二，辨異端十三，論人物十四。每類先録《朱子文集語類》，而以所見闡明之。或仍證以朱子之説，或博采前人之説以證之。其於諸類無可附麗者，别爲《餘論》三卷。君家藏書甚富，又素留心經世之學，故治體、治法諸類，頗有裨實用，非空談心性者比。手自録稿，稿凡七易，而晚年定本，竟毁於庚辛之難。余於其從子子平孝廉處見此書，點竄塗改，尚非定本，未能刻以行世也。余憫其一生心血，恐終歸淹没，故録其大略於此。

徐誠庵大令爲余言：「向見吾邑蔡氏家譜，有前輩書小字一行，云：『先制：庶民無職者，不許取名，止以行第及父母年齒合計爲名。』此制於《元史》無徵，然證以明高皇所稱其兄之名，正是如此。其爲元時令甲無疑矣。見在紹興鄉間，頗有以數目字爲名者。如夫年二十四，婦年二十二，合爲四十六，生子即名四六；夫年二十三，婦年二十二，合爲四十五，生子或名爲五九，五九四十五也。」以上並徐君說。余考明勳臣，開平王常遇春，曾祖四三，祖重五，父六六；東甌王湯和，曾祖五一，祖六一，父七一，亦以數目字爲名。又考洪文敏《夷堅志》所載宋時雜事，如云興國軍民熊二；又云劉十二，鄱陽城民也；又云南城田夫周三；又云鄱陽小民隗六；又云符離人從四；又云楚州山陽縣漁者尹二；又云解州安邑池西鄉民梁小二；又云董小七，臨川人；又云徽州婺源民張四；又云黄州市民李十六，其僕崔三，又云鄱陽鄉民鄭小五；又云金華縣孝順鎮農民陳二。諸如此類，不可勝舉。又載陽武四將軍事云：「訪漁之家，無有知之者，亦不曾詢其姓第，識者疑爲神云。」按言姓第，不言姓名，疑宋時里巷細民，固無名也。

吴牧騶太守仰賢，手録所爲詩一册見示。内有《紀歲珠》一首，序云：「歙人某，娶婦甫一月即行賈。婦刺繡易食，以其所餘，歲置一珠，以彩絲繫之，曰『紀歲珠』。夫歸，婦殁已三載，啓篋得珠，已積二十餘顆。」余謂此婦幽貞自守，而「紀歲珠」之名，亦新艷可傳，惜不得其姓氏也。

同治十年冬，余自西湖精舍還吴下寓廬，迂道德清，省視先人邱壠。十一月辛丑，泊舟城中，而自坐小舟出南門，至金鵝山展先通奉君之墓，留奴子沈貴守舟。忽有一人，可四五十歲，口操德清土音，至舟求見。沈告以主人不在，其人必欲入舟，沈詰其姓氏，其人告之，約略是劉字。沈曰：「卯金刀乎？」曰：「非也。木字偏旁耳。」沈以主人桑梓之鄉，慮是親故，未敢阻之，即從之入。其人入舟，略視即去，亦不復再至。余歸，沈以告，余亦漫置之。然以木旁字而音似劉字，且爲姓氏所有者，惟樓字。而吾邑素無樓姓，莫知何人也。及歸吴下，適同縣江子平孝廉、蔡瑜卿秀才皆在，因以訪之。且曰：「非樓即柳，邑中有是姓乎？」兩君無以應也。已而兩君回德度歲，遍訪邑人，則不特無樓姓，並無柳姓，因告余曰：「此事絶異，豈柳侯乎？」柳侯者，吾邑總管神也。吾邑總管神三：曰戴，曰柳，曰葉，而柳實先於戴、葉。唐武后時，初設德清縣，柳侯即來爲縣令。侯名察躬，乃柳子厚之祖，集中《先侍御史神道表》所稱德清君者是也。有惠政，既殁，而邑人祠之，歲久祠廢。及戴侯興，而邑人即以柳祠故址爲之祠。於是祀戴兼祀柳，後又附以葉，並詳縣志。余羈旅四方，久不獲躬拜祠下。自惟素履輕逕自守，未必獲罪明神。若謂文章道義足以感動幽明，則余又非其人也。兩君云云，無乃讕語，姑記於此，以爲修省之資。

余從前客授新安，歲一往還，皆從錢唐江溯流而上，過嚴先生祠凡一十七次，皆未及登。

壬申春，余至福寧省視太夫人起居，道出桐廬，維舟祠下，遂一登覽。祠乃亂後重修，亦無可觀。其旁有客星樓，登樓平視，頗盡江山之勝。俯視余舟，若在鳥下矣。釣臺、西臺，兩峰並峙，高出層霄。余無濟勝具，不克登其巔，不知先生當日如何垂釣也。按《水經·漸江水》篇云：「又東南流，徑桐廬縣東爲桐溪，自縣至於潛，凡十有六瀨，第二是嚴陵瀨。」酈道元注云：「瀨帶山，山下有石室。漢光武帝時，嚴子陵之所居也。故山及瀨，皆即人姓名之。山下有磐石，周迴十數丈，交枕潭際，蓋陵所游也。」今石室及磐石，均未之見。又據《經》云「自縣至於潛」，則與今水道亦不合。疑漢晉間所謂嚴瀨者，或未必即此也。

福寧府署後圃有大鐵錨二，長五六尺許，不知所自來。或云官軍征蔡牽時所得，或云府城象船形，故以此鎮之也。又於三堂門外，見石鼓二。其右一鼓刻云：「至正五年，歲在乙酉，常住誌。」亦不知所自來〔一〕。或云取之佛寺，或云郡齋本由佛寺改建也。檢尋郡志，均不得其詳。余謂壬甫兄云：「東坡有鳳翔八觀之詠，此亦可云福寧二觀矣。」

壬甫兄示余舊鈔書二册，曰《文房四友除授集》。首册所録，《中書令管城子毛穎進封管城

〔一〕 自，原作「目」，據蔡啓盛《校勘記》改。

侯制》《石鄉侯石虛中除翰林學士誥》《陳玄除子墨客卿誥》《賜楮知白詔》各一篇。其撰人名氏不書，但題「安晚先生」四字。又《代毛穎謝表》《代石虛中謝表》《代陳玄謝啓》《代楮知白謝表》各一篇，撰者爲竹溪林史君。注云：名希逸，字肅翁。次册：一制、二誥、一詔、三表、一啓，並如前，撰者爲後村劉中書。注云：名克莊，字潛夫。又《擬彈中書令管城侯毛穎疏》《擬駁石鄉侯石虛中除翰林學士奏》《擬駁陳玄除子墨客卿奏》《擬駁召楮知白奏》各一篇，則新安胡謙厚所撰也。紙墨雖舊，而文字完好可讀。卷首有林肅翁序，其略云：「淳祐丙午，安晚先生以少師領奉國節鉞，留侍經帷，寓第湧金門外養魚莊，日有湖山之適。僕時備數校讎府官，閑無他職，頗得奉公從容。一日謂僕曰：『某嘗爲文房四友除授制誥，因官湖外而歸，舊稿蠹蝕不復存，今僅能追憶一二語。』僕因請聞其略，公曰：『容某思之。』又數日，公連以數則示教曰：『余因子之請，遂得追補成之。』僕讀而喜曰：『此前人文集所未有也。然既有除授而無謝，可乎？』遂各爲表啓一首以呈公，公大加稱賞。逾年，公再入相，僕謹閟不敢出。今既補外，無復争名求進之嫌，因取而刊之郡齋。」云云。所稱安晚先生，乃鄭清之也。清之有《安晚堂集》。考宋理宗端平二年乙未六月，以鄭清之、喬行簡爲左右丞相，兼樞密使。明年九月，以有事明堂，大雨震電，二人俱免。自是至丙午，爲淳祐六年，正其優游湖山之日。至七年，清之復爲太傳右丞相兼樞密使，即序所謂逾年再入相者也。清之與史彌遠議廢立，得至宰輔。其再相，則年衰齒暮，政歸妻子，相業更無足稱。林竹溪、劉後村，並依附賈似道，亦非端士。然此卷以文爲戲，頗有可觀，亦舊籍之倖存者也。余語壬甫兄，當付之剞劂，以詒好事者，因先記大略如此。惟讀胡謙厚序，知尚有李幾復所作一奏三狀代四友辭免者，惜不可見矣。

余自浙入閩，行經福鼎縣境，見一嶺上有馬仙娘廟，不知何神也。及檢《福寧府志》，乃有二說。《方外志》云：「馬真人，温麻里馬氏女也。乾符中，入崑田山煉丹仙去，今丹井臼尚存。」又《外紀》云：「壽邑有馬仙者，相傳江南人女，隨父宦來閩。抵壽，年甫十八，死於鸕鷀村。鄉人廟祀之，祈禱輒應。倭寇壽城，黄昏時，忽見旌幟，仿佛有女將率兵至。倭駭甚，遁去。」此二說者，未詳孰是。壬甫兄云：「是必一人，而傳者異其詞。」

楊石泉中丞偶得《沈端恪年譜》四卷，其書乃未定稿本，屬余寫定。因於吴下寓廬校讀一過，付鈔胥寫之，仍爲四卷。端恪名近思，字位山，仁和五杭村人。始爲僧於靈隱寺，後入錢唐縣學。仕至左都御史，贈禮部尚書，葬吾湖歸安之埭溪。高安朱文端公表其墓曰：「理學名臣，亦康熙、雍正間一時人望也。」彭尚書啓豐撰公墓志銘，末云「謹按公年譜志之墓」。疑其時自有年譜行世，而此譜多引彭志爲證。又彭志稱：「負笈虞山錢圓沙、嚴寶成之門。」而此譜則謂：「考公詩文，無與錢、嚴二公往來之作。」然則彭所據者，非此譜也。公所著《天鑒堂詩文集》，余均未之見，故於此譜無所增改，一仍其舊文而已。

朱定甫司馬示余古鐘搨本，其文屈曲不可識。余以意度之，曰古雷字也。《説文》：「靁，古文作䨻。」其中二回象回轉之形。今此鐘文，左半作，右半作，各從四回。所謂古籀文，多繁重也。《論衡·雷虚》篇稱：「古人刻尊爲雷之形，一出一入，一屈一伸，爲相校軫則鳴。校軫之狀，鬱律㟪壘之類也。」以是言之，古人爲雷形，多作此象，其爲古雷字無疑矣。斯鐘也，請即謂之雷鐘，以配古之雷鼓，可乎？

蘇州府署舊有白香山所書「木蘭堂」額。道光中，盱眙汪君云任來守是郡，摹此三字，鐫石寄歸其家，并跋其後云：「丁酉九秋，余守吴郡，年五十有四矣。昔白公亦以此年來判是州。千百年間，官齒符合。登堂瞻仰，益深欽幸。余家南園，故多木蘭，因摹三字，鐫石寄歸。余不敏，何敢僭擬古人？竊冀解組歸山，得如公之享高年，逍遥娱樂，於願斯足，爰誌本末。」并繫以詩，詩曰：「千載風流刺史賢，木蘭題字尚依然。恰當賤子官吴日，正合香山領郡年。擬續新詩鐫石上，歸將遺迹榜堂前。他時得占園林樂，定和先生池上篇。」及庚辛之亂，郡齋無恙，而是額失焉。同治十一年，李薇生太守復從盱眙汪氏乞得搨本，摹刻以存其舊。余生平最喜白太傅詩，適寓吴中，得從太守借觀搨本，因記大略如此。

道光癸未歲，杜石樵先生視學吾浙。於四月八日隸試吴興，適得相國文正師泥金之報，乃題「聞喜軒」額於試院東楹。至同治辛未，丁濂甫同年紹周視浙學，亦於四月八日隸湖。越三日，而嗣君立瀛成進士捷音至，乃又顔其室曰「疊喜」。宗湘文觀察時守湖郡，賀以詩。濂甫次韵和之，其詩云：「聞喜名軒事亦奇，師門遺墨尚淋漓。四千里外登龍日，五十年前噪鵲時。艷説宫花分棣萼，原注：侄立幹，戊辰進士，本科同應殿試。敢云階樹盡瓊枝。吴興太守多情甚，貽我瑶箋索和詩。」一時和者甚衆。壬申春日，余與濂甫相遇於杭州，因亦成三律云：「試院論文正賞奇，興來酒味不嫌漓。自從老杜留題後，又見雙丁競爽時。藝苑流傳稱盛事，師門珍重茁孫枝。阿翁聞喜軒中坐，疊喜還成疊韵詩。」「先後相符亦一奇，須知風會未曾漓。蓬山又報登瀛信，茗水仍逢浴佛時。鵲語報新兼話舊，羊年異幹卻同枝。傳家畢竟金籯好，記否趨庭課學詩。」「傳到花箋共詫奇，廿年榜運判醇漓。請看子舍蜚聲日，正是庚科鼎盛時。庚戌一榜，向來落寞，至去年，則汴生、湘吟先後得侍郎，而年家子侄亦多成進士入詞林者，或榜運一轉機乎。老我漁樵分半席，諸君鸞鳳在高枝。鶴鳴有子争相和，絶妙卷阿吉士詩。」三詩走筆而成，不存於集，偶記於此，聊存科名盛事，兼爲苕霅美談也。

蘇州府太湖同知駐東山，即所謂莫釐峰也。故人朱君守和字璞山，居是官，樂其民情之樸，山水之佳，謂仕宦清福盡此矣。嘗因京師舊友問太湖政績，以詩報之云：「萬仞青山當畫城，一湖烟雨放船行。地真山水争奇處，人是羲皇向上情。大半漁樵爲世業，無多雀鼠任鄉評。武陵何用官經理，不必桃源問政聲。」

邵步梅燮元示余《邵氏家乘》云：「邵氏本康節之裔，宋南渡，應召至臨安，後分支姚江。元至正末，有名阿毛者，始占籍仁和。明初，政令嚴，托以乳名立戸，故其名不傳。有洪武六年户部由帖，花邊細書：一戸邵阿毛，係雪白百姓。」按雪白百姓，殆即清白良民之意，其名甚奇，可入詩料也。

徐誠庵本立著《詞律拾遺》一書，補萬紅友所未備，頗足爲萬氏功臣。其書甫脱稿，即以見示。余小有獻替，偶録數條，雖皆小小者，似亦論詞者所宜知耳。辛棄疾《哨遍》詞有云「東游入海，此計直以命爲嬉」二句，當於海字絶句，文義甚明。今必以計字爲韵，則兩句遂不可讀，不特計字韵複而已。此誤以非韵爲韵而失之者也。趙以夫《薄媚摘遍》上段云：「先生底事，有賦飄然，剛道爲田園。獨醒何爲，持杯自勸，未能免。」下段云：「歡娱終日，富貴何時，一笑醉鄉寬。倒載歸來，回廊又月滿。」皆隔六句而後得韵，殊太疏闊。疑園字、寬字亦韵，乃平仄通叶體也。此誤以韵爲非韵而失之者也。趙孟頫《長壽仙》上段云：「翠光飛禁苑，正淑景芳妍，彩仗和風細轉。」下段云：「八音奏舜韶，慶玉燭調元，歲歲龍輿鳳輦。」數語字句俱同，乃上段苑字叶，而下段韶字不叶，疑是絃字之誤，蓋平仄通叶也。又元絳《映山紅慢》上段云：「羅幃護日金泥皺，映霞腮動檀痕溜。」下段云：「佳人再拜抬嬌面，斂紅巾捧金杯酒。」兩語字句俱同，乃上段皺字叶，而下段面字不叶，疑是手字之誤，亦韵也。此皆以一字之誤而失其韵者也。夫叶韵乃詞中最要之處。而以流傳失真，並是韵非韵，尚莫能辨，況其他乎。宜乎協律之難矣。

余嘗見吴江張濬有一小印曰：「文章知己，患難夫妻。張春水、陸璞卿合印。」已載於第一卷矣。徐誠庵自言曾見陸璞卿。咸豐庚申，避地滬上，寓魚行橋趙氏屋，居停主人即璞卿之女壻也。偶來其家，故誠庵得見之，年已五十餘，頗有林下風。時春水已亡，璞卿授徒，藉脩脯自給。及門受業者皆習舉業，爲八股文字，已成篇者五人，未成篇者六七人，洵不愧女士之目矣。其名刺書張陸惠三字，惠，其名也，合張陸二姓并書之，蓋仿衛夫人稱李衛之例。雖小事，亦與率爾下筆者不同。

徐誠庵又手録一事見示云：「己亥歲，與同縣沈閒亭先生夜話，縱論邑中諸人，先生皆摇首閉目，不置一詞。問『吾邑竟無一人乎？』先生睥睨良久，忽曰：『若知有俞蔭甫乎？』曰：『固識之。乃與同補博士弟子員者。』曰：『是吾邑之傳人也！吾衰且老，可息肩矣。諸君欲與並驅中原，恐終爲虬髯公耳。』」其推重如是。嗟乎！余與先生行輩較後，未嘗攜文章謁後塵也。先生何所見，而以傳人許我乎？此與第一卷所載黄、孫二公事相類，皆事理之不可解者。今老大無成，深負諸老輩期望之意，爲之恧然。先生名雲，甲辰進士，終廣西縣令。有子三人，皆流寓粤東。聞所著有水利輿地書數種，今不知存不也。

寶應王予中先生，名懋竑，海内所稱白田先生者也。其族元孫補帆中丞，刻其《讀書記疑》十六卷於閩中，余爲校正誤字，屬補帆改刊。惟其中有原書錯誤者，改之則失其真，若遂聽之，則恐疑誤後學，因録數事於此，告世之讀先生書者。《漢書·地理志》湖縣下云：「有周天子祠二所。故曰胡，武帝更名湖。」此故字，乃新故之故，言舊名胡，而武帝更今名也。夏陽下曰：「故少梁，秦惠文王十一年更名。」霸陵下曰：「故芷陽，文帝更名。」如此者甚多，先生誤以「故」爲承上之詞，乃云：「有周天子祠，何以云胡？語不可解。」失之矣。《後漢書·列女·曹世叔妻傳》：「昭女妹曹豐生。」女妹之名，明見《爾雅》，謂夫之女弟也，而先生謂「女妹有誤，或女當爲夫」，失之矣。《晉書·后妃傳贊》：「持尺威帝。」乃晉成帝時庾后事，《困學紀聞》卷十三已詳考之，而先生疑是孝武定王皇后事。《荀勖傳》：「立書博士置弟子教習，以鍾、胡爲法。」鍾謂鍾繇，胡謂胡昭，見張彦遠《法書要録》，而先生謂胡不知何人，亦偶未考也。著書之家，千慮一失，往往有之，不足爲先生病。又《國語》一條云：「切設庭燎。切當爲夕。」其實《國語》本無切字，乃由合刻《宋氏補音》本，此句上適有「飆許氣切」一句，誤將切字認作正文耳。此則當從剗削，勿使爲全書之累也。

沈仲復觀察與嚴少藍夫人，伉儷均能詩。仲復在京師得一異石，文理自然成魚形。剖而琢之爲二硯，硯各一魚，夫婦分用之，名曰鰈硯。其名頗新，余爲賦五言詩一章，首云：「何年東海魚，化作一拳石。天爲賢梁孟，産此雙合璧。」亦文房一佳話也。

俞氏不詳所自出，余嘗賦《永嘉甎歌》，博考吾宗之著名前代者。而末云「自明以後數難終，欲稽所出嗟無從」，蓋殊有籍氏數典忘祖之懼矣。偶讀宋吴曾《能改齋漫録》，「喻氏姓」一條曰：「《芸閣姓苑》云：『喻氏出汝南，其先帝顓頊之苗裔，周文王之裔緒。《左傳》鄭公子渝彌，爲周司徒，後立别族爲渝氏。歷秦漢至景帝，皇后諱志字阿渝，中元二年避諱，改水爲口，因爲喻氏。』《元和姓纂》云：『喻見《姓苑》，亦音樹。』《南昌姓苑》云：『南昌有喻氏，東晉有喻歸，撰《西河記》三卷。』予案《南史·陳慶之傳》云：『梁世寒門，達者惟慶之與俞藥。藥初爲武帝左右，帝謂曰：「俞氏無先賢，世人云俞賤，非君子所宜，改姓喻。」藥曰：「當令姓自於臣。」然藥竟不知中元二年避諱改喻邪。」以上並《漫録》之説。按上文但言渝氏改水爲口，因爲喻氏，未嘗言俞氏改喻也。乃謂俞藥不知中元二年避諱改喻，於文疑有闕誤，或傳寫奪漏也。但以《姓苑》所説考之，宣三年《左傳》：「鄭文公又娶於蘇，生子瑕、子俞彌。俞彌早卒。」其字正作俞，不作渝，《釋文》亦無作渝之本。且云早卒，則未嘗爲周司徒。其不合，一也。漢景帝六年，皇后薄氏廢。七年，立皇后王氏。中元二年避諱改姓，則所避者，王皇后也，史不詳其名字。然漢時遼西郡有臨渝縣，未聞更名。司馬相如《上林賦》，乃奏御之作，而有「巴渝宋蔡」之句，是漢人不諱渝也。其不合，二也。《隋書·經籍志》：「《西河記》二卷，記張重華事。晉侍御史喻歸撰。」《南昌姓苑》所云，自爲有據。《晉書·張重華傳》：康獻皇后遣御史俞歸，進重華爲涼州牧，重華謀爲涼王，不受詔。歸曰「先王之制，異姓不得稱王」云云，重華遂止。喻歸、俞歸，當即一人。余疑喻氏乃俞氏之别。而俞氏爲鄭公子俞彌之後，容或可信。蓋俞彌雖云早卒，然《僖二十四年左傳》：「鄭公子士泄、堵俞彌，帥師伐滑。」杜注雖云「堵俞彌，鄭大夫」，而馮繼先《春秋名號歸一圖》以爲一人。俞彌既能帥師，則非殤可知。不過先文公而卒，故云蚤耳。俞氏之出於俞彌，當不妄也。其後不知何故，又别爲喻氏。而喻氏之後，不知其先由俞加口，轉謂由渝改水爲口，遂改俞彌爲渝彌，與《左傳》不合。譜諜家之不可據，往往如此矣。

黄巖盧孺人《焦尾閣遺詩》，余爲序之，已刻入《春在堂雜文》矣。孺人在室時，聞所許嫁之王君菊人，因父老廢學，意甚鬱鬱，故其課子詩云：「矮屋數椽鐙一點，吾家喜有讀書兒。」蓋失望於前而欲取償於後也。其子禹堂，字彶甫，登庚午賢書。孺人雖不及見，亦足告慰泉壤矣。彶甫取孺人詩意，繪秋鐙課詩圖乞題，并以孺人詩來。余重一流覽，五言如「鳥聲過雨潤，蟬語引風長」，七言如「清磬一聲聲破曉，閑花如雨下春山」，皆可誦也。

厲樊榭徵君墓，在西溪法華山之王家塢，因即奉栗主於西溪交蘆庵，事詳吴穀人祭酒《樊榭徵君墓田碑記》。道光庚寅，戴文節偕徐、汪兩君，至庵祀徵君，歸而寫爲長卷，山水縈紆，蘿蔦幽蔚。樊榭詩所謂「一曲溪流一曲烟」者，盡此尺幅中矣。舊藏章次白廣文梅竹山房，亂後失去。丁君松生又購得之，因付交蘆庵僧收藏，以存名迹。時交蘆庵亦因亂後傾圮，如冠九觀察出資修葺，并屬何子貞先生書徵君及月上姬人栗主，仍奉庵中。今又得文節此卷，名流韵事，後先輝映，足爲西溪生色矣。松生以示余，故紀其略焉。

李子和制府鶴年，乙巳前輩也。同治十一年，公自豫撫遷閩浙總督，道出姑蘇，留一宿即發。有年家子鄒蓉閣少府，其親家也，往見之。偶語及余，公曰：「吾同年也。此行悤悤，不及一訪，君可爲我致意。」越數日，蓉閣來告。余初不知與公爲同年，問蓉閣，乃知甲辰之歲，與同舉於鄉也。後至杭州，語同年蒯士香廉訪，且曰：「同年中落寞如余者，而公知之；顯達如公者，而余不知。人之才識，相去豈不遠夫！」廉訪曰：「是皆得之矣。顯達之同年，可以不知。落寞之同年，不可以不知。」

《宕陰存稿》十三卷、補遺一卷，日本國人鹽谷世宏著。有《六藝論》六篇，大旨謂先王之教，以六藝爲先，禮、樂所以養仁也，書、數所以養智也，射、御所以養勇也。漢之學，得四而失二，其大壞者禮、樂而已，尚得射、御、書、數焉。唐之學，得二而失四，雖失禮、樂、射、御，猶兼書、數焉。宋元明之學，得一而失五，專於讀書，而附之佛理，性命之説高，而經綸之業疏，誅心之論深，而馭材之術失。似亦非無見之談，其意尤在於寓武。故其序《步操軌範》曰：「唐虞三代之世，其講兵演武，何其深也。典樂大師之教，執干戚而舞，肆手足勢也。表綴兆，樹羽旄，北出南旋，夾振駟伐，肆坐作進退疾徐疏數之節也。軍之大用在車，故一器而工聚焉，致精於器械也。子生則射焉，入學則射焉，鄉人聚則射焉，王侯有賓客則射焉。士自非疾病不得以不能辭之，重威遠之用也。以此造材，故及其成，大可以任將帥，小可以執干戈。後世記覽文詩之習盛，而六藝浸廢，於是乎文武歧爲兩途，而士乏實材。漢晉以還，夷患日滋者，豈非禮樂崩而武備墮之故歟？」其人蓋留心經世之學者。余從陳子莊太守假觀其書，因撮記大略如此。宕陰者，愛宕山之陰，其所廬也。

余嘗泛舟西湖，進錦帶橋，散步北山之麓。見一廟，署曰「古郡王廟」。入而視之，有額曰「三九郡王」，不知所謂。視其神位所書，乃知神桑姓，諱憲保，字仲才。歸而求之《西湖志》，載有靈濟廟，在吴山，引《錢唐縣志》曰：「祀唐桑憲保，憲保行九，故俗稱桑九郡王。」乃知三九者，桑九之誤，可以配杜十姨矣。

甘露餅，出天長縣。一餅直錢九，味不過甜，而鬆脆異常。勒少仲同年偶得百枚，分詒吴平齋、應敏齋及余各二十四枚。媵以書云：「此餅風味頗佳，請試嘗之，不知尚足一說否？」余報以書云：「此蘇家爲，甚酥也。」偶書於此，識老饕口福。

余名刺作隸書，或以爲怪。《困學紀聞》卷二引《宋景文筆記》云：「楊備得古文《尚書》釋文，讀之大喜。書訊刺字皆用古文。」然則古人有先我爲之者矣，因識之以解嘲。楊備，字修之，楊億之弟也。

春在堂隨筆六

癸酉春日，楊石泉中丞招同彭雪琴侍郎，至雲棲作竟日之游。是日，宿雨初霽，清談極歡。侍郎左手持杯，右手執筆，即席賦詩四章。余因亦口占二絶句云：「籃輿屈曲入山行，天爲清游特放晴。卻好五雲最深處，閑鷗威鳳共聯盟。」「此來襟帶有江湖，先走湖堤，後循江岸。自覺尊前詩膽粗。不及老彭豪更甚，右拈吟管左提壺。」侍郎和云：「昨宵風雨又天晴，結伴尋春款款行。一幅梅花無恙在，我來恰好證前盟。原注：己巳春游此，曾畫梅花一幅，至今在壁上。」「廿載從征意氣粗，而今小隱戀西湖。彭郎雖老狂猶在，一醉何妨酒百壺。」余詩率爾之作，不存集中，因有侍郎和作，聊記於此，存一時雅集也。

凡至杭州者，無不知游西湖。然城中來游者，出湧金門，日加午矣。至三潭印月、湖心亭小坐，再至岳王墳、林處士祠，略一瞻眺，暮色蒼然，榜人促歸棹矣。入城語人曰：「今日游湖甚樂。」其實，謂之湖舫雅集則可，謂之游湖則未也。西湖之勝，不在湖而在山。白樂天謂冷泉一亭，最餘杭而甲靈隱；而余則謂九溪十八澗，乃西湖最勝處，尤在泠泉之上也。余自己巳歲，聞理安寺僧言其勝，心嚮往之，而卒未克一游。癸酉暮春，陳竹川、沈蘭舫兩廣文，招作虎跑、龍井之游。先至龍井，余即問九溪十八澗，輿丁不知，問山農，乃知之，甲輿者又頗不願往。蓋自龍井至理安，可由翁家山，不必取道九溪十八澗。溪澗曲折，厲涉爲難，非所便也。余强之而後可。逾楊梅嶺而至其地，清流一綫，曲折下注，濺濺作琴筑聲。四山環抱，蒼翠萬狀，愈轉愈深，亦愈幽秀。余詩所謂「重重疊疊山，曲曲環環路；丁丁東東泉，高高下下樹」，數語盡之矣。余與陳、沈兩君皆下輿步行，履石渡水者數次，詩人所謂「深則砅」也。余足力最弱，城市中雖半里之地，不能舍車而徒，乃此日，則亦行三里而遥矣。山水之移情如是。

西湖山洞之最著者在北山路，曰香山，曰紫雲，曰金鼓，而以紫雲爲最，余曾有詩紀之。在南山路者，曰烟霞，曰水樂，曰石屋，而以石屋爲最。軒廠如夏屋然，洞後一穴，上寬下窄，署曰「滄海一螺」，象其形也。兩旁皆有石級可登，左曰石别院，右曰石樓。石樓之前有一穴，洞口甚窄，入之則豁然開朗，日光穿漏，可容三四筵許，劉玉坡制府署曰「甕雲」，亦天然一勝境也。余前此未及游，兹因理安至虎跑，便道及之，烟霞洞稍費登涉之勞，水樂、石屋，均在道左耳。

余至龍井，憩一土神廟，額曰「顯應」，中有神像二，左曰胡大明王，右曰郎夫人，不知何神也。故余詩云：「龍井寺久廢，但有土神祠。翁媪相偶坐，不知所祀誰。」及考之《西湖志》，載顯應廟，在風篁嶺畔，引咸淳《臨安志》曰：「胡則，婺之永康人。天聖丙寅、明道癸酉，兩守杭，有惠政。在郡時，獨無潮患。以兵部侍郎致仕，葬龍井山中。建炎間，方寇猖獗，聚永康方巖山。賊夜夢紫袍金帶神人，見赤幟於空中，隨就剿滅。朝廷褒嘉，爲建廟，封顯應侯。」然則此廟所祀，即其人也。《志》又載：「宋兵部侍郎胡則，墓在龍井廣福院之麓。」引范仲淹《胡公墓志》曰：「夫人潁川郡君陳氏祔。」然則此所云郎夫人者，或有誤乎？

萬松嶺有雙吊墳，聞祈禱有驗，香火甚盛。癸酉春，余至敷文書院訪同年杜蓮衢侍郎，乃過其地。因墳爲屋，塑男女二像。門外一碑，載其大略曰：嘉慶間，有崔升者，京師人。攜其妻陳氏來杭州，落魄不能歸。或有以夫婦兩全之説進者，陳不可。後益窮困，同投環死。錢唐令哀而葬之，並建亭曰「節義」。夫匹夫匹婦，固窮守志，至死不移，事固可風矣。然其生也，窮困不能自活；其死也，靈爽乃爾，亦不可解。殆所謂生而有成神之骨者，非偶然乎？

孤山新建林公祠，祠後即其墓。林公名汝霖，字小巖，閩之侯官人，爲仁和縣典史。庚申之變，其母先縊，其女兄妻女從之。公朝服坐堂皇，戕於賊。賊退後，得其屍，面如生。好事者收其全家之骸骨，葬於孤山，因其與和靖先生同姓也。公妻周氏，與余家有葭莩之戚。其幼時屢見之，不意其克成大節，爲湖山生色也。余在詁經精舍，曾以孤山林公祠碑命題，袁君建犖銘曰：「蔣侯鐘阜，閻尹江南，同爲縣尉，得公而三。」斯言允矣。

林公之歿也，其父率諸孫匿於獄。賊退乃出，收其全家之屍，即典史署中掘地而瘞之。將徐謀遷葬，而杭城再陷於賊，父亦旋死，遂無知者。及亂定，偶治地而得其屍，面如生。一舊役識之，曰林公也。於是改葬於孤山，至今祠墓巋然矣。然其舊瘞之處，全家骸骨容或掇拾未盡。吴康甫大令廷康攝仁和尉，乃就其地立石識之，並建祠而肖其像，朝衣危坐，手一巨觥，蓋其授命時情狀如此也。又訪有張秀賓者，林公之義女，爲賊所殺，分其屍爲七。至今署中時見靈異，因爲請旌，附祀於祠中。

青浦葛以琮，以六世祖母萬孺人節壽圖屬題。蓋孺人五十有五歲時，其從父全士萬君所爲圖也。圖中衣冠而立者，爲母之子；依母膝下者，爲長孫；隨其父之後者，爲次孫；保母抱而立者，爲幼孫。沈歸愚、全謝山諸老輩，皆有題詠。此圖久已失去，亂後里人於灰燼中得之，復歸其家。溯自繪圖於雍正初年，至今一百四十餘載矣。楚弓復得，頗非偶然。余爲題七言詩一首，不存於集，因録於此。詩曰：「自從大盜起西粵，吴楚東南半淪没。金題玉躞化爲灰，三閣遺書總殘缺。況此私家一幅圖，流傳猶自雍正初。妙畫通神久失去，雖有顧陸無從摹。

何意失之數十載，今日得之來意外。翻從兵火劫灰餘，留得蘭亭真本在。圖中清氣何淋漓，冰雪風神如見之。賢子趨庭孫繞膝，森森玉樹生瓊蕤。我願云仍長護守，重還故物真非偶。從來松柏有清陰，浸熾浸昌期厥後。」

浙東諸山，以天台、雁蕩爲最，而游者甚鮮。然自杭州往，五日而至天台，八日而至雁蕩。初不爲甚遠，但無人發此清興耳。癸酉之春，家兄壬甫太守捐館於福寧郡齋，余聞信馳赴，取道於台，天台、雁蕩皆過門而不入室，亦自歎山水之緣慳也。惟天姥峰，則經由其下，有天姥寺，即在道旁，因入一觀，亦無可游覽。門外立一石，曰「李白夢游天姥處」。余謂删「天姥」二字，止題「李白夢游處」，豈不甚佳？異日倘得再過其地，當書此五字刻之也。

杭州有西湖，台州有東湖。東湖之勝，小西湖也。出東郭一里而近，四山環抱，一水如鏡，有堤以分裏外湖。外湖之中，有湖心亭，傑閣三層，頗極軒敞。亭後一平橋，曲折以達。於堤橋之半，亦有小亭，署曰「半句留處」。東湖書院，面湖而建，有小樓三楹，足攬全湖之勝。其後即裏湖，有東湖樵夫祠，建文時殉難者也，不知姓名，彼中人私謚曰忠逸先生。余偕陳鹿笙太守往游，因記崖略。

黄巖縣之南有委羽山，道書所謂第二洞天也。余偕孫歡伯明府、王渠城孝廉往游。山不山中有方石，雖碎至一黍米許，而其形未有不方，甚高大，穴亦不甚深，不知何以遂列第一也。惜無大者，否則取以鐫刻名字小印，亦文房一雅物矣。又有方竹，然細弱不可作杖，但可用以吸淡巴菰耳。

王象之《輿地碑記目》「處州」載李陽冰所書者七：「黄帝祠宇」篆額、《縉雲縣城隍廟碑記》、《修夫子廟記》、《忘歸臺銘》、「倪翁洞」三字、「初暘谷」三字、《阮客洞詩》。又有《窪樽銘》，但署李氏，不知是少温否也。余自福寧歸，過處州，屬潘雲臺太守求之。及行至縉雲，朱疊肯明府以搨本見贈，得黄帝祠宇、倪翁、阮客、初暘四種。未幾，太守又寄所搨來，則但增城隍廟碑一種耳，餘三種或已無存矣。「初暘谷」三字是真書，非少温筆。阮客詩篆體，瘦逸有致，首一行云「題阮客舊居」，次一行云「縉雲令李蒞」，則亦非少温也。詩云：「阮客身何在，仙雲洞口横。人間不到處，今日此中行。」横字作撗，日字作目，頗不合六書，處字從虍從人，形似虎字，更爲詭異。

癸酉福建鄉試，王補帆中丞爲監臨，力除積弊。場前，手治官書不下百餘紙，條教詳明，意思剴切。入闈後，鉅細躬親，寬猛並濟，諸事秩然。闈中與余書，臚陳五效，謂撫閩三年，第一愜心之舉。其略云：「向來點名，或至次日天明始封門，今未正已蕆事，效一；向來士子皆短衣，今則九千餘人，無不長衫，效二； 向來士子入龍門後，東西亂走，今則入號即閉柵門，無一人在號口探望，效三； 傳遞之風，闈中最盛，今於闈前，訪獲積慣傳遞者十二人，放牌時親坐頭門，但許士子出，不許一人入，而傳遞以絶，效四； 添注塗改，以少報多，豫爲謄録修改地步者，一概貼出，而謄録之積弊清矣，效五。」並寄示闈中即事詩四首，余和之云：「聖主臨軒親政年，覃敷聲教到南天。鸞翔鳳翥仙韶下，玉律金科幕府先。雲路飛騰看後輩，棘闈辛苦感前緣。白門回首當年事，一樣風霜矮屋邊。君原詩云：秋風回首白門天。「萬緒千端細講求，要將杞梓貢皇州。珠投珊網能增色，魚到龍門敢混流。但覺儒冠都濟楚，更無弊竇尚容留。節堂費盡經營意，一舉真看衆效收。」「手種梅花又幾株，講堂燈火夜深俱。君原詩云：先植梅花辟講堂。經年培植同蘭玉，一榜科名盛蕊珠。政體真能濟寬猛，頌聲定已遍賢愚。士心翕服群疑釋，初筮張弧後説壺。閩闈積習相沿，君痛掃之。始而群情疑懼，繼乃大服。」「吴中游客倦名場，敢以鷦鵬比鳳蹌。劇喜郵筒來茂苑，流傳詩句過錢唐。君書及詩，皆高滋園都轉自杭州寄來。紫泥色艷飛吟管，君來書用闈中紫筆。白雪歌成索和章。遥想一箋入君手，雕弓束矢正登堂。時君將主試武闈。」詩不工，初不足存，存於此者，聊識君勤職之美耳。

蒲留仙《聊齋志異》一書，膾炙人口久矣。然世所傳本，皆十六卷，但雲湖前輩評本亦然。

乃今又見乾隆間余曆亭、王約軒摘鈔本，分十八卷，以類相從。首孝次弟，終以仙鬼狐妖，凡分門類二十有六。字句微有異同，且有一二條爲今本所無者。卷首有乾隆丁亥横山王金範序，其略云：「柳泉蒲子，以玩世之意作覺世之言。其書汗漫，亥豕既多，甲乙紊亂。又以未經付梓，鈔寫傳訛，浸失其舊。辛巳春，余給事歷亭同王約軒，假得曾氏家藏鈔本，删繁就簡，分門別類，幾閲寒暑，始得成帙。」然則其書亦舊本也，其異同處，多不如今本，不知誰是留仙真迹。至所分門類，則無甚深意，殊覺無謂。又删「異史氏曰」四字，其評語亦不全，惟今本所無諸條，好事者宜録補之。

李黼堂同年桓，自江西巡撫謝病歸，寄情山水。去歲徧游浙東，於天台、雁蕩、普陀，皆窮其勝，歸而方子穎觀察爲繪三山歸棹圖。余從前避兵定海，去普陀咫尺耳，未及一游。今年因遭先兄之變，馳赴福寧，雖取道台處，而來往匆匆，天台、雁蕩過門而不入室，蓋游覽之福，不及黼堂遠矣。黼堂評三山之勝曰：「天台雄勝，雁蕩奇勝，普陀幽勝。」山靈有知，必以爲知己也。

杭州高螺舟先生人鑒，翰林前輩也，余未及見。彭雪琴侍郎乃其門下士，爲言其軼事云：道光間，先生奉命封琉球國王。禮成，散步於館外，見一屋中有棺焉。前和有題識曰「天朝參將某公之柩」。異而詢之，則乾隆間護送封王之使，至彼國而以病死者也。問：「何不歸？」

曰：「海船忌載柩。」先生曰：「是俗忌耳，何足慮？吾當歸之。」謀於副使，副使不可。先生曰：「吾兩人猶彼也，萬一死海外，亦無歸乎？請以吾舟載之，雖沉溺，無悔。」而一舟之人，亦皆執不可。先生怒曰：「此吾舟也，吾爲政。」卒載之行。未一日，風浪大作，舟中人咸歸咎，崩角於先生之前者數十人，請棄柩。先生不可，而風益暴，求者益衆，其勢洶洶，殆不可止。先生歎曰：「彼在外國，固幸無恙，吾載之歸，反棄之海，吾何以對死者乎？汝曹可爲設祭，吾祝告死者以不得已之意。」衆聞之，踊躍從事。數人舁柩至船頭，又數人爲陳設祭品，又數人告具於先生。先生衣冠而出，登木而坐，謂衆曰：「速投之海。」衆愕然，請先生下。先生曰：「吾不下矣，吾與俱投於海耳。」衆大驚，争前挽先生。先生叱曰：「何敢然！吾意決矣。吾以一柩故，累爾衆人，不投之海，無以對生者。然吾不與同投於海，又何以對死者？吾意決矣！」衆人環顧，罔措手足。正相持間，風浪亦息。先生笑曰：「舟平如席，汝曹何紛紜乃爾。姑徐之，風作，再議可也。」於是仍舁柩下，而自此風恬波静，安抵粤東。參將故粤人，訪其家而歸之。仁者必有勇，先生之謂歟！而忠信之可以涉波濤，益信矣。先生曾視學廣東，時海警初起，先生屢上封事，且劾粤督甚切。俄授先生衡州府知府，侍郎其部人也，方應童子試，先生見而才之，招至署中，教以讀書作文之法。衡陽一縣，應童試者千餘人，入學頗不易。侍郎是歲縣試，正場及初二覆，不出前三名，咸擬正案第一。侍郎亦自謂然。及終覆之日，黎明麕集縣前，忽府吏持柬來請縣令。令乘轎去，未久即反，點名給卷如常。至正案發，乃第三。越數日，召而語之曰：「以文論，汝宜第一矣。亦知不得之故乎？」謝不知。曰：「府尊意也。終覆之日來召我，即爲此。府尊曰：『彭某他日名位未可量，一衿之得失，遲早皆可不計。今歲在吾署讀書，若縣試第一，人必謂明府推屋烏之愛耳。是其終身之玷矣。』」是歲，侍郎竟不入學。後數年，始隸諸生之籍。侍郎以此感先生知遇益甚。余謂先生與侍郎皆有古人風也，因並記之。

蘇撫張振軒中丞，命僚屬各抒所見。有紹興趙君沛然陳十事，録稿見示。内有一事云：「伏思朝廷財賦，歲入數千萬金，散於天下之官俸兵餉，以及年例應支之款，豈惜此區區倒馬之皮，必令州縣「定例各省驛馬，每年存七倒三，報銷倒馬之皮，每匹價銀五錢，在工料項下扣解。各省倒馬皮價，每年不過數千金，得之甚微，失之何損？若取閑款之節省，以抵皮價之開除，凡驛變價乎？馬雖賤畜，然爲國家效力，行間饑渴奔走，觸風雨，冒寒暑，以至於斃，亦可憫也。馬倒斃者，念其勞而全其身，舁諸曠野而瘞之，亦聖朝及物之仁也。」按此議不爲無見，敝帷不棄，爲埋馬也。少盡其力，老棄其身，田子方之所歎也。余故録之於此，仁民愛物之君子，或有取乎。

靈隱冷泉亭，舊有一聯云：「泉自幾時冷起，峰從何處飛來。」其語甚雋。左季高伯相大書一聯云：「在山本清，泉自源頭冷起；入世皆幻，峰從天外飛來。」爲山靈作答語亦妙。金眉生廉訪則又作一聯云：「泉水澹無心，冷暖惟主人翁自覺；峰巒青不了，去來非佛弟子能言。」此亦山中一重公案矣。

理安法雨泉有泉龍，形如蜥蜴而五足。寺僧言是有神異，取置他處，能復還。余從僧乞其一，攜歸詁經精舍，畜之水中。是夜竟失所在，豈果如僧言乎？抑或此本蜥蜴之屬，不必定在水中，故能出盆盎外，去之他所也。《宋史·程顥傳》云：「茅山有池，産龍如蜥蜴而五色。祥符中，曾取二龍入都，半塗失其一，中使雲飛空而逝。」乃知此類固有之。

余前在上海，曹海林學博出示宋敕書一，其文曰：「敕朝奉大夫新除司封郎官曹緯。」余載入第一卷中，而不知曹緯何人也。今偶觀胡元任《漁隱叢話》卷五十四引《桐江詩話》云：「潁昌曹緯彦文，弟組彦章，俱有俊才。彦文釋褐即物故。母王氏亦能詩。」乃知上海曹氏所藏宋敕，即此人也，因識於此。海林已下世，倘見其子孫，當告之。

杭州徐文穆公，本爲國朝賢相。乾隆九年，引疾去位。高廟賜詩，以寵其行，云：「枚卜資賢輔，調元贊渺躬。攄忠一心切，論道八年同。績茂台衡列，勤宣警蹕中。百司方仰矩，二豎偶興戎。遽爾辭榮禄，能無遂退沖。青門名不滅，黄閣惜何窮。别緒紛秋日，歸舟順北風。尚期食履健，重入紫扉崇。」同朝諸公恭和者，自鄂文端、張文和以下十有四人。嵇文敏奉敕，書爲長卷，今其子孫猶世守之。花農茂才，公之裔孫也，出以示余，因得敬觀之，記其大略如此。

余在姑蘇，偶一日過盛家浜，見有小廟，榜曰「宋敕封皮場大王廟」，不知其何神也。後見《夷堅志》云：「秀州外科張生，其妻遇神人，自稱皮場大王，授以《癰疽異方》一册。」疑皮場大王，乃瘍醫所奉。後又見《留青日劄》云：「行都試禮部者，皆禱於皮場廟，皮場即皮剥所也。建中靖國六年，傳聞皮場土地主瘍疾之不治者，詔封靈貺侯。」益信前説之不謬。然所云皮場即皮剥所，終不得其説。及至詁經精舍，觀《西湖志・祠宇門》，載惠應廟在吴山至德觀右，引《西湖游覽志》云：「俗呼皮場廟，有神張森，相州湯陰人。縣故有皮場鎮，萃河北皮鞹，蒸潰産蠍，螫人輒死。神時爲場庫吏，素謹事神農氏，禱神殺蠍。鎮民德之，遂立祠。凡疹疾瘡瘍，有禱輒應。宋時建廟於汴京顯仁坊。建炎南渡，有商立者攜神像至杭州，舍於吴山看江亭，因以爲廟，額曰『惠應』。咸淳、德祐，累封王爵。兩廡繪二十四仙醫，相傳佐神農氏采藥者也。」觀此，然後神之名氏及建廟始末，釐然可考，即「皮場」二字，亦得其解。他日歸蘇寓，遇吴中父老，當更證之也。

《西湖游覽志》，乃明嘉靖時田汝成所著。内有一條云：「除夕，官府封印，不復僉押，至新正三日始開。」然則明代封印，殆止此四日歟？今制未知何時更定，亦宜考也。

花朝無定日，有以二月二日爲花朝者，有以二月十二日爲花朝者。《西湖游覽志》云：「二月十五日爲花朝。蓋花朝月夕，世俗恒言二、八兩月，爲春秋之中，故以二月半爲花朝，八月半爲月夕也。」按此説殊有理。又十二月初八日，僧寺作浴佛會，並送七寶五味粥與門徒，謂之臘八粥，見《夢華録》。而《西湖游覽志》云：「十月八日，以白米和胡桃榛松之類作粥，謂之臘八粥。」按《月令》「臘先祖五祀」，本在孟冬之月。《左傳》「虞不臘矣」，亦謂是十月。其下云：「冬十二月丙子朔，晉滅虢。」杜注云：「周十二月，夏之十月是也。」然則十月初八謂之臘八，亦古義矣。

甲戌之秋，浙江書局謀刻諸子，購得《十子全書》一部。時余在吴下，從坊間假此書觀之，乃嘉慶甲子重鐫本也。十子者，老、莊、荀、列、管、韓、淮南、楊子、文中、鶡冠也。首刻康熙六十年張芳序，則爲《莊子》而作，不知何以取冠全書。又刻嘉慶丁卯黄丕烈序，則爲王子興刻九子而作。九子者，荀、楊、文中、老、列、莊、鶡冠、管子、淮南也。視十子少《韓非子》，不知何以並爲一談也。《十子全書》本非佳刻，而此重鐫本，又坊間逐利，雜湊而成，體例不一，未可據依。因詒楊石泉中丞書，力言之。然恐善本難得，姑就此本中斟酌取裁，使之稍異俗本。蓋其中如《荀子》用嘉善謝氏本，《淮南子》用武進莊氏本，尚不乖大雅。較其他之用明人圈點評本者，尚可節取也。

彭雪琴侍郎，先世務農，貧無田，佃人之田。其先德鶴皋贈公，幼讀書，年逾弱冠，府縣試屢居前列，而未得入學。其伯叔父及諸昆弟嘖有煩言，曰：「吾家人少，每農忙時，必傭一人助作。此子以讀廢耕，徒費膏火資，又不獲青其衿，爲宗族光寵，甚無謂也。」贈公之父，重違衆意，命輟業。其年除夕，會食畢，有伯叔尊行一人，授以鋤曰：「詰朝元旦，大利之日，宜發鍘一試也。」贈公勉受教。是歲春夏，沾體塗足，以服農事，幸無誤。既獲，請於諸父諸兄，至衡山進香。其地距衡嶽不百里，農務畢，往酬神，鄉俗然也，以錢三百文往。越數日，自衡山寓書還，並所餘錢二百，其書曰：「兒勉從嚴命，棄詩書，執耒耜，非意所欲，亦非力所任。從此逝矣，非有寸進不敢回。願大人割姑息之愛，譬如膝前無此不肖子也。錢二百，行篋所餘，以奉吾母。」於是舉家大驚，度其不可追，亦姑聽之。贈公轉展流徙，至江南鎮江府，賣字爲活。或見其字頗端好，憐其窮途，招入書院肄業。居數年，或薦之漕艘，授童子讀。遂至京師，考取供事，積勞得官，始一歸，已去家十餘年矣。又數年，乃選授安徽某縣巡檢。初在家時，聘某氏女，未嫁而卒，至是尚未娶。某縣令爲作合，始娶王夫人。夫人之年，三十有五矣，事詳第二卷中。後贈公以奉諱歸，遂卒。太夫人撫諸孤家居，時已有薄田數畝，歲得穀四十石。族中人豔其有，將不利於其孤。侍郎兄弟二人，分父字爲字，侍郎字少鶴，厥弟字少皋。少皋尚幼，一日太夫人命其持一文錢，至市買鹽。行至田塍，遇一人，其族父也，捉其髮而投之河，適又有人至，其族父奔。人見水中有人，拯起之，知彭氏子，送之歸。問得故，太夫人泣曰：「是不可居矣。」乃命侍郎至書院讀書，而送少皋於城中市肆使學賈，皆避害也。少皋不樂爲賈，輒亡去。先至浙江，後又入蜀，不通音問者二十餘年，以爲物故矣。侍郎既貴，始訪求得之。今以禺莢起家，積貲巨萬。信彭氏父子兄弟，皆非常人也。

偶於舊書中得一紙，題曰「讀《易》有得方」，不知何人所傳，頗有思理。誠用其方，則五藏皆受其益，洵卻病延年之上劑也。因録於此，以廣其傳。其方曰：「艮，君子以思不出其位，此方治心。心之官則思，多思傷心，受之以艮，則隨事順應，無入而不自得矣。損，君子以懲忿窒欲，此方治肝治腎。多怒傷肝，多欲傷腎，懲之窒之，則肝木不致妄動，而腎水亦易滋長矣。頤，君子以慎言語、節飲食，此方治肺治脾。多言傷肺，多食傷脾，慎焉節焉，可以保肺而健脾矣。」

余乙亥之春，至西湖三潭印月訪彭雪琴侍郎，見案頭一箋云：「西湖今日放扁舟，淡淡輕烟隔畫樓。不料功風名雨際，三潭别有小瀛洲。」下署「日本處士王半田」。詢所自來，則上一日，有一東海客游此所作。此客頦下無須，而喉間則須甚多。時日本變從西洋之服，而客所衣，猶褒衣博帶也，殆亦彼中有志之士歟。「功風名雨」四字未詳，彼國當自有所出耳。

曩在京師，許文恪招飲於其養園。花木翳然，屋宇幽雅，頗擅園林勝事。文恪云：「冉地山侍郎，嘗病吾以楊木爲屋，恐不耐久。吾曰：『君視此屋，可支幾年？』冉曰：『不過三十年耳。』吾曰：『然則君視許滇生尚可幾年邪？』冉亦大笑。」余謂公此論，真達人之見也。未及數年，公歸道山，屋固未圮而已易主矣。余在吴下築春在堂，旁有隙地，治一小圃，名曰曲園。率用衛公子荆法，以一苟字爲之。或慮其不固，余輒舉文恪語以解嘲焉。

光緒元年，舉行恩科鄉試。浙江於九月十三日出榜，杭州趙君守成，適擇於是日合巹。及榜出，趙君中式第三十六名，於是戚黨艷之，爲制二牌，導其親迎之輿，一曰「金榜題名」，一曰「洞房花燭」。亦佳話也。

潘安仁《笙賦》云：「詠園桃之夭夭，歌棗下之纂纂。」此尋常偶句耳。即繼以歌曰：「棗下纂纂，朱實離離。宛其落矣，化爲枯枝。人生不行樂，死何以虛諡爲？」此歌殊無謂，因「歌棗下之簒簒」而撰此一歌。然則上句「詠園桃之夭夭」，何不並撰一詩乎？乙亥秋日，余在西湖精舍，王夢薇少府廷鼎以宋蔡忠惠所書《笙賦》墨迹見示。賦凡八百餘字，一筆不苟，洵爲真蹟。「歌棗下之簒簒」句下，無此歌。不知忠惠所删邪〔一〕？抑宋時《文選》有無此歌者邪？俟更考之。

咸豐間，諸暨包村義民包立身團鄉兵殺賊，相持幾一年，力盡死之。余已載其事於前卷矣。乃諸暨人所傳，則其事甚怪。立身本農家子，有膂力，且善走。年二十許時，往往兀立田間，若有所思，見者咸以爲癡。咸豐十年六月，夜宿場圃，忽聞有呼其名者，視之，一老翁也。翁問：「識我乎？」曰：「不識。」翁曰：「某年月日，汝甫七齡，爲牆所壓，不死，我救汝也，汝頗憶之乎？汝他日當爲大將，我乃汝師也。某日遲明，我待汝於紹興昌安門外石橋上，汝毋爽約。」言已別去，行數武，忽不見。明日，詢之父母，則幼時牆壓不死，事固有之。屆期，立身欲赴約，請於父母，不可。是夜，轉展不成寐。同榻者問之，曰：「欲至紹興訪友，苦無舟資耳。」其人探枕底錢予之。雞初鳴，攜錢出門去。至山陰劉龔溪，適有小舟，遂乘之往。至昌安門，

〔一〕知，原作「此」，據蔡啓盛《校勘記》改。

天未明也。自包村至紹興郡城，地近百里，亦不知何以迅速如此也。而老翁已待於橋上，曰：「俟子久矣。」拉之行至一山中，有廬，導之入，有二少年在焉。老翁出酒肴共食，酒色赤，肴則皆白。食畢，延入後堂，見西階下有大刀，翁曰：「試舉之。」力弗勝也。翁命一少年舉刀舞，光閃閃如電繞室，寒風肅然。翁曰：「余初授彼刀，彼亦如汝恇怯。天下事苟不畏難，自能勝之。汝曷再試一舉乎？」立身如其教，果輕如一鉤金矣。翁乃教以刀法，又授以咒語，曰：「此先天一目斗咒也。」立身辭歸。則父母已遣其兄往尋之，至劉龔溪，問舟子，咸曰：「今晨無放棹者。」兄乃返，而立身已在家中矣。具道其事，共怪之。越日，又失立身，次日而返。詢之，謂翁引至諸暨南鄉斗子巖，樓閣院宇，迥非人世。有數儒士讀書堂上，數武士角力堂下，皆翁之徒也。翁以香與之曰：「焚此，可降上界真仙。」又曰：「吾白黴仙人也。明初助戰有功，受封金井。上帝使我掌霧於此。」又使至巖巔望氣，見諸暨一邑，四面皆黑氣，惟東面稍淡。曰：「此殺氣也，淡處當小減耳。汝歸，宜勸世人勉爲善事也。」自是，邑人皆呼爲包神仙，遂緣此起義兵。臨陣，白衣白冠而出，賊輒披靡。戰前一夕，必焚紙錢，曰：「犒陰兵也。」又或賊至不出戰，曰：「天香未發，非戰時也！」俄而曰：「可矣！」各鄉兵亦如聞異香，勇氣百倍，故戰無不勝。賊中訛傳包神仙能飛竹刀斷敵人頭云。余謂白黴仙人石橋之約，幾與黃石公相類。然死守孤村，卒無成就，仙人此舉，不太無謂乎？意者洪賊罪惡滔天，鬼神亦共憤之，假手斯人，以稍泄其憤，不顧事之成敗也。

方蘭坨太守云：包立身實農家子，初無異人處，但形體甚長，高於常人者幾二尺許。食粟而已，不識一字，其他更勿論也。咸豐間，紹興有趙氏者，富人也，生一子，廣顙方頤，耳垂肩，手過膝。術者諛之，謂有帝王相，趙翁因之蓄異志。見立身，奇其狀，曰：「此可藉以惑衆也。」乃密招之來，置諸後圃中，人無知者。乃日課以識字讀書，並啖以大力丸。又使人教以諸兵器用法，如是者兩年餘。乃以夜半縱之出，使歸其家。其家久失立身，一旦忽得之，宗族鄰里咸集問訊。立身曰：「吾遇仙人，招入山中，授我兵書戰法，異日當爲大將也。」其言蓋亦趙翁教之者，衆咸不信。試授以書則能讀，授以刀則能舞，與平時絶異。乃大詫，曰：「仙矣，仙矣。」包神仙之名從此而起。及後事敗，趙翁父子亦同死包村中。

光緒元年十一月二十有九日，余在吴中寓廬，夢見曾文正公來，直造余曲園中，徘徊曲水亭上。其西北隅，本無山也。夢中見有土山甚高，公攝衣登其巔，余不及從也。俄而，公扶一從者以下，余自啓春在堂西偏小門，導公出，遂寤。其明日，陳君蓉齋寶衡以公手書一册見示，其前繪有公像。乃歎疇昔之夢，蓋非無因，殆所謂幾者邪。因書一絶句於其後，云：「淋漓妙墨一編開，坐對還如笑語陪。我讀公書拜公像，昨宵公自夢中來。」

杭州陸璣，道光間名諸生也。豪於飲，能詩文，且善畫，恃才傲物，不可一世。遇才名出己右者，必力折之。每於樽俎間，走筆爲詩文，洋洋數千言，用相淩躐，務令慑伏乃已。人多愛其才而畏之。一日至西湖，縱飲大醉，命僕磨墨。僕以硯進，怒曰：「此豈足而翁用邪？必斗墨乃可。」僕不得已，覓得巨墨數笏，杵而碎之，盛水於土釜而和之，奉以進，喜曰：「可矣。」攜之至金沙港關廟。廟有素壁，纍桌椅，登其巔，濡巨筆，就壁作畫。須臾之間，畫爲山水，烟雲滃渤，氣勢淋漓。因題詩其上曰：「一甌逸氣向空噴，化作西湖壁上雲。袖裏烟霞亂飛去，千秋抹殺李將軍。曾將造化拜吾師，泣鬼驚人筆一枝。寄語山靈勤護惜，不逢奇士莫題詩。」時學使者，爲吾師史蘅塘先生，越數日，適至廟中。見畫，驚曰：「吾前游未見此也，誰爲之者？」讀其詩，視其所題署曰是陸璣邪。徘徊久之，憮然曰：「吾固以大器期之，今乃知一狂生耳。」是歲，爲丁酉拔貢之年，公本以拔貢擬陸，至是乃擯不與。陸嗣是坎坷失志，屢應鄉試不中。納粟得一官，入蜀待缺，又不得補，抑鬱以終。光緒丙子，余游西湖，坐客猶有能誦此詩者。蓋陸之才名，尚在人口也。然士先器識，吾師之相士精矣。

春在堂隨筆七

王琦字文璡，錢唐人。明永樂甲午領鄉薦，會試中乙榜，授汝州儒學正，擢河南道監察御史，遷山西按察僉事，提督學校，改四川。致仕而歸，清介絶俗，竟以饑寒死。項麒，字文祥，以正統丁卯領鄉薦，官至工部郎中。以病乞休，居家清苦，無兼日之積，與王公並以清節著。杭城褚家堂，故有褚僕射祠，祀唐右僕射褚遂良。正德中，巡按唐公儀鳳，附祀王、項二公於褚祠，因名其里曰忠清里。忠謂褚公，清謂王與項也。嘉靖中，知府陳仕賢又别建王項專祠，額曰「揚清」。至本朝循之，春秋致祭焉。庚辛之亂，祠毁於賊，亂定復建之。余在詁經精舍，曾命諸生作《重建揚清祠記》，因書其大略如此。

元劉大彬《茅山志》云：「姚俊，錢唐人，爲交阯太守。漢末，棄世入增城山中。道成，來洞中，兼北河司命，主水官之考罰。」陶隱居曰：「有塚在錢唐臨平，壙壇歷然，苗裔猶在鄉。近時聞鼓角之響，故人不得侵毁之，皆呼爲姚司命塚。」余童幼時，久寓臨平，不聞有此塚。然余外家固臨平姚氏，豈即司命之苗裔乎？姑記於此，遇臨平人更訪之。

日本人竹添光鴻，字漸卿，在其國時，即聞余名。及來中土，至西湖精舍見訪，而余已還蘇。因又至蘇寓，過我春在草堂，以詩文見示，並以《棧雲峽雨日記》求序。蓋其自京師首塗，由河南、陝西而至四川，又由蜀東下，以達於吳。記其途中所歷山川形勢，民風土俗，其學識頗有過人者。贈余詩有云：「神仙若使玉堂老，辜負湖山晴雨奇。」亦頗有意也。余與之筆談，及其國事，漸卿曰：「十年以前，封建爲治。列國皆有學宮，而諸國之士，皆是世爵禄者，自幼入學宮肄業，從其學之淺深而列之位，故文學頗盛。自封建廢而諸侯失國，士亦削禄。列國學宮，多用西學，以謀仕進之捷徑。孔孟之道，幾乎掃地，一時殆有焚書之議。近時風俗偷薄，廟堂亦頗悔悟，稍知聖道。而西洋諸國，源源而來，交際之道，非通西情，則受彼之侮。故聖學洋學，混爲一途，終不能復昔時之盛。」又曰：「此番歸國後，必當再來中國，然朝廷之許與否不可知。若不得請，惟有退而授讀田間，以避西風之偪人也。」味其言，蓋亦彼國有志之士矣。又以其國大槻磐溪所著《愛古堂漫稿》見贈，而爲磐溪求書「獄雪樓」三字額。余見磐溪詩中有入獄事，問其故。曰：「戊辰之年，薩長土三藩斃幕府德川氏，東國諸藩皆不服，合從以拒之。獄雪主人亦是迂儒，憤三藩之詐謀，愾西人之跋扈，主張合從之説，故至下獄也。」又自言：「是時，亦獻言於舊君細川侯，云：三藩可討，德川氏可救。亦幾不免於禍，賴舊君保全之耳。」其游西湖，以眷屬自隨，言：「東國之人，來游西湖者亦多，然攜妻孥，上孤山，吊梅妻鶴子者，止僕一人。頗足夸故鄉諸友也。」余因問：「尊夫人亦能詩乎？」曰：「止能爲本國歌謡，中國文字則不能解。」余問：「貴國與中國，本同文之國，亦有異同乎？」曰：「別有俗字，謂之普通字。至中國文字，則惟讀書人識之，不能盡識。」余因記乙亥之春，在西湖彭雪琴侍郎處，見日本布衣王半田詩，有「功風名雨」句，不詳所出詩已載第六卷，因舉以問之。曰：「此亦杜撰也。作此詩者，則固識之，姓上田，名休，字半田，與僕同爲細川侯臣。彼居要路，我作儒官。封建廢後，半田不喜新政，雅慕中國，常曰：『身死禹域，於願足矣。』然性褊狹，見人不善則望望然去之，亦一奇人也。」余因問：「貴國昔年有安井平仲著《管子纂詁》者，亦識其人否？」曰：「此僕所師事也，客歲九月以病卒。此翁死，而吾國讀書種子絶矣。治古文者，則尚有之。」其餘所言尚多，不能悉録。余因其名字適與家諱同，問其別字，曰井井。因即以井井呼之。然其在本國，則尚有俗稱，曰竹添進一。竹添其姓，進一其俗稱也。又加尊稱，則曰竹添進一殿。殿之名，通乎上下。

自鴉片烟入中國，而受其害者日甚，於是戒烟之方亦日出。然效否，固不可知也。有人傳一方，止用紫皮木棉之莖，連根掘出，洗去其泥，用清水煎成濃汁，以之代茶。數日後，便覺烟味大變。久之，但聞其臭，不聞其香。三月之後，自厭棄之，不戒自絶矣。蓋棉花午開子落，鶯粟花子開午落，物性相反，故能相制，似亦有理。姑識於此，以廣其傳，想必有益無害也。又云，采南瓜花，連其葉與根藤，石臼中搗汁，服之亦效，並可救食生鴉片者。

青浦縣北數里，有地名孔宅。隋大業中，孔子裔孫名楨者流寓於此。因孔林遠隔，靡寄霜露之思，乃仿葬衣冠之例，瘞孔子所遺寶玉六事：璧三、環二、簪一，而祀之。明正統間，四明張楷字式之，巡按三秦，刻有《孔子聖迹圖》。萬曆時，雲間倪甫英得其搨本。適式之曾孫名九德者，爲松江太守，乃刻石置孔宅，歲久遺失。有方正學之裔孫名正範者，於國朝康熙中，又補鐫焉，今尚存孔宅啓聖祠中。年家子汪阡卿宰青浦，搨以見贈。第一圖，徵在禱於尼山。第二圖，兒戲陳俎豆。第三圖，爲委吏。第四圖，爲司職吏。第五圖，學琴師襄。第六圖，問禮老子。第七圖，在齊聞韶。第八圖，晏子沮尼溪之封。甲九圖，修詩書禮樂。第十圖，會於夾谷。第十一圖，攝行相事。第十二圖，齊人歸女樂。第十三圖，匡人拘孔子。第十四圖，擊磬於衛。第十五圖，爲衛靈公次乘。第十六圖，桓魋伐樹。第十七圖，去宋過鄭，與弟子相失。第十八圖，有隼集陳庭。第十九圖，臨河不濟。第二十圖，衛靈公仰視蜚鴻。第二十一圖，問津沮溺。

第二十二圖，在陳絶糧。第二十三圖，子西沮書社之封。第二十四圖，叙《書傳》《禮記》，删《詩》正樂，考《易》彖象。第二十五圖，西狩獲麟。第二十六圖，負手曳杖，逍遥於門。第二十七圖，子貢廬墓。第二十八圖，先聖小像，附子思像於後。第二十九圖，漢高皇過魯祀孔子。其前刻《孔子世家》一篇，則朱文公《論語集注》所考定之本，非《史記》全文也。余觀其圖，宫室車輿，多非古制。人則高坐，馬則單騎，尤與古違。明人之作，固難與深考耳。

秀水沈蓮溪先生，乃先君子同歲生也，著述甚富。晚年有《閉門書所憶》一卷，寥寥數事，未足成書。今録其一則云：「余初入刑部，見一案，因被毆，格回毆者之械，誤傷旁人致斃，罪坐格者。余心疑之，夫格者不能不格，而毆者可以不毆，何以不坐毆者？且毆者志在傷人，而格者僅圖自免。今不格則死於械，格而又死於法，其情不可原乎？因具説帖上之，旋由律例館議準，改坐毆者，遂著爲成例。因遍檢舊案，本皆坐毆者。乾隆二年，有格回器械誤斃毆者之父者，坐毆者淩遲。部臣意以父子均死爲可憫，駁令改坐格者。其説曰，假令格回器械，即將毆者擊斃，豈此命遂可不抵乎？然自此之後，又有兩案，一因擲磐毆擊，將磬格回，誤斃胞伯父；一因被毆格回，誤傷期親尊長身死，皆斬決。若如舊案坐毆者，則兩人皆可不死。是出一淩遲，入兩斬決也。此豈初議改例者所及料乎？因此亦見議例之難。《詩》云：『不愆不忘，率由舊章。』良有以也。」

吴江陳宗恕，字侃府，著書甚富，余所見者六種：曰《詩經音韵》，曰《春秋年譜》，曰《春秋氏族譜》，曰《春秋輿地譜》，曰《説文考略》，曰《數學一隅》。亦好學深思之士也。惟《輿地譜》，於浙江首列「鄋瞞」，曰「今湖州府武康縣」，此則有誤。按：文十一年《左傳》「鄋瞞」，杜無注。《釋例》云：「鄋瞞，長狄國，闕。」是杜征南未能實指鄋瞞所在也。《國語·魯語》以防風爲「汪芒氏之君，守封、嵎之山者」，韋注：「封，封山；嵎，嵎山。今在吴郡永安縣。」又云：「在虞夏商爲汪芒氏，於周爲長狄。」韋注：「周世，其國北遷，爲長狄也。」然則以今武康縣爲防風之國則可，爲鄋瞞之國則不可。《説文》邑部：「鄋，北方長狄國也。」是從古相傳以鄋瞞爲北狄。陳君固治《説文》者，於此殆偶未檢乎？

嘉興沈西雝先生濤，著《銅熨斗齋隨筆》八卷，考證經史，頗爲精審。惟有一條云：「也，爲女陰，見《説文》。今人讀爲必，平聲。殆篆文也字與必相近而誤。劉貢父《中山詩話》云，上官佖嘗勸石少傅中立慎緘，石勃然怒曰：『上官佖，如下官口何。』是宋時已作此音。」今按此條未核，據司馬温公《涑水紀聞》卷三云：「石中立，性滑稽。朝士上官鬬嘗諫之曰：『公名位非輕，奈何談笑如此？』中立曰：『君自爲上官鬬，何能知下官口？』」温公於鬬字下注云：「借聲爲鼻。」然則石語，自以上官鼻對下官口，爲嘲弄語耳。鬬與偘二字不同，未知孰是。然其借聲爲鼻則同，不謂女陰也。沈公此條，未免誤會矣。

自來賦七夕詩詞，大率傷其離多歡少，否則羡其有生離無死别耳。丁丑七夕，恩竹樵方伯賦《訴衷情》詞，索同人和。潘玉泉觀察和云：「仙家歲月異人間，彈指便經年。一年一度相見，小别即團欒。」此意頗未經人道也。

玉泉觀察六十生日，賦《水調歌頭》四章，於上下段兩六字句，皆叶仄韵，云用東坡體。余按東坡「明月幾時有」一首誠然，然東坡他作，亦不盡爾。如云「我醉歌時君和，醉倒須君扶我」，此叶韵也；其上半云「一旦功成名遂，準擬東還海道」，則又不韵矣。「忽變軒昂勇士，一鼓填然作氣」，此葉韵也；其下半云「煩子指間風雨，置我腸中冰炭」，則又不韵矣。「今夜清樽對客，明夜孤舟水驛」，此叶韵也；其上半云「豈意彭城山下，同泛清河古汴」，則又不韵矣。是此兩句，或韵或不韵，東坡亦所不拘。惟賀方回有一首，起句云「南國不瀟灑，六代浸豪奢」，灑字奢字，平仄皆韵。以下叶仄韵者九，叶平韵者七，此則於律尤細。余曾擬爲之，存《詞録》中。

寧波鎮海縣有義火祠，以其地貧乏者多賃屋以居，高曾祖父之木主，遷移無定，不幸至於滅絶，則委棄寺觀，歲久析之爲薪。乾隆間，邑令周樽，字壽南，創建此祠。凡無祀之木主，咸聚於斯，捐奉買田，以供香火之費，故命之曰「義火」，固興滅繼絶之雅意也。祠中有楹聯云：「咳，可憐窮性命做鬼無依，禁不住放聲大哭，苦雨淒風，磷火三更摇慘淡；呸，你看好兒孫克家有幾，倒弗如異姓同堂，秋霜春露，義田萬古薦馨香。」雖涉俗調，亦有意味。「咳」當作唉。《史記·項羽紀》：「唉！孺子不足與謀。」《索隱》以爲歎恨發聲之詞。是也。呸，是俗字，當作否。《説文》云：「相與語，唾而不受也。」

秦將軍蒙恬，築長城，絶地脈，致不得其死。今長城之下，未知尚有蒙將軍廟貌否？乃吾湖之善連村，則固有蒙公祠。其地皆以筆爲世業，筆工不忘所始，故有祠宇以祀蒙公，香火頗盛。蒙公本秦將，乃以有功翰墨，千秋廟食，度亦非其意計所及矣。

吾邑西門外，有瞞公橋，云昔有婦人出私資建橋，不欲使其翁知之，故有瞞公之名矣。余每歲上先大夫冢，必乘小舟過此橋下。今年鎮海縣修志書，屬余審定。其山川中有名送婆嶺者，舊志云：明嘉靖間，有嚴樂氏，早寡，爲其姑改嫁於城中，有女十歲隨之往。而樂氏至孝，凡遇時物，必遣女逾嶺餽其姑。夏日，女度嶺，中暑死，即葬山側，嶺由是名。送婆嶺與瞞公橋可云絶對矣。

謝敏齋廣文言，往年攝嚴州府教授時，曾奉太守檄，至梓潼鄉清丈田畝。其地距郡城百里而遠，所行皆山路，路小而曲，下臨不測之深。遇轉折處，輿在空中，不能不舍車而徒也。既至其處，則覺別有天地。於萬山環抱中，仍有平原曠野，田疇池沼，居民千餘家，風俗敦龐，衣冠古樸。父老執香迎於道左，導入王公祠。王公者，故嚴州太守，曾禱雨於其地之龍潭，故至今有祠宇存焉。祠中縣王公像，首則朝冠，足則草履，其禱雨時如此也。父老言，自王公來後百餘年矣，今日始再見官至。接待甚殷，每家皆欲以酒食招延，謝君力辭之，公事畢而返。方粵賊之亂，無所不到，而其地止一綫之路，居民力扼山口，竟不能進，故猶完善，未遭兵火，真桃源福地也。余戲謂謝君，自王公之後，惟君繼往，他日必附祀君於王公祠，可題爲王謝堂矣。

余同年王文勤公，以翰林起家，官至福建巡撫，余兒女親家也。嘗署所居齋曰「儉明簡」，爲之説曰：「居官之要，清、慎、勤而已。惟儉也，故清而不蹶；惟明也，故慎而不葸；惟簡也，故勤而不煩。是三者，清、慎、勤之本也。」余爲作神道碑，已載其説矣。後讀吴郡徐厚卿錫齡所著《熙朝新語》云：「滋陽牛真谷運震，雍正癸丑進士，後官陝西知縣。嘗與人書曰：『僕爲縣官有三字，曰儉、簡、檢而已。儉者，薄以自奉，量人爲出，此不虧空、不婪贓之本也；簡者，毋苛碎，毋拘執，儀從可減則減之，案牘可省則省之；檢者，天有理，人有情，吏部有處分，上司有考課，入一錢，乙諸簡，將毋納賄，施一杖，榜諸册，將毋濫刑，此檢字訣也。』」乃知文勤三字，儉、簡實與暗合。而所謂明者，非以察察爲明，亦不過善自檢點而已。能檢，則自無不明，此一字亦異而同也。

《夷堅志》載：淮甸間一農夫，病腿足甚久，但日持觀世音名號不輟，遂感觀音示現，因留四句偈曰：「大智發於心，於心無所尋。成就一切義，無古亦無今。」農夫誦偈滿百日，故病頓愈。又載：紹熙時，明州王百娘患痦聾，夢觀世音授以偈曰：「淨土周沙界，云何獨禮西。但能回一念，觸處是菩提。」誦之逾月即愈。余按此二偈，語意平易，人罕知者，故特表出之，以廣流傳。

東坡《石鐘山記》：「歎酈元之簡，而笑李渤之陋。」至今游石鐘山者，皆以坡語爲然。余親家翁彭雪琴侍郎，以舟師剿賊，駐江西最久，語余云：「湖口縣鐘山有二：一在城西，濱鄱陽湖，曰上鐘山；一在城東，臨大江，曰下鐘山。下鐘山即東坡作記處。然東坡謂『山石與風水相吞吐，有聲如樂作』，此恐不然。天下水中之山多矣，凡有罅隙，風水相遭，皆有噌吰鏜鞈之聲，何獨兹山爲然乎？余居湖口久，每冬日水落，則山下有洞門出焉。入之，其中透漏瓌瓏，乳石如天花散漫，垂垂欲落。途徑蜿蜒如龍，峭壁上皆枯蛤黏著，儼然鱗甲。洞中寬敞，左右旁通，可容千人。最上層則昏黑不可辨，燭而登，其地平坦，氣亦温和，蝙蝠大如扇，夜明砂積尺許。旁又有小洞，蛇行而入，復寬廣，可容三人坐，壁上鎸『丹房』二字，且多小詩，語皆可喜。如云『我來醉卧三千年，且喜人世無人識』；又云『小憩千年人不識，桃花春漲洞門關』，無年代姓名，不知何人所作也。蓋全山皆空，如鐘覆地，故得鐘名。上鐘山亦中空。此兩山皆當以形論，不當以聲論。東坡當日，猶過其門，而未入其室也。」

《明史·宦官傳》：「鄭和，雲南人，世所謂三保太監也。永樂三年，命和及其儕王景宏等通使西洋，將士卒二萬七千八百餘人，多齎金幣。造大舶，修四十四丈，廣十八丈者六十二。自蘇州劉家河泛海至福建，復自福建五虎門揚帆。首達占城，以次遍歷諸番國，宣天子詔，因給賜其君長，不服則以武慑之。先後七奉使，所歷凡三十餘國，所取無名寶物不可勝計，而中國耗費亦不貲。自和後，凡將命海表者，莫不盛稱和以夸外番。故俗傳三保太監下西洋，爲明初盛事云。」是鄭和之事，在明代，固赫然在人耳目間。光緒辛巳歲，老友吴平齋假余《西洋記》一書，即敷衍此事。作者爲羅懋登，乃萬曆間人。其書視太公封神、玄奘取經尤爲荒誕，而筆意恣肆，則似過之。乃彼皆盛行，而此顧不甚著，何也？文章之傳不傳，若有數存，雖平話亦然歟。平齋曰：「此必明季人所爲，以媚權奄者。」余謂不然。讀其序云：「今者東事倥偬，何如西戎，即叙當事者，尚興撫髀之思乎？」然則此書之作，蓋以嘉靖以後，倭患方殷，故作此書，寓思古傷今之意，抒憂時感事之忱。三復其文，可爲長太息矣。書中卻有一二異聞，如術家有金水木火土五行遁法，見於諸書者字皆作遁，此獨作囤，未詳其義。又世俗所傳八仙，此書則無張果、何仙姑，而別有風僧壽、元壺子，不知何許人，豈明代有此異説歟？《圖畫見聞録》「孟蜀張素卿，畫八仙真形」，有曰長壽仙者，或即此風僧壽乎？書雖淺陋，而歷年數百，便有可備考證者，未可草草讀過也。

世間有《牙牌數》一書，言近而指遠，占之亦時有巧合者。余聞許子社言，杭人有爲之箋注者，惟其中有「五鬼鬧判」一語，不知所出。以問余，亦無以應也。今乃知出於《西洋記》第九十回，云「靈曜府五鬼鬧判」，即其事也。開卷有益，信夫！

世俗有祝冥壽之説，達禮者非之。然顧亭林先生有《丁貢士亡考衢州君生日》詩，其序云：「君子有終身之喪，忌日之謂也。世俗乃又以父母之生日設祭，而謂之生忌，禮乎？考之自梁以後，始有生日宴樂之事。父母之存，固已嘗爲之矣。則於其既亡，而事之如存。禮雖先王未之有，可以義起也。丁君雄飛，乃追數其考之年及其生日，而曰：『吾父存，今八十矣。』乃陳其酒脯，設其裳衣，如其存之事，而求詩於友人。其亦孝思之所推歟。」然則祝冥壽之説，固亦君子之所許。亭林此序，知之者鮮，故爲表而出之。

明人殷無美文稿鈔本八册，故人之子小坡孝廉文焯出以示余。余初不知無美爲何人，讀其文，稱不佞都，乃知都其名，而無美其字也。又稱吴郡殷生，知其爲吴郡人。考《明史》，蘇州府屬六縣：吴、長洲、吴江、昆山、常熟、嘉定，而其《壽徐明府序》云：「吾邑僻在海上」，其常熟人乎？《贈東武賈君序》稱「代匱爽鳩」，《贈江陵張公序》稱「予爲兵官」，《贈趙侯序》稱「持御史中丞節，出撫鄖口」，是其生平回翔臺省，敭歷中外，頗不碌碌。而余竟不知焉，是可愧矣。文凡三十七首，皆贈人之序，然有意義，非苟作者。《明史·蹇義傳》止言子英有詩名，以廕爲尚寶司丞，歷官太常少卿。而此册中有《贈少司馬巴蜀蹇公序》，稱忠定子英荃丞尚璽。是蹇義有二子：曰英，曰荃，並廕尚寶司丞。是可補史之缺。又姚汝臯以議禮廷杖，《明史》止附見其姓名於《何孟春傳》中。此册有《賀右轄襄城姚公序》，稱右轄公之父職方公，正德之季，上有所幸臣，導以游幸，職方公抗疏極論，杖之闕下。嘉靖初，始復原官，而尋復以議禮被杖。及出參貴竹，又以不能詭遇自免。所稱職方公，即姚汝臯也。汝臯爲人，大略如此，亦可補史缺。又《明史·七卿表》有徐晞爲兵部尚書，正統七年任，十年十月致仕。檢《王弇州山人史料》「文臣異途」一條，知其人起於吏員。而此册《贈宣城杜君序》云：「吾鄉徐孟暐，以掾吏爲大司馬。」乃知徐晞字孟暐，蘇州人也。若此之類，亦史學中之散金矣。惟暐字不可識，疑必暐字之誤。

名晞字暐，義正相應也。

錢涉園先生名選，字枚一，安徽懷寧人。著《綱目考訂》一書，其書成於康熙戊寅歲，刊板行世，而《四庫》未收，人罕知者。亂後，原板燬於兵火。其鄉人楊君鳳儀、邵君景書醵錢重刻之，問序於余。視其自序，有小印二方：一曰「錢選之印」，一曰「己丑進士」。余按己丑乃康熙四十八年也。然其子鵬字扶南者，有序一篇，言：「癸未冬鋟板過半，先大人抱微痾，猶手不停批。逾月病革，呼不肖而命之曰：『余年已七十有四，逝復何憾。惟此書述儒先之緒論，備來學之津梁，剞劂未竣，是吾慮耳。』」然則先生卒於癸未，乃康熙四十二年，不得爲四十八年進士。疑己丑當作乙丑，傳刻誤耳。乙丑是康熙二十四年，先生於癸未歲年七十四，則當生於明崇禎三年庚午，至康熙乙丑爲五十六歲。卷首有張文端公英序文，稱先生晚捷南宮，信矣。又云：「出宰粤之茂名，以年向七十，未半載，即請告歸田。」據沈鎬序云：「歲甲戌，涉園錢先生自粤東致仕歸。」甲戌爲康熙三十三年，先生年六十五矣，故云年向七十也。

人家有喜慶事，以梨園侑觴，往往以笏圓終之，蓋演郭汾陽生日上壽事也。內子姚夫人謂余曰：「袍笏滿場，可謂盛矣。過此以往如何？」余曰：「子必有說，試言之。」夫人曰：「請爲誦詩：『門前不改舊山河，破虜曾輕馬伏波。今日獨經歌舞地，古槐疏冷夕陽多。』此趙嘏《經汾陽舊宅》詩也。『汾陽舊宅今爲寺，猶有當時歌舞樓。四十年來車馬散，古槐深巷暮蟬愁。』此張籍《法雄寺東樓》詩也。欲知笏圓以後之事，請誦此二詩。」余爲黯然。今夫人亡矣，追憶其言，筆之於此。

余舊有《學校祀倉頡議》，後見金岱峰廣文《尊經閣祀典録》，喜其先得我心，已載入第三卷矣。今讀朱蘭坡先生《國朝古文彙鈔》，有陳浩《倉聖祠記》，乃知倉頡之祀，河南固有之。余從前視學其地，而未之知，殊自愧矣。因録其大略云：「古稱六書之作始於倉史，蓋黄帝臣也。而《路史》所傳，則謂之倉帝史皇氏，都於陽武，終葬利鄉亭南，今河南陽武縣猶有利鄉亭遺址，云世有倉氏、史氏、侯氏、侯岡氏、夷門氏、倉頡氏，其皆倉帝之苗裔歟。乾隆二十三年，退居，授學於汴城，蓋倉帝之跡，相傳者多在於此，倉氏之後猶居之。有倉聖脈者，自中牟來，將爲神立廟，歲時以祀，乃屬某爲文。倉聖之爲帝爲臣，古史異詞，可弗深考，而要爲畫卦以後之聖人也。兹役也，起於乾隆二十七年十月，竣於二十八年十一月。鳩工者，倉氏兄弟候補道聖裔、處州府知府聖潢，戊子舉人聖脈。」

光緒己卯歲，花農爲我製一舟於西湖中，欲襲余吴下曲園中小浮梅之名，又擬以余姓姓之，曰俞舫。以書來問余，因名之曰小浮梅俞，蓋用《説文》「空中木爲舟」之本義，猶云小浮梅船耳。並跋其後有云：「人生斯世，養空而浮，當知我亦一俞也，勿曰俞必屬我也。」自是以後，湖上衆叟艑郎詫爲新製，六橋烟柳中，往往指而艶之。遂有仿此製而爲之者，乞名於花農，花農名之曰采蓮舟。且爲題一聯云：「喚作采蓮舟，最難禁露冷風香，夜半紅衣清不寐；也如浮梅檻，容幾許詩瓢酒盞，此中畫稿我先成。」異日有續樊榭先生《湖船録》者，當又爲西湖添一佳話矣。

俞樓未成之前，知之者即已甚衆。花農書來云：「篙工菱女，争望落成，得鼓舲呼渡於其下。」非虚語也。及樓成，余有《俞樓經始》一卷，刻入《俞樓雜纂》中，流播藝林。文墨之士，遂無不知有俞樓者。其明年正月，杭城元夜張燈，有爲謎語者，以「俞樓經始」四字隱《四書》人名二，或射之曰「徐辟」「彭更」。蓋俞樓之作，發端於徐花農，而彭雪琴侍郎又廓而大之也。其寓意亦可云巧矣。

余於道光癸卯歲如江西，道經龍游，賦《徐偃王廟詩》，有云：「朝發龍游縣，小泊徐王祠。云祀徐偃王，中有昌黎碑。」然實未嘗游其廟、讀其碑，不過據《昌黎集》而云然耳。後於咸豐辛亥歲，至蘭溪縣，其地有偃王廟，余嘗游之。其中爲偃王像，兩旁列三十六諸侯，皆冕旒執圭，頗有古意。同治壬申歲，余如福建，省視太夫人起居，由錢唐江舟行至蘭溪。適門下士吴焕卿紹正爲蘭溪令，余偶與言及，焕卿曰：「聞龍游縣陵山有偃王廟，廟有韓碑，尚存半段，當移書龍游訪之。」余詩云：「玉座荒凉異昔時，蘭溪城外偃王祠。何當更訪陵山廟，手搨昌黎半段碑。」爲此作也。至光緒庚辰歲，余於杭州晤靳迪丞觀察邦慶，其人好尚風雅，曾官衢州太守。余以此訪之，觀察欣然致書龍游大令，辛巳之春，果以二搨本來。其一止半段，乃原碑也。其一不知何時重立，字迹完善，碑文亦全，然非其舊矣。余因取案頭所有《東雅堂韓集》，以校原碑，小有異同。原碑每行止存十三字，間有十四字者。計其全石，每行是五十六字，以銘辭考之可見。今每行存十三，當缺四十三字。乃有缺至四十五字者，亦有止缺四十一字者，參差不齊。其適缺四十三字者，除銘辭外，止二行耳。然則碑文與集本，固不盡同也。篇首云「俱出柏翳」，碑文則似是「伯益」。金仁山以「伯益」爲即「柏翳」，此碑之文，頗可爲證。雖字跡漫漶，然尚約略可辨也，余因表而出之，以告考古之士。此外如「繼跡」，史書碑文「跡」作「迹」。「鑱之於石」，碑文作「鐫之石」。「徐由遜繇」，碑文由作「繇」。此皆無關文理，不足論。惟「圖像之威，黜昧就滅」，碑於黜下多晦字，則「黜晦昧就滅」五字爲句，殊爲不辭。然此行從「黜」字起，「圖像之威」四字在上一行之末，已不可見。或黜字當連上讀，作「圖像口黜」，與集本不同乎？嗟夫！浙東西漢石不可多得，唐碑已可寶貴。余於己巳歲，游紹興禹寺，得見唐開成五年「往生碑」，惜自來金石家未及著録，曾屬精舍諸生作詩以張之。今昌黎此碑，高出彼上豈止什佰。余數十年訪求而不得者，今乃得之，不可云非眼福矣。又按銘辭有云：「課其利害，孰與王當。」碑此行從利字起，課其二字在上一行末，不可見。而「利害孰與王當」六字，則筆畫分明。乃東雅堂本云：「與字方從洪氏石本作嘗。」按方謂方崧卿，作《韓文舉正》者；洪則洪興祖也。其所見石本，不知又是何石，豈宋時別有一石刻歟？然此「與」字改作「嘗」字，語不可通，殆必有誤，未可執以獻疑也。

咸豐二年，餘姚客星山新出一漢碑。碑文首有「三老」二字，遂名之曰「三老碑」，余既詳載其文於第二卷矣。碑云：「三老諱通字少父，庚午忌日。祖母失諱字宗君，癸未忌日。」但云庚午癸未，不載年月。余始譏其疏略，既而思之，其於父母既備載年月日，何於祖父祖母遂疏略如此？此必有故也。竊疑古人以幹枝紀日，不以初一、初二紀日。其家相傳，三老於庚午日死，祖母於癸未日死。相傳既久，忘其年月，民間不知曆術，安能推知其爲某年某月某日乎？於是子孫遇庚午癸未日，則以爲忌日。蓋古人忌日之制，本是如此。試以子卯疾日證之，子卯有二說，鄭司農以爲五行子卯相刑，此固不必問其何月也。賈逵云桀以乙卯日死，紂以甲子日亡，則有日無月，似不可通。乃鄭康成、何劭公等翕然宗之，無異詞者，蓋援忌日之例，止論幹枝，不問爲某月第幾日。如紂以甲子亡，以三統術推之，爲武王十一年二月五日，至次年二月五日，乃上年紂亡之日，在今人必以此爲疾日矣。古人不然，二月五日不值甲子，即非疾日；而凡遇甲子，即是疾日。一年有六甲子，是有六疾日也。疾日忌日，其例並同。今人但以父母亡日爲忌日，非古矣。因「三老碑」而得古人忌日之制，故補記之於此。

彭樂齋端淑《白鶴堂集》，有《石哈生宋石芝傳》。哈生負異才，不見於世，晦迹人奴，以終其身，獨與石芝善。石芝後從靖逆侯張勇平滇亂，建奇功，功成亦隱去。兩人皆奇士也。而劉繼貢《紹攽文集》亦載其事，石哈生爲石哈興，宋石芝爲宋釋之，未知誰是也。《汪堯峰集》有《黄孝子傳》，孝子名洪元，父國相，爲虞庠所殺。孝子與弟俱幼，後稍長，聞之，欲報仇，母泣止之。及母死，既合葬，兄弟哭拜別墓，懷斧往殺庠，詣縣自陳。有司義之，免其弟，頌繫孝子。後一年，上官竟脱孝子罪，遂去爲浮屠，易名光空。而《陸桴亭先生集》亦載其事，黄孝子爲王孝子；虞庠爲虞翔，亦未知孰是也。夫以本朝之人，而傳聞異辭已若此，然則「伯益」之爲「柏翳」，「逢蒙」之爲「逄門」，「壽夢」之爲「孰姑」，「包胥」之爲「勃蘇」，固無怪矣。余友李黼堂中丞著《國朝耆獻類徵》，搜羅宏富，然猶未知宋釋之之或爲宋石芝，黄洪元之或爲王洪元也。亦見網羅放失之難。

《金剛經》第八分云：「若復有人於此經中受持，乃至四句偈等，爲他人說，其福勝彼。」按所謂四句偈者，不知何指。自來解《金剛經》者云：「經中四句偈有二：『若以色視我，以音聲求我，是人行邪道，不能見如來。』一也；『一切有爲法，如夢幻泡影，如露亦如電，應作如是觀。』二也。愚按『若以色視我』四句，見二十六分；『一切有爲法』四句，見三十二分。佛說第八分時，尚無此四句偈，安得便使人受持乎？」或又引一書云：「天親菩薩請問彌勒如何是四句偈，彌勒以無我相四句答之。」余未見其書，不知可據否。然上文，但言有我相、人相、衆生相、壽者相，則非菩薩。又云，是諸衆生無復有我相、人相、衆生相、壽者相。而無我相四句，則見於第十四分中。是此時亦未有此四句也。且我、人、衆、壽，乃是隨舉之辭。《楞伽經》又有我人衆生壽命長養士夫之說，是不盡於此四者也。即以此爲四句偈，於義未該矣。然則四句偈云何？余按《楞伽經》云，佛告大慧云：「大慧，彼四句者，謂離一異，俱不俱，有無非有非無，常無常，是名四句。大慧，此四句，離是名一切法；大慧，此四句，觀察一切法，應當修學。」然則四句偈當即指此。蓋佛門舊有此四句，人人皆知之。故佛以告須菩提，而須菩提亦不問四句云何也。余因表而出之，以告誦《金剛經》者。惟四句中，「有無非有非無」句，最爲明白，當即《金剛經》無實無虛之旨。經中「即非」「是名」二句，凡十四見，即非者，非有也；是名者，非無也。常無常義，詳見《六祖壇經》。其餘二句，皆不可曉，安得善知識人一問之？

《金剛經》靈異最著。余自姚夫人亡，手書《金剛經》數過，焚寄冥中，然泉路茫茫，究未知有益否也。嘗閲袁子才先生小説，稱金剛是佛門中木強之神，黨同伐異，不問曲直。有人爲逝者誦《金剛經》，即有金剛在冥中作鬧，向冥王強取罪人以去。冥王不得已，示夢於誦經者，戒使弗誦。余按此經，本名《金剛般若波羅蜜經》，金剛者，言如金之堅剛；般若，乃梵語，猶云智慧。金剛般若四字，在儒書則「勇智」二字耳。本非專名《金剛經》，且與金剛之神何涉？袁説真可一噱。《太平廣記》卷一百八引《報應記》云：「邛州人張政暴亡，見四人來捉行，便小聲念《金剛經》，使者色變。入城，見胡僧長八尺餘，罵使者曰：『何不依帖，亂捉平人。』及領見王，僧與對坐曰：『張政是某本宗弟子，被妄領來。』王曰：『待略勘問。』僧色怒。王判放去。僧自領政出曰：『汝識我否？我是須菩提。』乃知是持經之力。」其説雖誕，然此經佛實爲須菩提説。唐以前小説家言，亦必根據本書，異於後世之束書不觀游談無根者也。

宋時人臣，有身後賜致仕者，如寧宗嘉泰二年，追復朱熹焕章閣待制致仕是也。《宋史》列傳中，如余端禮薨，授少保郇國公致仕；李壁卒，進資政殿學士致仕；饒虎臣卒，追復元官，守資政殿學士致仕；曹彦約卒，以華文閣學士轉通奉大夫致仕。若此者甚多，不可勝舉。《尤袤傳》云：「時上已屬疾，國事多舛，袤積憂成疾，請告，不報。疾篤乞致仕，又不報，遂卒，年七十。遺奏大略，勸上以孝事兩宫，以勤康庶政，察邪佞，護善類。又口占遺書別政府。明年，轉正奉大夫致仕。贈金紫光禄大夫。」是尤袤卒於官，卒後致仕。本傳叙述甚明。光緒辛巳歲，有以長洲顧少卿曾校《經草廬集》求序者，集中有《尤袤傳》一篇。蓋少卿嘗與修《無錫縣志》，此即志中之文。尤袤，固無錫人也，其傳止就《宋史》本傳稍節之，無甚異同。乃其末云：「乞致仕歸，八年卒。」則與史大異矣。按《宋史》本傳，雖不言袤卒於何年，然袤於光宗紹熙元年除給事中。《光宗本紀》：「紹熙三年十一月丙戌，日南至，給事中尤袤上疏，請朝重華宫。」其時尚是給事中也。後除禮部尚書，史不言其年，當在紹熙四年以下，有駕詣重華宫事。據本紀，自三年朝重華宫後，至四年冬，又兩朝重華宫也。五年五月，壽皇崩矣。而袤遺奏，尚勸孝事兩宫，則知除禮部侍郎，不久即卒，安得歸八年而卒乎？若歸八年而卒，則其卒也在寧宗朝矣。按之本傳，其誤殊甚，不知何所據而云然。余作顧集序，已及之。然序中未便斥言，故又記於此。

光緒二年春，余在杭州。而吴下曲園中牡丹將放，内子姚夫人徘徊花下，口占一詩。其末二句云：「東風莫輕放，留待主人來。」余歸，爲余誦之，今忘其全詩矣。偶閲《太平廣記》，卷一百八十一載盧儲在官舍迎内子，有庭花開，乃題曰：「芍藥斬新栽，當庭數朵開。東風與拘束，留待細君來。」此與内子詩意，適遥遥相對。内子作詩，初不知有盧詩也。盧儲娶李翱女，即所謂第一仙人許狀頭者，其事至今艷稱之。而庭花之詠，知之者鮮，故表而出之。想見此兩人者，真神仙眷屬也。余與姚夫人四十年伉儷，雖未足比美古人，亦庶幾其萬一。自夫人亡，而余久不至曲園，幾於蕪廢。追惟疇曩，爲之淒然。

春在堂隨筆八

夏夜，每有蟲行几案間，亦能飛。人習見之，不爲異，呼其名，如曰章郎，不知是此二字否也。兒婦輩嘗問余：「此蟲有可考否？」余謂自來注《爾雅》《廣雅》及《本草》者，從不言有章郎蟲。惟乾隆時，錢唐趙學敏著《本草綱目拾遺》，蟲部有竈馬，云俗呼贓郎，又作蟑螂，治疔瘡及一切無名腫毒及小兒疳疾，《綱目》所謂蜚蠊也。因按《本草》陶注云：「形似䗪蟲，而輕小能飛，本在草中，八月九月知寒，多入人家屋裏逃爾。有兩三種，以作廉薑氣者爲真，南人亦噉之。」余謂此蟲雖廉薑氣，然實生在屋壁間，不在草中。四五月間即有，非至八九月畏寒始入室也。陶注所云，未知是此蟲否？蘇恭注云：「此蟲味辛辣而臭，漢中人食之，言下氣，名曰石薑，一名盧蜰，一名負盤。」然則此蟲即《爾雅》「蜚，蠦蜰」矣。郭璞注曰：「即負盤，臭蟲。」邢昺疏曰：「蜚是臭惡之蟲，害人之物，故《春秋左氏傳》曰：有蜚不爲災，亦不書。」然則此蟲，又即《春秋·莊二十九年》「有蜚」之蜚矣。《漢·五行志》引劉向説，以爲蜚色青，近青眚也。此蟲之色不青，未必即《春秋》所書者。轉展推求，究無確據，惟《廣雅》有一説，曰：「蜚蠊，蜚蠊也。」然則此蟲，即《周禮》注所謂蠊也。《秋官・赤犮氏》「凡隙屋，除其狸蟲」注謂：「蜃，肌蛷之屬。」按肌蛷蓋即蠼螋，今所謂蓑衣蟲也，蜃即此蟲矣。之二蟲皆藏匿牆壁内。赤犮氏掌除牆屋，故主除之，亦可證其非生於草間也。蟑螂皆俗字，贓郎亦無義，殆即蜃字之合音。按《字典》蜃字有張略一音，今呼章郎者即張略之轉也。爲此一小蟲援引經史至數百言，老人多事，亦可笑矣。

《古今注》云：「曲蓋，太公所作也。武王伐紂，大風折蓋，太公因折蓋之形而制曲蓋焉。」曲蓋之制，於古無徵。余觀馮氏《金石索》，載嘉祥劉村洪福院漢畫像石，有周公輔成王像，成王居中，旁一人執蓋。其蓋折而下垂，此正古曲蓋之制。蓋太公因折蓋而制曲蓋，自當折而下垂。若曲而上，則失其義矣。世人罕知此制，故特表出之。

余從前視學中州，每試一郡畢，吏輒具卷，請召諸生迻寫所作詩文，謂之三五七。蓋大學前列七卷，中學前列五卷，小學前列三卷，例應解送禮部，故爲修飾盡善，使謄寫之。余曰：「如此，不近於欺乎？」吏曰：「故事如此。」乃亦聽之。後觀《太平廣記》卷一百七十九引《乾𦠆子》載閻濟美事云：「榜出，與狀頭同參座主。座主曰，『諸公試日，天寒急景，寫札雜文，或有不如法令，恐文書到西京須呈宰相，請先輩等各買好紙，重來請印。』如法寫淨送納，抽其退本。」云云。然則此等事，古固有之矣。

顧晉叔承，乃子山觀察之子，行年四十有九。繪自訟圖，圖中坐者立者各一人，若官與吏然；跪者一人，若對簿然。三人實即一人，皆自肖其象也。余率題二絶句云：「當遽伯玉知非歲，築趙王孫自訟齋。此後可知定無訟，訟庭都被落花埋。」「我我周旋總不真，陶公贈答影形神。更從有相歸無相，便是如來三種身。」或問自訟齋出處，余曰，此宋時趙不⿱亘心事，見《宋史·宗室傳》。不⿱亘心，乃濮王曾孫也。惟⿱亘心字竟不可識，《康熙字典》補遺心部有⿱亘心字，引《字彙補》云：「音未詳。宋宗室趙不⿱亘心，字仁仲。」余按《日知録》引《雲麓漫鈔》，言宗籍凡祖免親以上，皆賜名，乃有寓不典之言及取怪僻字樣，以爲戲笑，此不⿱亘心亦其一也。然怪僻之字，亦必字書所有者，若⿱亘心字，則字書不載。治平四年，司馬光等奏上《類篇》亦無此字。當時何所據而賜此名乎？竊疑此必傳寫之誤，實即㥑字。據《説文》，憂愁之憂，本當作㥑。若憂字，則和之行也。此以不㥑爲名，乃用其本字，即不憂也。《論語》曰「仁者不憂」，故字仁仲。以字證之，其爲㥑字之誤無疑矣。

武林徐氏，自文敬崛起，文穆繼之，遂成浙右大族。數十年來，稍稍不振。至光緒庚辰，而花農入翰林，又復振起，極可喜也。其家自文敬以來，入翰林者六人，而皆在辰戌丑未之年。文敬癸丑；文穆戊戌；文穆之子，即花農之高祖，諱以烜字潤亭者庚戌；花農之十世伯叔祖諱杞者壬辰；花農之伯叔高祖諱景熹者己未；而花農又以庚辰。計丑未年各一，辰戌年各二，以五行論之，此四年皆屬土也。光緒辛巳夏，花農重建文敬公祠，同人集湖上落之，夢薇有詩，余次其韻，有云「科第前賢接後賢，最宜丑未戌辰年」，蓋紀實也。

同年徐壽蘅侍郎，屬撰其封公漁臣先生家傳。余論贊中引東坡語云：「李郃博學，隱德之報，在其子固。」蓋據東坡《晁君成詩集序》語云爾。然坡公此語實不甚塙。按《後漢書・方術》李郃本傳：郃後舉孝廉，拜太常。元初四年，代袁敞爲司空，在位四年，坐請托事免。安帝崩，北鄉侯立，復爲司徒，明年免。將作大匠翟輔上郃「潛圖大計，以安社稷」，封郃涉都侯，辭讓不受，卒於家。是郃位至三公，爵爲通侯，固已大顯於世。如坡公言，轉似乎潛德不耀者，蓋徒據其爲漢中候吏時，而未觀其終也。

余四歲時，即從德清遷臨平鎮。臨平屬仁和縣，東西不過三里，南北不過二里，然其名則甚古矣。舊有沈東江先生《臨平志》一卷，不分門類，惟依時代編纂。道光中，康蓮伯、子蘭兩君續修之，則仿州縣志書體例，采輯甚富。時先兄壬甫館鄭夢白中丞家。鄭氏多藏書，先兄每助之采輯焉。亂後，東江舊志尚有流傳之本，康氏之書不可見矣。兩君數十年心血，付之雲烟，殊可惜也。偶於舊書中得一紙，乃先兄官福寧太守時，録寄吴中者，蓋節録《晉書·顧衆傳》文，亦臨平一故事也。今録於此云：「蘇峻反，賊率張健馬流攻無錫，遂據吴城。衆自海虞由婁縣東倉，與賊别率戰。破之，進屯烏苞。吴興内史虞潭，遣將姚休爲衆前鋒，與賊戰没，衆還守紫壁。時賊黨方鋭，人咸勸衆過浙江。衆曰：『不然，今保固紫壁，可全錢唐以南五縣。若越他境，便爲寓軍，控引無所，非長計也。』臨平人范明亦謂衆曰：『此地險要，不可委也。』衆乃版明爲參軍。明率宗黨五百人，合諸軍，凡四千人，復進討健，健退於曲阿。」先兄手注其下云：「烏苞、紫壁兩地，當在松江、嘉興、石門一帶，范明即今臨平人無疑。」余按今臨平尚有范氏，當是范明之後。明所率宗黨五百人，則其時臨平范氏之盛可見。烏苞、紫壁，均不可考，或烏苞即今之烏鎮歟。

余每年蘇杭往返，必繞道還德清，上先人冢。舟楫所經，有曰五林頭者，自杭至德清必由之路也。余謂五林乃五柳之訛，《明史·地理志》湖州府德清縣下云：「有下塘巡檢司，後遷五柳港口。」即其地也。案頭無《德清縣志》，檢新修《湖州府志》，於德清縣村鎮，止於十六都有五林二字。蓋不知元名爲五柳矣。

紀文達公嘗言：「《聊齋志異》一書，才子之筆，非著書者之筆也。」先君子亦云：「蒲留仙，才人也。其所藻繢繢，未脱唐宋人小説窠臼。若紀文達《閲微草堂》五種，專爲勸懲起見，叙事簡，説理透，不屑屑於描頭畫角，非留仙所及。」余著《右台仙館筆記》以《閲微》爲法，而不襲《聊齋》筆意，秉先君子之訓也。然《聊齋》藻繢，不失爲古艷。後之繼《聊齋》而作者，則俗艷而已，甚或庸惡不堪入目，猶自詡爲步武《聊齋》，何留仙之不幸也。留仙有文集，世罕知之。朱蘭坡前輩《國朝古文匯鈔》，曾録其文二篇。其用意，其造句，均以纖巧勝，猶之乎《志異》也。留仙之子名立德，字東石，亦有文集，筆意頗肖其父云。

張朗齋軍門曜，爲蒯士薌廉訪賀蓀妻昆弟之子。余與廉訪同年舊好，而與軍門未一謀面。光緒元年，軍門曾以賀蘭小獵圖寄浙江，介廉訪索余與彭雪琴侍郎題詩。余爲題七言古詩一首，仍交廉訪寄還之。未得其復書，廉訪旋即下世，未知此詩得達否也。頃有人從杭州來，言於眾安橋河下岳忠武廟中，見蒯廉訪手書楹聯，有跋云：「咸豐中，蓀丁外艱，奉命墨經赴光州任。時賊氛方熾，過湯陰及朱仙鎮，謁王祠。夜夢王延入，旁坐者爲張桓侯。王指謂蓀曰：『汝妻侄張曜，乃桓侯後身，今以助汝。』是時賊圍固始七十餘日，力戰解圍，曜有力焉。嗣後在豫二十年，轉戰數千里，皆曜爲先鋒。」云云。廉訪不應作妄語，然則軍門之爲桓侯後身，信矣。

世傳桓侯後身，在唐爲張睢陽，在宋爲岳忠武。故前人作桓侯祠楹聯，有「唐曾顯姓宋留名」之語。今在我朝爲張軍門，則又一顯姓矣。惟忠武既爲桓侯轉世，何以廉訪夢中見忠武，又見桓侯？殆前身後身，非一非二，是以如來隨衆生意現種種身，神道與佛理，固無異歟。

錢梅溪先生縮臨唐碑百餘種刻石，揚州江小雲觀察人驥得其殘石數十種以歸，謀嵌之詁經精舍之壁。余爲言之梅小巖中丞，中丞欣然出白金百兩，屬梁敬叔觀察主其事，遂使精舍中增此一鉅觀，甚可喜也。惟諸碑中訛字甚多，蓋由舊碑漫漶使然。梅溪《跋端州石室記》云：「畢公謡作旱公，今改正之。」然未及改正者，亦殊不少。即如豳州昭仁寺碑，有云「殊質文於車服，改正朔於寅田」，「寅田」必「寅丑」之誤，謂夏建寅、殷建丑也。又云「翔入正道，示如來藏」，「入正」必「八正」之誤。八正見《大品經》，謂正見、正思惟、正語、正業、正命、正精進、正念、正定也。他如「坐玄扈，游翠爲」，「翠爲」當作「翠嬀」。「歷選列辟，詳觀郡帝」，「郡帝」當爲「群帝」。一碑之中，訛字之多已如此，安得一一校正之？檢王氏《金石萃編》，惟寅丑字不誤，餘亦同此。

王蘭泉先生《金石萃編》卷八十八，載《潘智昭墓志銘》，其文有曰：「以戊子歲實沈月五日癸酉殯於長安龍首鄉。」後又有一行云：「天寶七載七月五日景時。」先生跋云：「天寶七載爲戌子歲。《禮記》『孟夏之月，日在畢』注云：『孟夏之月，日月會於實沈。』是實沈爲四月。然《通鑑目録》『天寶七載四月庚子朔』，五日是甲辰，非癸酉。七月己巳朔，五日正是癸酉。則碑云實沈月者，所未詳也。」余按先生此説，殊爲失考，由未知辰與建之異也。蓋十一月斗柄建子，而日月會於星紀，則位在丑；十二月斗柄建丑，而日月會於玄枵，則位在子，故子與丑合也。正月斗柄建寅，而日月會於娵訾，則位在亥；十月斗柄建亥，而日月會於析木，則位在寅，故寅與亥合也。三月斗柄建辰，而日月會於大梁，則位在酉；八月斗柄建酉，而日月會於壽星，則位在辰，故辰與酉合也。五月斗柄建午，而日月會於鶉首，則位在未；六月斗柄建未，而日月會於鶉火，則位在午，故午與未合也。四月斗柄建巳，而日月會於實沈，則位在申；七月斗柄建申，而日月會於鶉尾，則位在巳，故巳與申合也。二月斗柄建卯，而日月會於降婁，則位在戌；九月斗柄建戌，而日月會於大火，則位在卯，故卯與戌合也。《周官》「大師掌六律六同，以合陰陽之聲」，其義即如此。而《大司樂》所謂奏大吕，歌黄鐘；奏大蔟〔一〕，歌應鐘；奏姑洗，歌南吕；奏蕤賓，歌函鐘；奏夷則，歌小吕；奏無射，歌夾鐘者，亦取子與丑、寅與亥、辰與酉、

〔一〕蔟，原誤作「簇」，據《周禮》與蔡啓盛《校勘記》改。

午與未、巳與申、卯與戌之相合也。鄭康成注《大師職》曰：「辰與建交錯貿處，如表裏然。」賈疏申之曰：「斗柄所建十二辰而左旋，日體十二月與月合宿而右轉，斗之所建，在地上十二辰，故言子丑之等。辰者日月之會，會在天上十二次，故言娵訾降婁之等。十二月皆先言建，後言辰。皆覆之，亦先言建，後言辰。假令十一月先舉黃鐘，後言星紀，覆之，則先舉大吕，後言玄枵。十二月皆然，義可知也。」然則子丑之等，與娵訾降婁之等，不過取以識別。或舉地上十二辰，或舉天上十二次，初無深意。假如十一月，言斗柄建玄枵，日月會於丑，亦無不可也。推之七月斗柄建申，謂之建實沈可也。日月會於鶉尾，謂之會於巳可也。此碑以七月爲實沈月，蓋唐以前人猶通達古義也。蘭泉先生但知孟夏之月日月會於實沈，遂以實沈爲四月，不知四月者，建巳之月也。而實沈之位，在申不在巳。若以四月爲實沈月，則是以四月爲申月矣，豈可通乎？自來言十二次之位，莫詳於皇甫謐《帝王世紀》。今録於此，云：「自斗十一度《漢志》作十二度至婺女七度，曰星紀之次，於辰在丑，斗建在子。自婺八度至危十六度《漢志》作十五度，曰玄枵之次，於辰在子，斗建在丑。自危十七度《漢志》作十六度至奎四度，曰豕韋之次，於辰在亥，斗建在寅。自奎五度至胃六度，曰降婁之次，於辰在戌，斗建在卯。自胃七度至畢十一度，曰大梁之次，於辰在酉，斗建在辰。自畢十二度至東井十五度，曰實沈之次，於辰在申，斗建在巳。

自井十六度至柳八度，曰鶉首之次，於辰在未，斗建在午。自柳九度至張十七度，曰鶉火之次，於辰在午，斗建在未。自張十八度至軫十一度，曰鶉尾之次，於辰在巳，斗建在申，自軫十二度至氐四度，曰壽星之次，於辰在辰，斗建在酉。自氐五度至尾九度，曰大火之次，於辰在卯，斗建在戌。自尾十度至斗十度百三十五分而終《漢志》作斗十一度，曰析木之次，於辰在寅，斗建在亥。」此文分别辰與建，甚明白。若依唐人書碑之例以紀月，則正月析木月，二月大火月，三月壽星月，四月鶉尾月，五月鶉火月，六月鶉首月，七月實沈月，八月大梁月，九月降婁月，十月豖韋月，十一月玄枵月，十二月星紀月，亦金石家一變例也。又按此碑書景時，景時即丙時。蘭泉先生以爲丙辰是也。蓋甲己日始甲子，乙庚日始丙子，丙辛日始戊子，丁壬日始庚子，戊癸日始壬子，即術家所謂五鼠遁也。癸日壬時爲子，則丙時爲辰矣。

術者以日推時，則有五鼠遁，如前所云是也。以年推月，則有五虎遁；凡甲己年始丙寅，乙庚年始戊寅，丙辛年始庚寅，丁壬年始壬寅，戊癸年始甲寅。其術皆主淺顯。惟以年月推其日，則雖精李虚中之術者不能知。而瞽者屈指推算，不勞而得之，不知其何術也。或言是有秘訣，不以授人。人亦不可輕學之，學之必損其目，殆或然歟。坊間所刻《子平淵鑒》等書，卻亦載有一法。其法視九年前正月朔日是何幹枝，大月順數五幹九枝，小月順數四幹八枝，即本年正月朔日幹枝，二月以下視此。視本年十二月朔日是何幹枝，上月大，逆數五幹九枝，上月小，逆數四幹八枝，即九年前十二月朔日幹枝，十一月以上視此。余用此術推之：同治十二年正月小，辛巳朔，順數四幹八枝，至光緒七年正月，得甲子朔；光緒七年十二月己未朔，十一月大，逆數五幹九枝，至同治十二年十二月，得乙亥朔，其法信不謬矣。然月之大小，非觀憲書，豈能記憶？且不能推知閏月，則仍不能無誤。彼瞽者所用，必非此法也。

余嘗用此法校杜氏《春秋長曆》，從隱元年順推隱九年，不合者三月。又從隱十一年逆推隱三年，則無一不合。杜氏本不知曆法，惟以經傳所書月日，前後推排而成此術。隱元年之不合，殆由杜氏失之。若改作五月大，六月小，七月大，八月小，九月大，十月小，則亦無一不合矣。今列於左：

隱元年	隱九年
正月小辛巳朔	正月大甲子朔合
二月大庚戌朔	二月小甲午朔合
三月小庚辰朔	三月大癸亥朔合
四月大己酉朔	四月大癸巳朔合

五月小己卯朔應改五月大六月小
六月大戊申朔
七月小戊寅朔應改七月大八月小
八月大丁未朔
九月小丁丑朔應改九月大十月小
十月大丙午朔
十一月大丙子朔
十二月小丙午朔
二年正月大乙亥朔

隱十一年

正月小癸未朔十年十二月大
二月大壬子朔
三月小壬午朔

五月小癸亥朔不合
六月大壬辰朔合
七月小壬戌朔不合
八月大辛卯朔合
九月小辛酉朔不合
十月大庚寅朔合
閏月小庚申朔合
十一月大己丑朔合
十二月小己未朔合

隱三年

正月大己亥朔合
二月小己巳朔合
三月大戊戌朔合

四月大辛亥朔	四月小戊辰朔合
五月小辛巳朔	五月大丁酉朔合
六月大庚戌朔	六月小丁卯朔合
七月小庚辰朔	七月大丙申朔合
八月大己酉朔	八月小丙寅朔合
九月小己卯朔	九月大乙未朔合
十月大戊申朔	十月小乙丑朔合
十一月大戊寅朔	十一月大甲午朔合
十二月小戊申朔	十二月小甲子朔合

余偶檢舊篋中，得門下士王夢薇書。末署一行曰：「日直泰之侯爻。」蓋用卦氣直日之法以紀日，亦文人好奇之過也。卦氣直日，本古法。揚子雲西漢大儒，而作《太玄》以准《周易》，有八十一首歲事咸貞之説。是西漢經師，固有此説矣。然古法，每卦直六日七分，不可用以紀日。若欲用以紀日，則當用北齊天保曆之説。其法，一月五卦相次用事，從大雪節起，一日未

濟初爻，二日蹇初爻，三日頤初爻，四口中孚初爻，五日復初爻。至第六日，又值未濟二爻。十五日，大雪節終，而五卦之内卦終。又十五日冬至節終，而五卦之外卦亦終。其説本之《易通統軌圖》，今無其書，然實亦出於《稽覽圖》，非異書也。余用其説，列三百六十日值日之爻，倘遇好事之士，用以紀日，不費檢尋矣。

	正月	二月	三月	四月	五月	六月
初一	小過初六	需初九	豫初六	旅初六	大有初九	鼎初六
初二	蒙初六	隨初九	訟初六	師初六	家人初九	豐初六
初三	益初九	晉初六	蠱初六	比初六	井初六	渙初六
初四	漸初六	解初六	革初九	小畜初九	咸初六	履初九
初五	泰初九	大壯初九	夬初九	乾初九	姤初六	遯初六
初六	小過六二	需九二	豫六二	旅六二	大有九二	鼎九二
初七	蒙九二	隨六二	訟九二	師九二	家人六二	豐六二
初八	益六二	晉六二	蠱九二	比六二	井九二	渙九二

續表

	正月	二月	三月	四月	五月	六月
初九	漸六二	解九二	革六二	小畜九二	咸六二	履九二
初十	泰九二	大壯九二	夬九二	乾九二	九二姤	遁六二
十一	小過九三	需九三	豫六三	旅九三	大有九三	鼎九三
十二	蒙六三	隨六三	訟六三	師六三	家人九三	豐九三
十三	益六三	晉六三	蠱九三	比六三	井九三	渙六三
十四	漸九三	解六三	革九三	小畜六三	咸九三	履六三
十五	泰九三	大壯九三	夬九三	乾九三	姤九三	遁九三
十六	小過九四	需六四	豫九四	旅九四	大有九四	鼎九四
十七	蒙六四	隨九四	訟九四	師六四	家人六四	豐九四
十八	益六四	晉九四	蠱六四	比六四	井六四	渙六四
十九	漸六四	解九四	革九四	小畜九四	咸九四	履九四

續表

	正月	二月	三月	四月	五月	六月
二十	泰六四	大壯六四	夬六四	乾六四	姤六四	遁六四
廿一	小過六五	需九五	豫六五	旅六五	大有六五	鼎六五
廿二	蒙六五	隨九五	訟九五	師六五	家人九五	豐六五
廿三	益九五	晉六五	蠱六五	比九五	井九五	渙九五
廿四	漸九五	解六五	革九五	小畜九五	咸九五	履九五
廿五	泰六五	大壯六五	夬九五	乾九五	姤九五	遁九五
廿六	小過上六	需上六	豫上六	旅上九	大有上九	鼎上九
廿七	蒙上六	隨上六	訟上九	師上六	家人上九	豐上六
廿八	益上九	晉上九	蠱上九	比上六	井上六	渙上九
廿九	漸上九	解上六	革上六	小畜上六	咸上六	履上九
三十	泰上六	大壯上六	夬上六	乾上九	姤上九	遁上九

	七月	八月	九月	十月	十一月	十二月
初一	恒初六	巽初六	歸妹初九	艮初六	未濟初六	屯初九
初二	節初九	萃初六	無妄初九	既濟初九	蹇初六	謙初六
初三	同人初九	大畜初九	明夷初九	噬嗑初九	頤初九	睽初九
初四	損初九	賁初九	困初六	大過初六	中孚初九	升初六
初五	否初六	觀初六	剥初六	坤初六	復初九	臨初九
初六	恒九二	巽九二	歸妹九二	艮六二	未濟九二	屯六二
初七	節九二	萃六二	無妄六二	既濟六二	蹇六二	謙六二
初八	同人六二	大畜九二	明夷六二	噬嗑六二	頤六二	睽六二
初九	損九二	賁六二	困九二	大過九二	中孚九二	升九二
初十	否六二	觀六二	剥六二	坤六二	復六二	臨九二
十一	恒九三	巽九三	歸妹六三	艮九三	未濟六三	屯六三
十二	節六三	萃六三	無妄六三	既濟九三	蹇九三	謙九三

續表

	七月	八月	九月	十月	十一月	十二月
十三	同人九三	大畜九三	明夷九三	噬嗑六三	頤六三	睽六三
十四	損六三	賁九三	困六三	大過九三	中孚六三	升九三
十五	否六三	觀六三	剥六三	坤六三	復六三	臨六三
十六	恒九四	巽六四	歸妹九四	艮六四	未濟九四	屯六四
十七	節六四	萃九四	無妄九四	既濟六四	蹇六四	謙六四
十八	同人九四	大畜六四	明夷六四	噬嗑九四	頤六四	睽九四
十九	損六四	賁六四	困九四	大過九四	中孚六四	升六四
二十	否九四	觀六四	剥六四	坤六四	復六四	臨六四
廿一	恒六五	巽九五	歸妹六五	艮六五	未濟六五	屯九五
廿二	節九五	萃九五	無妄九五	既濟九五	蹇九五	謙六五
廿三	同人九五	大畜六五	明夷六五	噬嗑六五	頤六五	睽六五

續表

	七月	八月	九月	十月	十一月	十二月
廿四	損六五	賁六五	困九五	大過九五	中孚九五	升六五
廿五	否九五	觀九五	剥六五	坤六五	復六五	臨六五
廿六	桓上六	巽上九	歸妹上六	艮上九	未濟上九	屯上六
廿七	節上六	萃上六	無妄上九	既濟上六	蹇上六	謙上六
廿八	同人上九	大畜上九	明夷上六	噬嗑上九	頤上九	睽上九
廿九	損上九	賁上九	困上六	大過上六	中孚上九	升上六
三十	否上九	觀上九	剥上九	坤上六	復上六	臨上六

歸安吴味琴先生諱鼇，乃余老友平齋觀察之先德也。工書法，始學李北海，後學趙吴興，雖率爾命筆，動合法度。亂後，散佚無序。平齋於故紙中得其四紙，裝成一小册，嘗以示余，蓋其家田畝契券之標題也。每記皆有「青紀」二字，蓋先生一字青鼇，故云爾。其文則云某人田若干畝、契幾紙、收某户，在當時不過草草紀載之筆，而字字可入名人法帖中，洵可謂一筆不苟者矣。

吴中老輩，余所及見者二人：一宋于庭先生翔鳳，一陳碩甫先生奂，皆乾嘉學派中人也。于庭先生兼工吟詠，曾贈余詩四章，乃和余遷居之作，已載入第四卷矣。碩甫先生專治《毛傳》，吟詠非長，然能爲篆書，嘗書楹聯見贈云：「金尊日月三都賦，玉洞雲霞二酉文。」其書甚佳，既非如老輩人作篆書翦筆頭爲之者，亦非時下人專摹鄧完白一派者可比。後以兵亂失去，意甚惜之。聯句亦工麗，然不知爲何人之句，其語意亦不甚可解耳。

桐城吴康甫大令廷康，官吾浙數十年。或云年且九十矣，卒莫知其年幾何也，所謂世人知老不知年者，其此公之謂乎？嗜古成癖，至老不衰。尤善摹寫，凡金石文字，一經寫刻，幾可亂真，洵近代一奇士也。嘗就余所刻《袖中書》内摘録湘鄉、合肥兩相國語各十六字爲楹聯見贈，曰：「碩學宏文，照耀百世，雁行服鄭，抗手班張此十六字湘鄉公語；覃思闔學，遂有成書，希蹤古人，嘉惠來者此十六字合肥公語。」斯亦楹聯中創見之格矣。

梁敬叔觀察嘗書楹聯見贈云：「家有百旬老母，身爲一代經師。」結構雄壯，頗有伊墨卿先生筆意。然下句非所克當，雖受之而未敢縣也。擬請易其下句云「春在一曲小園」。戊寅歲，老母見背，遂亦不復以此請矣。恩竹樵方伯亦嘗書一聯見贈，乃用隨園老人舊句云：「已煩海内推前輩，尚有慈親唤小名。」余則欣然受而縣之。戊寅以後，始撤不縣。今所縣者，有勒少仲中丞一聯云：「著述至二百卷外，逍遥於一曲園中。」又有彭雪琴侍郎一聯云：「蓬瀛舊籍三朝遠，雲水閑身二品榮。」則即余詩中語矣。

湖上俞樓成，以楹聯贈者極多，然推崇過甚，非鄙薄所克承當。余嘗戲語諸君子云：「神祠中楹聯，固多諛詞。然神像乃土木偶耳，偃然坐其上，不知愧也。余則尚非土木偶，朝夕出入恒於斯，對此諸聯視，吾色不且赧赧然乎？諸君何惡作劇如是也。」因思諸同人投贈之句，頗有可摘作楹聯者，如馮聽濤檢討有句云：「諸子群經平議兩，吴門浙水寓廬三。」蓋余所著書，兩《平議》爲最大，而蘇州有曲園，杭州有俞樓、有右台仙館，皆余寓廬也。語頗切當，正擬寄書都門，屬其寫爲楹聯，乃書未發而聽濤之訃至矣，不禁泫然。

余於庚辰歲，既免喪，其明日，即手題一聯縣春在堂云：「越水吴山隨所適，布衣蔬食了餘生。」杜筱舫聞之曰：「布衣蔬食，恐非吾輩所能辦。」不知余居家所服之服，無非布者，惟出而與人周旋，則易其外衣。蓋不敢以大布之衣，登人之堂，使人詫爲怪物也。至蔬食，則數歲以來，已習以爲常。一月中不蔬食者，不過一二日耳。即偶一食肉，亦不過一片。此外如雞鴨魚蝦之類，概不沾唇，曾有詩載《春在堂詩編》第九，粗述此意。

俞樓之初，名雖三楹，實則兩楹耳。適彭雪琴侍郎巡江過蘇州，見内子姚夫人，力勸使至俞樓養痾。及侍郎至杭州，觀俞樓而小之，謂不足以居眷屬，乃出資增築其西偏之屋。余《百哀詩》中所謂「添築西頭兩間屋，多情更感老彭鏗」者是也。至西爽亭之築，則又在樓成之明年矣。自俞樓至西爽亭，中間隙地尚多。吴叔和壽臧，乃曉帆方伯之孫，少年好尚風雅，於辛巳夏間，又就隙地佈置。於是有所謂伴坡亭者，因余詩有「山下吟庵伴老坡」之句也；有所謂靈松閣者，因是年春金華將軍之神降於其地松樹上也；有所謂小蓬萊者，則孤山舊有此名，襲用之也。從此俞樓之勝，又增於昔。憶俞樓初成，杭人以「俞樓經始」隱《四書》人名徐辟、彭更，已載於第七卷矣。今則踵事而增，日益開拓，「徐辟」「彭更」而外，又須增一「吴充」矣。因書於此，以補俞樓經始之遺。

余築右台仙館之明年，諸同人小集於此。酒後，至法相寺啜茗，余先歸，同人後之。汪柳門侍讀、徐花農庶常，偶見寺之壞垣，其上一甎，若有文字，乃使從者二人，一蹲其下，一踏其肩以上，取得斷甎一塊，視之則「福壽」二字，完備無缺。其筆意非隸非楷，亦頗古雅。二君大喜，袖之以歸。留置山館，曰：「敬以爲先生壽。」余謝不敢當。乃花農即爲作記，潘鳳洲孝廉並爲製銘，其事遂傳播一時。先是李黼堂方伯曾用東坡《石鼓詩》韵，爲余作《書冢歌》，余既一再和之，至是因又用坡韵，爲《福壽甎歌》，同人中和者甚多。花農彙而刻之，題曰《名山福壽篇》。

既得福壽甎之後，越五月，同人又於俞樓後山上得摹崖四大字，曰「斯文在兹」，皆大驚喜。花農、夢薇馳書吴下以告余，謀於西爽亭後辟一門，以通其地。余曰：「福壽二字，猶可竊以自娱。斯文在兹四字，萬難干以取戾，斯舉可不必也。」書此四字者，爲趙人張奇逢，乃直隸獲鹿縣人也。順治五年，爲杭州府知府。自來言西湖金石者，均不知有此四字，蓋淹没至今而始顯者也。

西湖小蓬萊有二，一在孤山，乃宋時延祥觀中閣名；一在雷峰塔之東，則宋時甘園也。吴叔和築室於俞樓之後山，而徐花農名以小蓬萊。其與余書，但言孤山舊有此名，故襲用之。余初不喻其旨，孤山亭館之名亦多矣，何獨取此三字邪？既而思之，恍然而悟，蓋欲以鄙人與老彭爲對偶也。彭雪琴侍郎築退省庵於三潭印月，其臨湖有榜曰小瀛洲，故以小蓬萊配之耳。余因有詩云：「説與老彭應一笑，小蓬萊對小瀛洲。」爲花農説破此意。然小瀛洲，舊在涌金門外問水亭南，今三潭印月襲用此三字，亦非其舊也。

春在堂隨筆九

余幼時讀《康誥》，至「子弗祇服厥父事，大傷厥考心。于父不能字厥子，乃疾厥子。于弟弗念天顯，乃弗克恭厥兄。兄亦不念鞠子哀，大不友于弟。惟弔兹，不于我政人得罪，天惟與我民彝大泯亂，曰，乃其速由文王作罰，刑兹無赦」，嘗戲爲之論曰：聖人之言，亦不能無失乎。夫兄不友，弟不恭，比而同之，猶之可也。若子不祇服父事，與父不能字子，則輕重之相去天淵矣。乃比而同之，概曰「刑兹無赦」乎？若然，則瞽瞍有完廩浚井之事，臯陶即當執而誅之，不待其殺人矣。此雖戲言，亦自有理。乃讀《通典》卷六十九引董仲舒《春秋決事》云〔一〕：「甲有子乙，以乞丙，乙後長大，丙所成育。甲因酒色謂乙曰：『汝是吾子。』乙怒，杖甲二十。甲以乙本是其子，不勝其忿，自告縣官。仲舒斷之曰：甲生乙，不能長育，以乞丙，於義已絶矣。雖杖

〔一〕乃，疑作「及」。下文「及讀《世説·文學篇》注引」云云，文法一律，可參證。

甲，不應坐。」此論尤可怪。夫甲雖以乙與丙，然不得謂非父子。子可杖父，人理滅絶矣。雖漢儒緒言，吾不取也。

《般若波羅蜜多心經》云：「色不異空，空不異色，色即是空，空即是色。」余謂既云不異，不必更云即是矣。誦此經者，人人皆以此四句爲精語，實復語也。及讀《世説·文學篇》注引支道林《即色論·妙觀章》云：「夫色之性也，不自有色，色不自有，雖色而空，故曰色即爲空，色復異空。」此二句語簡而意該。疑經文本云：「色即是空，空即是色，色復異空，空復異色。」蓋即《金剛經》非法非非法之旨，所謂無實無虚也。余於《金剛經注》言之詳矣，譯者誤耳。

《玉吾集》十八卷，朝鮮人宋相琦字玉汝者所撰。玉吾，其别號也。詩文皆有可觀，末卷附神道碑銘及謚狀，稱公於崇禎丁酉十一月二十日卯時生，癸卯六月一日卒，春秋六十有七。考明崇禎十七年中無丁酉年，疑有舛誤。及讀卷末附其孫名載禧者跋語，稱崇禎三庚辰十月，乃知彼國在我朝定鼎之初，尚不奉大清年號，而仍以崇禎紀年。其生於崇禎丁酉，實我朝順治十四年也。其卒於癸卯，實我朝雍正元年也。至其孫所稱崇禎三庚辰，實我朝乾隆二十五年也。蓋以崇禎十三年，歲在庚辰，至此凡三歷庚辰耳。夫我朝龍興之始，朝鮮沿襲亡明年號，或尚可附於《洪範》十有三祀之義。至乾隆中葉，彼國久列藩封，世膺封號，乃尚以崇禎紀年，不亦傎乎。

余同年生孫琴西太僕，有海客受經圖，蓋琴西曾充琉球官學教習也。余以虚名流播海外，甲申歲，有日本東京大藏省官學生井上陳政字子德者來見，願留而受業於門，因居之於俞樓。子德喜談世務，及從余游，改而治經。嘗以《毛詩》義質問，余隨筆答之，漫録數條，此真海客受經也。　問：「雎鳩，郭、陸、楊三説孰是？」余謂郭、陸無大異，楊以爲白鷺，則非是。據《爾雅》：「鵙鳩，王鵙。」「鸒，白鷹。」分而爲二，則非一鳥也。　問「君子好逑」，余謂逑字當從《緇衣》篇所引作仇，其義當從《毛傳》作匹。《説文》：「仇，讎也。」讎猶譍也，譍以言對也。是仇亦有相對之義，故得訓匹。作逑者，假字耳。逑，斂聚也，非其義也。鄭以《左傳》義易《毛》，非是。許君於逑字下附「怨匹曰逑」之説，亦爲後出之《左傳》所惑。　問：「兕觥何以爲罰爵？」余謂《周禮・小胥》「觵其不敬者」，鄭即以兕觥説之。然詩人所言兕觥，無一是言罰者。《周禮》言觵不言兕，《閭胥》《小胥》所用之觵，未必是兕觵也。比而一之，鄭誤。　問：「樛木，《韓詩》作朻木，孰是？」余謂《説文》「下句曰樛」。又「朻，高木也」。則二字義別，此喻「逮下」，自當作樛木。作朻者，假字。　問：「螽斯，斯字是否語詞？」余謂《毛傳》螽斯、斯螽，並訓蚣蝑，誤也。斯螽，即《爾雅》之蜤螽，斯、蜤一聲之轉耳，乃所謂蚣蝑也。至「螽斯羽」，則斯是語詞。螽即阜螽，今之蝗也。王氏《廣雅疏證》辨此甚詳。　問：「維鳩居之，《毛傳》

云：『鳩，鳲鳩，秸鞠。』《古今注》以爲『鴶鵴』，何也？」余謂《古今注》云「鴶鵴一名鳲鳩」，疑「鴶鵴」乃「秸鞠」之聲誤也。明陳耀《天中記》又引《古今注》云：「鷃鵴，一名玄鳥。」則又與今本不同。此等恐不足據，自以古義爲正。

問：「于以采蘩，蘩不在七俎之數，其用未見於經，采之何爲？」余謂鄭玄「以豆薦蘩菹」，則蘩在豆，不在俎也。據《醢人》四豆之實有韭菹、菁菹、茆菹、葵菹、芹菹，亦無蘩菹。然茆、芹皆水草，蘩亦其類，或亦可爲菹乎。

問：「展衣之色是白是赤？」余謂《正義》言之詳矣。然孫毓推衍《毛》義未免凌亂，不如鄭說之有條理。且詩云「瑳兮瑳兮，其之展也」，以瑳擬展，色必相同。許書云：「瑳，玉色鮮白。」又云：「衺，丹縠衣。」則是以白玉擬丹縠，語意不倫，毛誤許亦誤，不如從鄭，則白衣白玉適相稱也。

問「采地采祿之制」，余謂采地據《周禮》有家邑、大都、小都三等。采祿，止見毛公《緇衣》傳，《正義》云：「采，謂田邑采取賦稅；祿，謂賜之以穀。」則二字當分說。

問「二矛重喬」，余謂《毛》義有二說：《正義》謂「重累相負揭」；《釋文》引舊說云：「刻矛頭爲荷葉，相重累也。」鄭義亦有異說，《正義》但言毛羽，不言雉；《釋文》則云：「鄭，居橋反，雉名。」此必爲鄭學者相傳之說。愚謂《毛》云累荷，必是重累相負，荷葉之說無據。鄭既云毛羽，則必有所指，相傳以爲雉，當不誤。

乙酉夏日，余在吴下，有以雲麾將軍碑見示者，舊搨本也。然取《金石萃編》校之，已闕數十字矣，惟銘辭「赫赫復」三字下，《萃編》空一格，再作空圍，誌其所泐之字，乃接「振振秩宗」句，此本振振上是「子」字，筆畫分明，乃知其文本是「赫赫復子，振振秩宗」。復子，用復子明辟事，謂中宗復辟也。據序文，公擢宗正，雖無年月，以文勢觀之，當在中宗復辟以後。「子」上空一格，序文有復辟字，辟上亦空一格，正一例也。此子字，《萃編》所無，然則王氏當日固未之見，此本洵可貴矣。題數語歸之，并記於此。

虞山王應奎《柳南隨筆》，謂「曹大家」家字當讀姑，錢宗伯詩誤讀本音。余謂此論亦未是，蓋家字讀如姑，乃古音如此。《左傳》「侄從其姑六年，其逋逃，歸其國，而棄其家」；《離騷》「羿淫游以佚畋兮，又好射夫封孤；固亂流其鮮終兮，浞又貪夫厥家」，並其證也。若依古音讀者，不特大家之家應讀姑，即凡「國家」「室家」字，無不應讀姑。若依今音讀，則何不可皆讀如加也。《後漢書·曹世叔妻傳》：「帝數召入宫，令皇后諸貴人師事之，號曰大家。」章懷注於家字無音，可知唐初並無異讀。《廣韵》、《集韵》十一模，皆不收家字，不從今音。則曹大家之家字，竟無韵可歸矣。唐宋婦人每稱其姑曰阿家。以曹大家例之，似阿家亦應讀姑。然馬令《南唐書·李家明傳》注曰：「江浙謂舅爲官，謂姑爲家。」若家必讀如姑，豈官必讀如公邪？

光緒乙酉四月，余孫陛雲入學，余賦詩誌喜，有昆字韵，和者或用玉出昆事。論者謂周興嗣《千字文》「玉出崑岡」，是崑非昆，即《尚書》「火炎崑岡」，字亦從山，不得作昆也。然余讀《鹽鐵論·力耕篇》云：「美玉珊瑚，出於昆山，珠璣犀象，出於桂林。」則「玉出昆」三字，正自有本，因筆之於此，爲解嘲焉。

吴縣謝蕙庭元慶，善士也。余讀其子家福字綏之者所撰行述，云：「道光歲辛卯，江北水患，災民麕集。府君與韓公桂舲、潘公功甫、潘公梅溪諸君，集貲設廠留養。今閩撫寶應王公凱泰，時在災民中，府君覘其不凡，言於諸君，各厚助之。」余謂此事未足信。閩撫王文勤公，余親家翁也，知之最詳。公生於道光癸未，至辛卯纔九歲耳，必不能以一身就食江南，必其家長老挈之而來。乃是時，其家初無變故。余撰文勤神道碑，即據其子儒卿等所撰行狀。言公年十有一，四子書、十三經皆卒讀，其父贈資政公親爲講授大義。然則文勤幼時，必無流離轉徙之事。余又爲文勤之封公戟門先生撰家傳，即據文勤所爲節略，當更可信。云道光十一年大水，明年饑，公戒鄉人飲，中酒起曰：「吾儕飲酒樂甚，如溝中瘠何？」乃議率錢振之，活數萬人。道光十一年，即辛卯歲也。然則辛卯壬辰間，文勤之父方在本籍賑饑，文勤何至身入蘇州災民廠也？潘順之前輩及余蓮村善士所撰謝公傳，均不載此事，不知行述中何以有此？綏之勇於爲善，誠實有父風，必非率臆造作者。或當時實有王氏舊家子，遂訛爲文勤耳。古來訛傳之事，如蔡中郎父母餓死荒年，皆與正史不合。而始則盲翁傳唱，繼且優孟登場。文勤之事，亦作如是觀可也。

《歐陽文忠公集》有《尚書都官員外郎歐陽公墓志銘》，其叔父也；又有《尚書職方郎中分司南京歐陽公墓志銘》，其仲父也。皆止書官，書姓氏，不書叔父仲父，蓋以志銘所以告萬世，非一家之私也。然考唐《李文公集》有《叔氏墓志》，則固稱叔氏矣；《柳河東集》有《故叔父殿中侍御史府君墓版》，則稱叔父而不書姓氏；宋《王荆公集》有《叔父臨川王君墓志》，則稱叔父，又書姓氏，而不書官位；宋《陳后山集》有《仲父滎州資官縣尉陳君墓志銘》，則書仲父，書官，書姓氏，於文爲矣。竊謂歐陽之例，究不可用；李習之但書叔氏墓志，又嫌太略；後有作者，宜如后山之例可也。且歐公於其父之墓表題《瀧崗阡表》，於其母之《石槨銘》稱母鄭夫人，然則至親至尊，固不得同於他人也，叔父仲父乃竟同於他人乎？至唐《吕温文集》有《唐故湖南團練觀察處置等使、通議大夫、使持節都督潭州諸軍事、潭州刺史中丞、賜紫金魚袋、贈陝州大都督東平吕府君夫人河東郡君柳氏墓志銘》，此其父母也，但讀其題不讀其文，則竟不知人子爲母作矣。考《柳河東集》有《伯祖妣趙郡李夫人墓志銘》《叔妣吴郡陸氏夫人志文》，伯叔母且然，況其母乎？吕衡州之例，不可用也。

明楊循吉《吴中故事》云：「況公鍾，江西人，實姓黄氏。」余嘗載之《茶香室續鈔》，然以史不言公本姓黄，頗以爲疑。桐城蕭敬孚穆云：「往年曾讀《況太守集》，況氏世爲南昌靖安縣甘家巷人。太守之祖名淵，值元季兵變，闔家遇害。太守之父名仲謙，時年六歲，僅而獲免。同里有黄勝祖者收養之，遂從黄姓。仲謙生二子，曰鍾、曰鏞。故太守自幼至出仕，皆爲黄鍾。太守父臨終遺命二子，當一歸本宗，不忘所自；一承黄姓，以報其德。至宣德四年，太守時官儀制司郎中，乃請復姓，并請給復姓誥命，皆報允。」以上並蕭敬孚説。據此，則況其本姓，黄乃寄姓耳。《吴中故事》所言，未得其實也。《明史》不言公請復姓事，此可補本傳之缺。

宋孫奕《示兒篇》載《農孝經》《酒孝經》，余已記於《茶香室叢鈔》矣。《酒孝經》不著撰人名氏，今檢《崇文總目》小説類有《酒孝經》一卷，劉炫撰，而《宋史·藝文志》小説類則云皇甫松撰。愚按劉炫有《孝經述議》五卷，此《酒孝經》乃小説之類，未必炫所作也。宋志以爲皇甫松撰，疑爲得之。皇甫松曾撰《醉鄉日月》，《酒孝經》亦其類耳。宋何剡有《酒爾雅》，見國朝郎廷極《勝飲篇》，當亦必有可觀也。

余作《余君蓮村墓志銘》，有云：「九歲讀書於塾，或授以俗本《酒詩》，君以酒乃誤人之物，辭弗習。」蓋據其門下薛君所撰年譜，余初不知《酒詩》爲何書，吾鄉亦無以此授童子讀者。今觀郎北軒《勝飲篇》著述類有《酒詩》，並引清雪居士曰：「《酒詩》乃村學究以教兒童者，相傳是涂孟規作。孟規名幾，字守約，孟規其別號，洪武時宜黄人。」乃知此書傳世，亦頗久矣。

唐沙門慧苑《華嚴經音義》，南海伍氏刻入《粤雅堂叢書》。然其中頗多不合六書者，如云：「決定字從兩點，其從水者，乃是水行之決字。」又云：「況字正體兩點，經有從三點者。《説文》謂之寒水，殊乖譬況之義。」按古無從兩點之決字、況字，決定、譬況，皆宜從三點也。又云：「祕謂祕奥，祕字有從禾作者，乃是香草。」按謂祕不從禾是也。謂秘是香草，非是。香草，字當作苾。《信南山》篇「苾苾芬芬」，是其字也，古無秘字。又云：「瞽，《三倉》曰，無目謂之瞽，字從皮。」按《説文》，鼓擊字從攴，鐘鼓字從壴。段氏訂作從屮，無從皮之字。瞽字從鐘鼓之鼓，不從皮也。慧苑之書，凡鐘鼓字，皆謂宜作瞽，故瞽字也作瞽矣。又云：「稟，彼錦切，字宜從米，古文作㐭。」按稟從禾，古書無從米者，謂古文作㐭，尤無義。又云：「鎧仗字宜從立人，有從木者，棒杖字；或從手，扙托字。」按鎧仗與棒杖，有何分別？扙字托字，均不見於古書。又云：「共字從「廾」不從卄，横畫必須連。」按此以隸體言耳，若篆書作𠬞，則横畫以不連爲是。凡此之類，皆不得以唐人古籍而苟同之也。又云：「鬻，與六切。《玉篇》鬻，賣也。賣鬻從每，粪鬻從米。」按此說亦可疑，據今本《玉篇》：「鬻，之六切，糜也。」「鬻，羊六切，鬻賣也。」則與慧苑所説正相反，豈其所見與今本不同乎。《説文》：「鬻，鬻也。」則二字同一義。至賣鬻字，實當作賣。《説文》貝部：「賣，衙也。讀若育。」此其本字，經傳作鬻，皆假字耳，不得分鬻鬻爲二義以當之也。鬻字從毓，以爲從每亦誤。

言古音者，至本朝而大備矣。然古音之學，溯源於吴才老，而明陳第之《毛詩古音考》亦其先河也。焦弱侯爲作序，稱其有三異。向爲名將，手握重兵，一旦棄去之，瓶鉢蕭疏，野衲不若，一異也。余讀之不知陳第爲何許人，深慚譾陋。及觀《絳雲樓書目》「陳第《毛詩古音考》二册」陳景雲注云：「陳將軍季立，出戚少保麾下，一時名將也。」然後知陳第爲戚繼光部將。而檢《明史・戚繼光傳》，又未附見其人，當更詳考之。

東坡詩：「安得道人殷七七，不論時節遣花開。」元李治《敬齋古今黈》云：「《古今詩話》：韋七七每醉歌云『解醖逡巡酒，能開頃刻花』。又《詩史》載殷七七有異術，顧屏上畫婦人，應聲隨歌十餘曲。然則使花開者，乃韋七七，非殷七七。坡詩誤以韋爲殷。」以上並敬齋之說。余謂殷七七事，見《太平廣記》五十二，云：殷七七，名天祥，又名道筌。「解醖逡巡酒」二句，即其醉中所歌也。又詳載其於重九日開鶴林寺杜鵑花一事。然則坡詩自不誤，敬齋自不考耳。翁覃溪作《蘇詩補注》，采用李説，非也。又按韋七七、殷七七，當即一人。《吕氏春秋·慎大覽》曰：「親郼如夏。」高注曰：「郼讀如衣。今兖州人謂殷氏皆曰衣，言桀民親殷如夏氏也。」然則殷之爲韋，猶殷之爲郼，皆以音近而訛。

方夢園前輩所著《叢説》，有《鳩巢鵲占》一則，余載之《茶香室續鈔》矣。王夢薇謂余曰：「此説究非也。鵲巢於冬而哺於春，人人見之，從未見有鳩爲巢者。鳩卵於夏，往往占鵲之敗巢以哺。蓋鵲雛既長，各依茂樹以棲，其視故巢，已同敝屣，鳩適據之以哺其子，事之常也。大凡禽之營巢，專爲哺雛計，平日皆不巢居。鳩哺之時，鵲雛已散，無所用巢，安有反占鳩巢之事乎？疑方君所見，本是鵲巢。其時稍早，鵲尚戀巢，鳩欲早據，故爲鵲所逐。方君見鳩去而鵲存，遂誤以爲鵲占鳩巢矣。又鳩之所占，不定鵲巢。嘗於杭寓見高梧上有鷺來巢，蓋鷺雖水鳥，而哺則在樹，亦哺於春，至三月暮，攜雛而去。鳩來據之，生子五，其一爲大風吹墮而死，五月四雛長成，不知所之。而巢亦壞，鷺與鳩均不復顧問矣。方君謂鵲占鳩巢，萬無此事。即泥詩人之辭，謂鳩必占鵲巢，亦非理也。」以上皆夢薇説。余偶於月夜納涼，與兒婦輩言此。二兒婦姚曰：「謂鳩必占鵲巢，固非；謂鳩必占他鳥之巢以爲巢，亦非。蓋鳩當伏卵之時，適無他鳥之巢可占，則亦自爲之，但不工耳。曲園中有二鳩巢：其一在曲水亭，亭故有匾，其下附於壁，其上距壁幾及尺，鳩即巢其中。雛成飛去，取而視之，則亂草蒙茸，不成其爲巢，此鳩所自爲也。又其一在小竹里館林竹中，甚工緻，推原其初，乃白頭翁之故巢耳。」大兒婦樊言：「曩居中牟縣署，多鳩，自或爲巢，或占他鳥之巢爲巢，其自爲者率不工。古人言鳩性拙，不虛也。」此與夢薇説可發明，而亦可補其所未備。又曲園後垣外某氏院落，有大銀杏一株，每歲有鵲來巢。鵲未去，鵶來奪居之。鵶未去，梟又來奪居之。方其相爭時，聲甚喧噪，數日始定。深秋銀杏熟，其家撲而取之，巢傾，梟乃去。此一巢，率三鳥居之，歲以爲常。然則鳩固不必定占鵲巢，而占鵲巢者，亦不必定是鳩也。

國朝無名氏《調燮類編》有《貓眼定時歌》云：「子午綫，卯酉圓，寅申巳亥銀杏樣，辰戌丑未側如錢。」余載之《茶香室續鈔》。王夢薇云：「貓秉陰精，其目夜明而晝眊。午時日光正烈，貓睛畏日，每閉目而眠。或啓視之，則爲陽光所逼，其睛斂如一綫。辰巳日威未熾，申酉日焰已衰，故皆縮而如棗核。然至夜，則六時皆圓，惟捉向燈下觀之，亦如棗核，然畏燈光也。其不如綫者，燈光究不敵日光也。曾記一日貓伏案頭，時正卓午，呼至後軒驗之，睛僅微纖耳。攫向南窗，則緊閉其目。抉而觀之，頓縮如綫。又一日，風雨如晦，時亦正午，視其睛，仍圓也。同一午時，而晴雨異；同在一日，而又以地之明暗異，可悟其理矣。昔人定時之歌，特因晝所見而推之於夜，實亦未嘗細驗之也。」余按夢薇之説頗有禮。《酉陽雜俎》云：「貓目睛旦暮圓，及午豎斂如綖。」則古人固止以晝言耳。

蹉跎，乃詩中常用字；然和人詩，遇原韵有蹉跎字者，竟無他義，只可仍用蹉跎。倘平仄不相當，則通篇皆須移易矣。余讀國朝褚人穫《堅瓠集》載明蕭山魏文靖驥作《老態詩》，有云：「兩肩酸痛脊梁跎」。然則俗語所謂跎背者，昔人亦嘗以之入詩。今年朱修庭、范月槎兩觀察，示我《自壽詩》，皆有蹉跎字。余和朱云：「自慚我只十年長，老態龍鍾肩背跎。」和范云：「年華我甫六旬過，老態龍鍾肩背跎。」雖以俗語入詩，不免爲大雅所笑，然亦有本也。

余嘗見浙江臬使署懸一楹聯云：「看階前草緑苔青，無非生意；聽牆外鵲啼雀噪，恐有冤民。」歎爲仁人之言。今讀吾鄉戴菔塘先生《藤陰雜記》，乃知爲徐公士林所撰。徐公，康熙癸巳進士，歷官江蘇巡撫，没，祀賢良祠。此聯題於江蘇臬署，公曾官蘇臬也。浙臬署有此聯，不知始何人。今蘇臬署轉無此聯矣。

火輪船中擊鐘報時與自鳴鐘異，一時四擊，自一至八，周而復始，一晝夜凡擊鐘四十八回。余丙戌春自上海坐海晏輪船至天津，舟中有詩云：「依然一室話喁喁，浮海乘桴婦豎從。我懶支頤無一事，靜聽四十八回鐘。」然乍聞之，猝不易辨，今記於此。

子正正一　丑初初二　丑初正三　丑正初四
丑正正五　寅初初六　寅初正七　寅正初八
寅正正一　卯初初二　卯初正三　卯正初四
卯正正五　辰初初六　辰初正七　辰正初八
辰正正一　巳初初二　巳初正三　巳正初四
巳正正五　午初初六　午初正七　午正初八
午正正一　未初初二　未初正三　未正初四
未正正五　申初初六　申初正七　申正初八
申正正一　酉初初二　酉初正三　酉正初四
酉正正五　戌初初六　戌初正七　戌正初八
戌正正一　亥初初二　亥初正三　亥正初四
亥正正五　子初初六　子初正七　子正初八

余丙戌入都，寓潘家河沿。庭中有花盛開，淺紅淡白，色頗嬌艷。余初不識，問花農，曰：「此鸞枝花也。」子原則云：「鸞枝花深紅，今色淺，非是，乃榆葉梅耳。」余偶閲吾鄉戴蘋塘先生

《藤陰雜記》，言鸞枝花者有二事。其一事云：「護國寺西，先爲張文和公廷玉第，後賜史文靖公。文靖薨，賜錢唐王文莊公。公子朝榗，招余飲堂前鸞枝花下，有感乙未宴集，賦詩云：『鸞枝纔放裊晴空，竹石參差賸幾叢。絳萼依然開爛漫，紅牙猶憶唱玲瓏。西州感逝懷喬木，東閣承家紹素風。不盡銜杯增繾綣，柏臺行見騁花驄。』」又一事云：「查他山慎行《飲嚴侍御曾渠鸞枝花下作》云：『賣花聲裏過斜街，不記招尋月幾回。只有繡衣真愛客，印泥封酒必同開。』」此花南中罕見，故録此二詩以識之。

子原來余寓齋，以三女史詩見示。其一曰《吟香館詩草》，蓋即許氏之女，於子原爲兄弟之子，而子原竟不能舉其名矣。內有《自感》一首云：「襟期自許有誰同，此恨難將問碧穹。千古孟光稱淑女，也應夫壻是梁鴻。」豈其人固抱天壤王郎之感者邪？余題一詩云：「如此清才得未嘗，一篇自感費評量。碧翁果否安排定，能以侯光配孟光？」其一曰《傷心集》，則廖惟珍韵香所著，皆其哭父母哭兄哭弟之詩。卷首有自序一篇，粗述生平。其全集曰《慧花軒稿》，則未之見也。余題二絶句云：「凋零骨肉感平生，自定傷心小集名。豈以外成忘一本，諸姑伯姊也關情。」「愁苦歡愉句總工，慧花全集歎俄空。幸存五十一年事，都在秋閨自序中。」其自序作於咸豐甲寅秋日也。又一集云《懶仙吟稿》，潘合珠孟卿所著。觀其詩，知其人曾從京師首塗，遠至滇黔。又嘗至江西，游歷頗廣，詩亦較工。余題一詩云：「文章要得江山助，不謂閨中亦有之。諸葛寨邊曾問俗，越王臺下又題詩。居然流覽關河勝，豈是尋常鞶帨詞。柳絮因風詩句好，定知傳誦遍滇池。」集有《花朝大雪》一首，自注云作於雲南，故結語及之。余諸詩不存於集，而子原之意，欲其附見余集中，以成諸女史身後之名，故附記於此。

道光辛丑歲，英夷犯定海，陷之，浙東西皆聳。余爲樂府四章：曰《曉峰嶺》，美死綏也；曰《招寶山》，刺債事也；曰《杭州城》，美坐鎮也；曰《臨平鎮》，述亂離也。時余寓臨平，年甫二十有一，自以年少，不應妄論時事，故四詩不存於集，今亦忘之矣。至光緒丙戌，余送孫兒陛雲入都應禮部試，有王湘岑都閫來見，自言王剛節公之曾孫，以公遺像乞題，則即辛丑死定海之難者也。余因記曩所作樂府，其《曉峰嶺》一篇即爲剛節而作。首云：「曉峰嶺，高插雲。王將軍，勇冠軍。」末云：「嗚呼！扼之數日真英雄，將軍之死非無功。君不見同時大官走且死，朝廷一體酬其忠。酬忠同，死難異，至今曉峰嶺下過，餘威猶使夷人悸。」惜全詩不復記憶，年老才盡，亦不能補綴成篇矣。湘岑名燮，雖官右職，而能詩文，喜風雅。其弟酌升孝廉，名焯，去年出徐花農太史門下，亦余門生門下之門生也。忠義之後，必有昌大其家者，爲湘岑昆仲望之。

余在都下，有以海昌小桃源朱氏三世九節徵詩者，曰諸生濟任妻查，曰廩生濟時妻李，曰廷校妻潘，曰諸生廷植妻褚，曰諸生廷彬妻金，曰浩然妻楊，曰監生榮業妻吴，曰始然妻查，曰禮然妻董。濟任、濟時，爲一世；廷校、廷植、廷彬，爲一世；浩然、榮業、始然、禮然，爲一世。余率題一詩而歸之，不存於集，姑記於此。詩云：「軟紅十丈正茫茫，展卷欣看冰雪光。一髮千鈞宗系事，九人三世婦姑行。小桃源派傳遺澤，古柏舟詩貢廟堂。愧我衰殘稱舊史，不堪彤管寫幽芳。」

王介艇編修廉、宋孟芳主事淑信，皆余視學河南所得士。聞余來京師，謀招飲於嵩雲草堂。余自戊寅以來，不赴宴會，於今九年矣，因謝不往。而問嵩雲草堂築自何年，在於何地。乃知同治間，毛旭初尚書、袁小塢侍郎於炸子橋松筠庵對門購地築屋，小有亭榭，雜蒔花木，爲同鄉諸君燕息之所。兩公皆中州人，故以嵩雲名其堂。此堂甫成，而兩公先後歸道山，竟不及一日觴詠於其中。於是中州諸君，咸謂松筠庵爲楊忠愍故宅，今於其對門築嵩雲草堂，大書嵩字，榜之門楣，忠愍有知，必當痛恨，宜斯堂之不利也。草堂之上，本奉岳忠武栗主。蓋沿京師會館之例，各祀其鄉之先賢也。乃撤去嵩雲草堂額，改題岳忠武祠。然知者尚罕，凡有雅集，仍書故名，但易嵩字爲崧字耳。余謂此事極可笑，兩公之逝，會逢其適，豈忠愍爲之也？且據吾鄉戴蓏塘先生《藤陰雜記》云：「松筠庵，塑幞頭神像，相傳爲城隍神。楊給諫壽楠、李都諫融視城，訪知爲楊忠愍故宅。其時曹宗丞學閔、阮司寇葵生、鄭侍御澂倡義鼎新，榜曰忠愍故宅，仍號松筠。而《漁洋集》中，筠作雲，並未指爲忠愍故宅。」然則松筠庵是否忠愍舊蹟，亦未可知。姑記其事，爲京師一故事耳。

王漁洋《香祖筆記》言：「京朝官三品以上，在京乘四人肩輿，輿前藤棍，雙引喝道。四品官自僉都御史以下，止乘二人肩輿，單引喝道。」按此可見國初京朝官威儀之盛。余道光中入都，尚書以上猶無不肩輿者。至光緒丙戌，余送孫兒陛雲入都會試，相國張子青、尚書徐蔭軒見訪寓廬，皆乘四人肩輿。然時謂漢人肩輿，止此一頂半而已。所以云半頂者，以蔭軒尚書乃漢軍，不純乎漢也。後聞潘伯寅、許星叔兩尚書，皆乘肩輿，則余已出京矣。

潘伯寅尚書以所刻沈欽韓文起《范石湖詩集注》見贈，内有摘用事之誤者兩條：其《再用乙未元日韵詩》「一夢微官陪蠁飛」注，引《釋蟲》云：「蠁，飛蟻。」郭云，有翅。然則飛字連下讀，今云蠁飛，得無誤讀邪。又《晚歸石湖詩》「年來新著惰游冠」注，引《禮記·玉藻》：「垂緌五寸，惰游之士也。」然彼惰游，乃謂罷民，非倦游意也。余謂蠁飛尚止誤讀，惰游乃並誤解。

詩人不通經義，由來久矣。

光緒丙戌會試，有河南人白焯者，成進士。余初不知其人，宋孟芳戶部來言，此人亦余視學河南時取入學者也。其入學在咸豐丙辰年，三十年來，困守一衿，未有寸進。至前年科試在高等，餼於庠。去年登賢書，今年遂聯捷。亦士之晚成者也，余心識之。已而廖仲山閣學來見，時新進士覆試，仲山與閱卷之役，余問白焯考列何處，曰三等之末。問何以致此？以詩出韵故。詩題爲「流水無聲入稻田」，得聲字，白詩用紅字入韵，故抑置末名。及進呈政府諸公，以非尋常小疵，宜停殿試一科。而皇太后以三等向無停科者，準其一體殿試，誠寬典也。已而朝考後引見，竟得以知縣即用。此君可謂大幸矣，疑其尚有後福也。紅字與八庚韵字，迥不相似，豈其人讀紅字似衡字歟？聞從前有安徽舉人覆試，詩題得春字，而其人全用二冬韵，余謂其人必讀春字如衝字也。宋陳鵠《耆舊續聞》云：「閩人以高爲歌。真宗朝，試天德清明賦，有閩士破題云：『天道如何，仰之彌高。』考官閩人，遂中選。」然則方音誤韵，古固有之，不足爲斯人病矣。

《搜神記》載：「吴時有徐光者，嘗行術於市里。從人乞瓜，其主勿與，便從索瓣，杖地種之。俄而瓜生蔓延，生花成實。乃取食之，因賜觀者。鬻者反視所出賣，皆亡耗矣。」按蒲留仙

《聊齋志異》有術人種桃事，即本此。乃知小説家多依仿古事而爲之也。

樗蒲，古制久失其傳。宋程大昌《演繁露》言之最詳，其略云：「古惟斫木爲子，一具五子，故名五木。後世轉而用石、用玉、用象、用骨，故《列子》謂之投瓊，《律文》謂之出玖。唐世則鏤骨爲竅，朱墨雜塗，數以爲采。亦有取相思紅子，納置竅中，使其色明艷。温飛卿艷詞曰：『玲瓏骰子安紅豆，入骨相思知也無。』字直爲骰，不復爲投，其體制與用木時異。方其用木也，五子之形，兩頭尖鋭，中間平廣，狀似今之杏仁。一子兩面，一面塗黑，黑之上畫牛犢；一面塗白，白之上畫雉。凡投子者，五皆現黑，則其名盧，盧者黑也，此爲最高之采。挼木而擲，往往叱喝使致其極，亦名呼盧也。其次，五子四黑而一白，則是四犢一雉，其采名雉。用以比盧，降一等矣。至骰子之制，則有六面，是裁去五木兩頭尖鋭，而蹙長爲方。既有六面，又著六數，不比五木但有白黑兩面矣。」以上並程氏之説。余謂盧者，五子皆黑也。雉者，五子皆白也。純黑純白，皆爲高采。白雖遜黑，然五子皆白，亦爲得采，與他色異。《晉書·劉毅傳》：「毅擲得雉，大喜，褰衣繞床，叫謂同坐曰：『非不能盧，不事此耳。』」蓋毅所擲五子皆白，亦爲難遇。使無得盧者，則毅已獨勝，故以此自喜。然以五白究不如五黑，故又云：「非不能盧，不事此也。」使姑爲大言以自快也。「劉裕惡之，因挼五木久之，曰：『老兄試爲卿答。』既而四子皆黑，其一子轉躍未定。裕厲聲喝之，即成盧焉。」此則得五黑，勝於毅之五白矣。故毅意不快曰：「亦知公不能以此見借也。」程氏説五木之制甚詳，但謂五子四黑一白爲雉，則殊失之。老杜《今夕行》曰：「馮陵大叫呼五白，袒跣不肯成梟盧。」此正用《劉毅傳》語。然則雉之爲五白，唐人猶知之也。程氏誤以四黑一白爲雉，轉疑杜詩爲誤，何哉？程氏又謂梟采甚低，非盧比也。老杜概言梟盧未詳。余謂此亦不然，鄧艾曰：「六博得梟者勝。」竊疑梟即盧也。蓋五黑五白，同爲勝采，而盧實勝於雉。故得盧者，謂之梟，以別於雉。杜詩正得其義。韓子曰：「儒何以不好博，勝者必殺梟，是殺其所貴也。儒者以爲害義，故不博。」程氏據此，證梟采甚低。余謂殺梟之制不可知，惟韓子明言爲所貴，而儒者並以殺之爲非義，則梟在諸色中，爲尊無二。上可知程氏之説誤也。宋張端義《貴耳集》引《五本經注》則云雉爲二、梟爲六、盧爲四。

又按，杜詩呼五白本于《楚辭·招魂篇》，其文云：「成梟而牟，呼五白些。」二語不得其解，疑兩家皆得梟，則謂之牟。牟之言齊等也。齊等無以制勝，必得雉以助之。王逸注曰：「言已棊已梟，當成牟勝。射張食棋，下屈于兆，故呼五白以助投也。」語亦不可解，然呼五白以助投，則語句明白。蓋盧、雉同爲勝采，若一家得盧又得雉，則梟亦不能勝之矣。古所謂殺梟者，或即指此。陸放翁詩「呼盧喝雉連朝暮」，盧固可呼，雉亦非竟不足喝也。

唐李肇《國史補》云：「洛陽令崔師本，好爲古之樗蒱。其法：三分其子，三百六十，限以二關，人執六馬。其骰五枚，分上爲黑，下爲白，黑者刻二爲犢，白者刻二爲雉。擲之，全黑者爲盧，其采十六，二雉三黑爲雉，其采十四；二犢三白爲犢，其采十；全白爲白，其采八，四者，貴采也。開爲十二，塞爲十一，塔爲五，秃爲四，撅爲三，梟爲二，六者，雜采也。貴采得連擲，得打馬，得過關，餘采則否。新加進九退六兩采。」按崔師本之説，未知果爲古法否？然梟采甚低，恐於古未必合也。

易笏山方伯佩紳，自言前生爲唐六如，又前生爲支道林。中秋之夕，與眷屬同游虎丘，賦《水調歌頭》二闋，用東坡韵。次日以示余，余和之曰：「大有因緣在，楚地到吴天。上溯桃花仙館，二百有餘年。再溯千年以上，晉代高僧支遁，風骨鬭清寒。歷歷三生在，彈指刹那間。對明月，思往事，夜忘眠。畢竟今生最好，才具擅方圓。管領三吴勝地，又值良辰美景，樂事賞心全。應笑曲園叟，虛賦月嬋娟。」

董若雨説《楝花磯隨筆》，但有鈔本，沈穀臣庶常以示余，字迹皆草草，殆村學中童子所書也。其中載朱文公《祝融峰詩》云：「我來萬里駕長風，絶壑層雲許蕩胸。濁酒三杯豪氣發，朗吟飛下祝融峰。」有校者云：下當作上。余案頭無《朱文公集》，未知孰是。然以愚見論之，作下者殊勝。蓋既御風而行，則摶扶搖而上，背負蒼天，視祝融峰轉在下矣，故云飛下祝融峰也。若作上，則與芒鞋藜杖攀援而上者何異？一字之分，仙凡頓别矣。當與穀臣言之，未知以爲然否？又董若雨世皆以爲明人，而《楝花磯隨筆》有一則云：「庚申二月，在鷓鴣溪艇子上，見陽明先生書迹。念先師所許一凝字，及補山堂一涼字，皆書苑未發之秘，舊吴釋南潛題。」然則此老爲僧，後至康熙十九年猶在，入本朝不可謂不久矣。顧亭林、王船山皆明之遺老，而卒於本朝，則皆本朝人物也。董若雨亦可援此例乎？考汪謝城《南潯志》，董若雨卒於康熙二十五年丙寅，年六十七。則明亡時，纔二十五歲耳，其爲本朝人無疑。《潯志》列入明人，是論其志，非論其世。

《楝花磯隨筆》有一則云：客有戴星叩余門云云，此客出門，遍告市人曰：「高暉生直是退財白虎。」余按汪謝城《南潯志・董説傳》，所載名字甚多，初名説，字若雨，號西庵，自稱鷓鴣生，又稱斯張子。聞谷大師錫名智齡。國變後，改姓林，名蹇，字遠游，號南村，亦稱林鬍子，又稱槁木林。靈巖大師名之曰元潛，字俟庵。爲僧後，更名南潛，字月涵，一作月巖，號補樵，一號楓庵。又名本以，而無高暉生之名。此可補《潯志》之缺。

春在堂隨筆十

余四歲時，即從德清遷居臨平鎮。臨平屬仁和縣，舊有沈東江先生《臨平記》四卷，錢唐丁氏刻入《武林叢書》。余取讀之，釣游舊地，歷歷在目。長夏無事，流覽載籍，有涉臨平故事，輒録出之，積有數十事。門下士張小雲明經，又因余書廣收博采，成《臨平記補遺》四卷，余書可廢矣。然《補遺》成書之後，余又續得數事，姑記於此，補《補遺》之遺。宋錢儼《吴越備史》云：「梁開平三年十月，刺史高澧叛，焚義和、臨平等鎮。」又云：「沈夏，海鹽人，性兇暴。以所得衆七千餘人聚於臨平山下，擇幼弱者盡殺之，惟留三千餘人，徑往嘉興劫吴公，約同入海爲剽，所圖無成，始復歸王。」宋吴自牧《夢粱録》云：「唐杜牧墓在南山東南，與佛日山夾境，名杜牧塢。」又云：「亞父冢在皋亭山。」按佛日、皋亭皆臨平之山。則此二事，亦宜收也。

皋亭山亞父墓，余既載入《茶香室三鈔》矣。初疑亞父即范增，何以葬此？及讀國朝倪璠《神川古史考》云：「皋亭山有亞父冢。陳時有亞父陳重生者，生有靈異，壽百餘而終，顯靈其地，世傳爲亞父家。」乃知非范增也。

東江先生《臨平記》，以唐詩人邱丹爲臨平人。考《全唐詩》云：「邱丹，蘇州嘉興人，諸暨令，歷尚書郎，隱臨平山。」則臨平乃其流寓，而非土著也。邱丹有《湛長史草堂》一首，沈記已録之，而失其序。序有云：「余聖唐山令臣也，屏居臨平山墅，亦有年矣。」序末署：「貞元六年歲在庚午，檢校尚書户部員外郎兼侍御史邱丹誌。」是其官位，固有可考。沈以其屏居山墅，而遂謂之臨平人，並以爲隱淪之士，胥失之矣。又邱丹有《石門觀瀑詩序》云：「余六代叔祖梁中書侍郎。」則即邱遲也，《梁書》稱邱遲爲吴興烏程人。是其先世又出吾湖矣。余戊子歲作《臨平雜詩》，末一首云：「去歲今年兩度過，鈞游舊地總情多。莫教補入《臨平志》，恐與邱丹一例訛。」

余自四歲由德清南埭故居遷居臨平，至三十二歲授館職，始移家入京師，凡寓臨平垂三十年，可謂久矣。初寓臨平，賃史家埭戴氏之屋以居。有樓臨街，每歲正月上元張燈，輒侍太夫人登樓觀之。余《和恩竹樵方伯元夕詞》云：「無端觸起中年感，憶兒時鳩竹，隨處嬉遨。竟夕看燈，喧闐史埭潘橋。」即紀此也。潘家橋在史家埭之西，史埭以史翰林得名。史名尚節，康熙丙戌翰林。潘橋，則不知所始矣。

吾邑徐晦堂先生承烈《燕居瑣記》云：「明末一巨公，與泰州鄧孝威漢儀善。明亡，孝威諷其徇節，不從。後孝威游楚歸，巨公索閱近作，有《題息夫人廟》一首云：『楚宫慵掃黛眉新，祗自無言對暮春。千古艱難惟一死，傷心豈獨息夫人。』巨公愀然廢卷而起，入内，遽患心痛卒。」按「千古艱難」二句，至今膾炙人口，莫知爲誰作，且不能舉其全篇，故表出之。

南宋臨安有劉貴者，字君薦，妻王氏，妾陳氏。一日，攜其妻往祝妻父壽。妻父王翁，以其貧也，予錢十五貫，使營什一，留女而遣壻先歸。途遇其友，同飲而醉。及歸，妾見所負錢，問其故。劉貴醉後戲之曰：「吾因家貧，不能共活，已賃汝於人矣，此賃錢也，明日當送汝去。」言已就枕，即入睡鄉。妾思告知其父母，乃之鄰人朱三老家，告以故，且寄宿焉，黎明即行。而劉貴固熟睡未醒。有賊入其家，竊其錢，劉驚覺，起而追之。適地下有斧，賊即取斧斫劉，殺之，盡負錢去。次日，鄰人見其門久而不啓，入視得狀。朱三老乃言夜間其妾借宿事，因共追尋。妾行路未半，力疲少憩。有崔寧者，自城中賣絲，亦得錢十五貫，與之同憩。追者至，並要之歸。聞於官，謂妾與崔有奸，殺其夫，竊資偕亡也，竟尸於市。後其妻以夫死家貧，其父王翁使人迎之歸。塗遇大雨，避入林中，爲盗所得，據爲妻。偶言及數年前，曾爲賊入人家，殺其主人，得錢十五貫，妻乃知殺其夫者，即此盗也。乘間出，告於臨安府，事乃白。殺盗，没其家貲，以半給其妻。妻遂入尼庵以終。按此事不知出何書，余於國初人所作小説曰《今古奇聞》者見之，與今梨園所演十五貫事絶異，且事在南宋，非明時也。疑自宋相傳有十五貫冤獄，後人改易其本末，附會作況太守事耳。《十五貫傳奇》，乃國朝吴縣朱素臣作，去況遠矣。

余乙巳春計偕北上，車行失道，露宿黄河之隄。作詩紀事，中有云：「竊思河出崑崙墟，其勢定可吞埏垓。何乃千里一曲直，如汞瀉地往復回。必有大山當其衝，約束河伯難爲災。河圖龍象縱荒誕，非等方士夸蓬萊。一曲規山二精石，地肩地腹皆可推。神禹龍門費穿鑿，已令萬古驚奇侅。何如於此鑿混沌，洪流放出如奔雷。不入龍門走滄海，一綫直撼金銀臺。中原從此失河患，方梁石洫何有哉。」云云，詩載《春在堂詩編》二。後讀《漢書・溝洫志》云：「齊人延年上書言：『河出昆侖，經中國，注勃海，是其地勢西北高而東南下也〔一〕。可案圖書，觀地形，令水工準高下，開大河上領，出之胡中，東注之海。如此，關東長無水災。』」乃知古人固有此説矣。光緒十三年，河決鄭州，安徽董紫珊毓琦獻二策：一曰固本，略言河以蘆葦爲隄，雜以沙土，每遇大溜，衝決成災，宜用外洋鐵柱之法。鄭州決口八百丈，每丈一柱，只須八百柱，所

〔一〕西北高而東南下，原刻作「東北高而西南下」，據《漢書》改正。

費不過二百萬，即成鐵岸，一勞永逸。一曰清源，言河源出火敦腦兒，至積石山之南，爲川蜀所阻，逆流，繞積石而北，至河套，入龍門。若於逆流而北處，順其勢南濬入海，則甚便。其地與金沙、鴉龍二江相距不遠，掘百餘里，與二江合一。復由金沙江白那山，掘五十餘里，通於瀾滄江而出南海。復於瀾滄江，掘三十餘里，通於怒江而出緬海。三處分黄河之源，中國永無河患矣。愚按，鐵柱之説，議者以爲可行。然黄河之水，與泥沙雜下，水去而沙停，久而愈高，雖使全成鐵岸，可以制其潰決，不能禁其滿溢。即鐵柱亦可加高，然使歲高一尺，十年一丈，百年十丈，數百年後黄河之水，真在天上矣。謂之一勞永逸，恐未必然。至清源之説，即齊人延年之故智。延年未知彼中地理，但云出之胡中，不言使出何地。董君則歷歷言之，不言出東海，而言出南海，於地勢合矣。或言《爾雅》云：「河出昆侖墟，色白，所渠並千七百一川，色黄。」今即掘而放之南海，亦止其出昆侖者耳。其一千七百一川仍在，水勢恐仍不小。余謂此説雖有見，然經流已斷，則支流之勢亦必少減矣。爲中國計，減得一分來源，自免卻一分水患。方今西人於開鑿，最其所長，火輪車道有礙，雖高山峻嶺，可闢成康莊。如借其力以成此役，漢武所不敢爲者，或竟能爲之，亦千古一快事也。

諸葛武侯所書《黄牛廟碑》，在湖北歸州黄陵磯黄陵廟中。戊子夏，有以拓本見示者，云甲戌之歲，羅笏臣鎮軍修廟，得之破壁。余謂此僞迹也。黄牛與黄陵固非一廟。黄牛之廟，祀佐禹治水之神，見《水經·江水》篇注。黄陵之廟，祀舜二妃，見《水經·湘水》篇注。黄牛之碑，何爲而在黄陵之廟乎？陸放翁《入蜀記》，但言黄牛廟有張文忠贊，不言有武侯碑，則宋以前無此碑也。碑文不載年月，亦無書撰人姓名，但以篇首云「僕躬耕南陽之畮，蒙劉氏顧草廬計事，善之，情好益密，遂拉總師」云云，故知其爲武侯之筆。夫武侯爲黄牛廟作碑，何必以己之出處發端？若然，則武侯每作一文，必當首述此數語矣。有是理乎？作僞者，蓋欲以不出姓名歲月，自掩其作僞之迹，而又欲使人一見即知爲武侯所作，故篇首以此發端。不知此數語中，僞態畢露矣。且「拉」之一字，古訓止有摧折之義，並無招邀之解。而云「遂拉總師」，豈武侯語乎？余因其人乞題，題數語而歸之，不欲明言其僞，故又記於此。

沈穀人庶常以《藏弆集》見示，皆前明及國初人尺牘，有周文煒與堉王荆良一牘云：「今人無事不蘇矣。東西相向而坐，名曰蘇坐。主尊客上坐，客固辭者，再久之，曰求蘇坐。此語大可嗤，三十年前無是也。坐而蘇矣，語言舉動，安得不蘇？若使賓客端端正正南向，主人端端正正北向，觀瞻既正，禮儀自肅。」按今人尋常宴集，主賓東西相向往往有之，然無蘇坐之名矣。又據此，可見前代禮席，賓南向，主則北向，今亦無是。

又載王相說一牘云：「秀才要中兩榜，如一日定於兩餐，少一餐便飢，決不可耐。中後做官如飲酒，興會所至，不妨多數行。或主人意懈，或席有罵坐，客便可拂袖去。」余謂此語甚雋，吾生平兩餐已具，但少飲幾杯酒耳。聊記其語，可一笑也。

宋邵氏思《姓解》一書，久佚。遵義黎氏得之於日本，刻入《古逸叢書》。因有山陽段氏朝端爲作《辨誤》一卷，其所糾正，頗足爲邵氏功臣，然亦有小誤者。余覽之，偶得一事，因書於此。蒯姓下云：「史有蒯聵。」段氏辨誤云：「蒯聵，衛太子名，恐不得以蒯爲姓。」愚按此蒯聵，非衛太子也。《淮南子·主術》篇云：「故握劍鋒以離北宫子，司馬蒯蕢不使應敵。」注云：「司馬蒯蕢，其先程伯休父，宣王命以爲司馬，因爲司馬氏，蒯蕢其後也，周衰，適他國。蒯蕢在趙，以善擊劍聞。」然則邵氏所云「史有蒯聵」，即此蒯蕢。聵與蕢，古字通耳。段氏以爲即衛太子，誤矣。惟此蒯蕢，乃司馬氏《史記》自序云：「自司馬氏去周，在趙者以傳劍論顯，蒯蕢其後也。」當正之云：「蒯聵氏司馬，蒯聵二字其名也。」不氏蒯，則可以正邵氏矣。

又按邵氏《姓解》朝姓下云：「紂臣有朝涉。」余已載其説於《茶香室三鈔》矣。惟《尚書》「斮朝涉之脛」，自來無以朝涉作人姓名解者。後檢《廣韵》四宵部朝字下云：「亦姓。《左傳》有蔡大夫朝吴。涉遥切。」疑邵氏讀此麤略，或所據本偶缺吴字，遂以「朝涉」二字連讀，而臆造紂臣有朝涉之説耳。觀邵氏於常丘下云：「《風俗通》有常丘崎。」段氏正之云：「《廣韵》於丘字複姓連舉常丘、崎丘數姓。邵氏直以『常丘崎』三字連讀爲一人姓名，大謬。」然則邵氏讀書不精審，此朝涉之説，亦由誤讀《廣韵》可知矣。余載入《茶香室三鈔》，未免好奇之過也。

日本國人林春信所著《梅洞集》有《百二十詠》，其自序云：「《百二十詠》，唐李巨山所吟也，傳播於本朝。余頃患眼，默坐終日，偶乘吟興，就巨山之本題，逐一賦焉。」按其詩，皆五言絶句，殆李巨山之原詩固爾邪？其題《乾象》十首，日月星風雲烟露霧雨雪；《坤儀》十首，山石原野田道海江河洛；《芳草》十首，蘭菊竹藤萱萍菱瓜茅荷；《嘉樹》十首，松桂槐柳桐桃李梨梅橘；《靈禽》十首，鳳鶴烏鵲雁鳧鶯雉燕雀；《祥獸》十首，龍麟象馬牛豹熊鹿羊兔；《居處》十首，城門市井宅樓池橋舟車；《服玩》十首，牀席帷簾屏被鏡扇燭酒；《文物》十首，經史詩賦書檄紙筆墨硯；《武器》十首，劍刀弓箭弩旌旗戈鼓彈；《音樂》十首，琴瑟琵琶箏簫鐘笛笙歌舞；《玉帛》十首，珠玉金銀錢錦羅綾素布。每題十首，不無掛漏之嫌，惜未得其詩而讀之。李巨山爲唐詩人，檢《全唐詩》，無之。此《百二十詠》，佚於中國而存於日本。

蔣澤山孝廉贈我一梵字，言石刻在峽西，下有跋語云：「義靜三藏於西天取得此梵書唵字，所在之處，一切鬼神見聞，無不驚怖。」並有太宗皇帝贊云：「鶴立蛇行勢未休，五天文字鬼神愁。儒門弟子無人識，穿耳胡僧笑點頭。」不刻年月，不知此太宗皇帝，爲唐爲宋也。余謂義静即義淨，《高僧傳》：「義浄，字文明，髫齔落髪，年十五便欲游西域。咸亨二年，年三十七，方遂發足。經二十五年，歷三十餘國，以天后證聖元年夏還至河洛。得梵本經律論近四百部。先天二年卒，春秋七十九，法臘五十九。」然則此梵字，必其所得。其還也，在天后時，則距太宗遠矣。計此人生於太宗貞觀九年，則至貞觀末年纔五歲耳，何得太宗爲製贊乎？是宋非唐，可一言決之。所引《高僧傳》，未見原書，余得之《古今圖書集成》。

余故里無家。甲申歲，送孫兒陛雲至德清應縣試。試畢，又至湖州府試，皆以船爲家。二兒婦攜孫女慶曾從焉，凡舟居者兩月。其明年，又送之至湖州應學院試，舟居者匝月。前一舟子以聯額索書，余書四字爲額曰「六旬泛宅」，又書一聯曰：「晝夜六時大安樂，翁孫兩月此句留。」走筆所書，未録入稿。今年又坐此舟，見聯額故在，有感舊游，聊記於此。

張貞竹，字碧筠，慈溪女子也。其祖客湖北，工會計，頗有居積，遂於漢口開藥材行。其祖死，其父不能嗣其業，久之，大折閱，遂踉蹌而歸。歸而故鄉親友皆責夙負，不得已，至杭州投其所親，而所親死矣。賃居一草棚，有縣役欲爲子求娶其女，不可。役大怒，買其所賃草棚而焚之。遂無所棲止，寄居尼庵。貞竹當祖在時，家固温飽，延師課其兄，貞竹亦從之讀。師能爲大字，貞竹兄妹日觀其用筆之法，遂亦能書。至是，兄前死矣，獨貞竹在。既窮困甚，乃於路旁賣字。今處州太守陳君六笙，時在省垣。其僕出行於市，見而異之，言於陳君。陳君召而試之，大悦，爲之延譽。稍稍有所得，陳君旋赴處州。貞竹失所依，母又病，遂又大困。聞余至杭州，詣右台仙館求見。余言於當事諸公，稍潤色之。已而又至吴下，余屋後適有小屋數間，即使居焉。吴中求書者頗衆，得洋錢三百枚，辭余入京，依其親串。後聞其親串又前死，京中不能久居，仍復南歸。今不知所往。此女頗有楙茂之意，所書字有大至一丈者。曾書一鶴字見贈，長八尺許，筆力雄偉，似不出女子之手，亦可異也。余欲張其名，因許之刻一小印，曰「曲園女弟子」。蘇杭間，得潤筆頗豐，未始不因此。然其父闒茸，挈妻女游行四方，非計之得者。且恐此女，將來未必能得所歸。偶憶及之，爲之太息。

休寧孫殿齡，字蓮叔，家世富饒，生十五六而孤。擁貲百萬，以年少不更世事，倡樓買笑，博局呼盧，不十年，耗其貲十四五矣。然其人實恂恂儒雅，且天資絶人，能爲詩，兼善書畫。余甲辰歲始至新安，蓮叔一見如故，長於余一歲，有異姓昆弟之約。余未通籍前，館新安汪氏者五年，距蓮叔所居霞塘二十里而近。時相過從，每晏客，必招余往，張筵演劇，燈火通宵，亦少年游冶之一樂也。粤寇之亂，蓮叔避居山中，猝遇寇至，死之。老母年九十餘，亦與斯難。妻孥俱盡，家業凋零，亂後止存二子。余頗思爲作小傳以存其人，因循未果。然有《哭孫蓮叔》五古一章存集中，叙次頗詳，亦足見其崖略也。丁亥秋間，其次子祖恩字澤臣，至吴下求見。衣敝履穿，面目憔悴，殊令人有西華葛帔之歎。出舊時剪燭談詩圖乞題，圖中二人相對，即蓮叔與余也。感念盛衰，爲之憮然，爲題七言古詩一章，亦存集中。

《古今圖書集成·神異典·神廟部·彙考》所載各處神廟，頗有足廣異聞者，聊記一二：

秋胡廟，在山東嘉祥縣南。俗傳秋胡妻邵氏爲神，山下居民邵姓者自稱秋胡妻族。廟中所祀秋胡之妻，非秋胡也。

殘苦廟，在山西曲沃縣西北關。舊志云：介之推從重耳出亡，追者甚急，推以其子林代死。後重耳入晉，推妻並林妻尋推至此，聞焚死於綿山，二人投井而死。鄉人立廟，後訛爲蠶姑廟。

九娘子廟，在安徽和州，祀歷陽侯范增女。慶歷初，東寇王倫圍歷陽，恍若有見，已而潰散，遂就剿滅，故祀之。

偃王廟，在浙江西安縣，郊原村落，往往有之。或與項王、大禹並列，或爲專祠。其專祠則有茅、楊、蔡、衛四令公分侍於側。土人所敬畏，以茅令公爲最。

高府君廟，在嚴州府。神名獲，漢時人，素善天文，曉遁甲。與嚴子陵有舊，嘗自石城適富春訪其廬。時值大旱，即曳劍登壇叱曰：「此地有蛟龍，當起行雨。」未幾，雷雨交作，秋遂大熟。邑人感其應，立廟祀之。

張昭烈廟，在湖北德安府孝感縣。唐

張忭與張巡同死睢陽，南霽雲斷指，忭亦截一指自誓。後人立廟祀之。按秋胡妻，姓邵氏，介子推有子名林，范增有女九娘，嚴子陵有友高獲，張巡將有張忭，皆人所未知也。徐偃王祠，浙東多有。余從前曾於蘭溪縣瞻禮其祠，兩廡塑三十六諸侯，而茅、楊、蔡、衛四令公則未之見，不知何許人也。天下各行省神廟，如此者當不少矣。如一一表而出之，不特足供談助，亦表微之義也。

《魏書·盧景裕傳》：「是時，又有人負罪當死，夢沙門教誦經，如所夢，嘿誦千遍，臨刑刀折。主者以聞，赦之。此經遂行於世，號曰《高王觀世音》。」按此乃《高王觀世音經》行世之緣起，而其名爲高王，則未及其義也。《太平廣記》卷一百十一引《冥祥記》云：「孫敬德奉釋教，嘗造觀音像。後爲劫賊所引，不勝拷楚。忽夢一沙門，令誦救生觀世音千遍。臨刑，刀自折爲三段，膚頸不傷。三易其刀，終折如故。所司奏聞，丞相高歡表請免死。及歸，睹其家觀音像，項有刃迹三。敕寫其經布於世，今謂《高王觀世音經》。」於是至今相傳以爲高王之名，由高歡而得也。其實不然。佛家稱謂，凡尊之，則曰王，如鹿曰鹿王，象曰象王，須彌山則曰須彌山王，皆是也。王而再加以尊稱，則曰高王。《大藏聖教法寶》標目有《一切法高王經》一卷云，與《諸法最上王經》本同。然則一切法即諸法，高王即最上王矣。《高王觀世音經》，言此觀世音經於諸經中爲最上也，非由高歡得名也。標目所載，又有《金光明最勝王經》《大方等頂王經》。以此例之，最上王即最勝王，高王即頂王。今人多誦《高王觀世音經》，而莫能詳其名義，故具説之。

青浦俞廷颺，字稷卿，以諸生而餼於庠者也。自幼讀書，過目不忘，有神童之目。事母至孝，又以孝稱。李小湖學使深賞之，嘗招致幕中，以母老不赴。七應鄉試，六薦而不售。年四十一，以疾終。有一子，亦死。其所著曰《紫花菘館雜文詩賦鈔》八卷，皆散失無存。有人誦其詩曰：「人孤燈影瘦，春足月光肥。」余頗喜之，爲書其大略如此，冀不泯其人也。

定遠方濬頤《夢園叢説》云：「叔平言吾邑（按謂桐城）地當孔道，明季張獻忠八次來犯，不能破。良由官民戮力，衆志成城故也。時邑侯爲直隸進士楊公爾銘，年甫弱冠，丰姿玉暎，貌如處子。而折獄明決，善治軍事，賞罰無私，戰守有法，兵民皆嚴憚之。每出巡城，著小韡，長不及六寸，扶僕從肩，緩緩而行。人多疑爲女子，即《聊齋》所誌易釵而弁之顔氏也。大約顔、楊音近，而訛傳之耳。又得鳳陽巡撫史可法、廬州守將靖南伯黄得功爲外援，獻賊相戒，不再犯桐城。邑侯楊公，以行取入都。代者爲張公，忘其名，辦善後亦極有法。今楊公、張公、史公、黄公，皆各有專祠。」按《聊齋》所記顔氏事，初以爲小説家裝點語耳，今乃知其力守危城，身當大敵，至今猶廟食一方，洵奇女子哉。案頭無《聊齋志異》，俟假得其書，當更證之。

宗子戴孫壻自常熟書來，言一事甚可笑：有徐木君者，江寧人，在常熟開錢店。常熟顧姓家藏有余所書楹帖一聯，徐木君因有喜慶事，借去，懸之楹間。數月始以歸還，則略沾水迹，紙色黯淡，墨迹剥落。顧姓者以爲必是私向上海石印局照印，致損其真迹，怒而不受。時上海有售余楹聯者，徐木君以洋錢二枚，買得一聯償之。顧以非原物，仍不受，且曰：「此聯吾展轉托人求得之，價值百金！吾舊欠爾〔一〕洋錢三十，不但舊債抵銷，且需補足七十之數。不然者，行且興訟。」木君大窘，因素與宗氏往來，遂買紙介子戴請余補書之。余復子戴書曰：「爲地不過百里，爲時不越十年，而拙書已幾肇訟端。然則數百年後，不大可慮乎。是亦足一大噱也。」

花農太史自山西典試還京，以漢周勃所繪壽星石刻搨本一紙見贈。余細審之，乃贋物也。額有篆書「漢丞相周勃立」六字，已覺可異。壽星之上，有正書讚語八句，尤俚語。其左旁題云：「漢孝文皇帝壬戌元年春王正月□□丞相周勃立。」元字雖漫漶，而尚可辨。漢文元年，其年爲壬戌，然是時未有年號，但書元年，未有書壬戌元年者也。豈亦如西凉李暠之庚子元年、

〔一〕吾舊欠爾，原作「爾舊欠吾」，于義不通，今正。

竇建德之丁丑元年乎？作僞者不達古制如此。右旁題云：「某年知真定府事前河南道監察御史北平武尚賢重識。」年字之上，字迹盡泐，不可辨矣。

自馬伏波立銅柱後，踵其故事者，有唐馬總、五代馬希範二人，皆自謂伏波之裔也。乃唐時有何履光，明代有鄭毅，則不必馬氏，而亦立銅柱矣。詳見余《茶香室三鈔》。光緒十二年，吴清卿副憲大澂奉命勘定中俄邊界，立銅柱識之。清卿爲孝廉時，曾肄業紫陽書院，亦余門下士也。以銅柱拓本示余，余爲仿秦刻石體題之，其辭曰：「皇帝在位，十有二年，海内大治。乃飭紀綱，乃定封界，以杜歔覬。惟俄與我，犬牙相錯，奚取奚棄。乃命大臣，仗節出疆，釐定其地。壤地既定，無有華離，中外咸利。立此銅柱，刻此銘詞，昭示萬世。」

光緒己丑會試，余孫陛雲及孫女壻宗子戴舜年，皆薦而未售，兩卷並薦在潘伯寅尚書處。陛雲卷批「惜之」二字，子戴卷批「惜哉」二字，蓋均以額溢而遺。余《自述詩》所謂「惜之一嘆惜哉又，惱亂尚書老鄭庵」是也。乃其年十二月，花農書來，以沂水劉次方給諫綸襄時寄示，其題云：「蔭甫前輩文學冠一時，久以未得讀其著述爲憾。其文孫陛雲，魁卷出，曾一寓目。愛其筆氣疏爽，瀟灑出塵。己丑分校會闈，得一卷，用筆迴不猶人，因語同事諸君曰：『此必俞君陛雲之作也。』因復檢浙省三卷，分薦總裁，而此卷屬潘伯寅師。及填榜，三卷皆獲雋，而此卷獨遺。後查薦卷名，果是俞君。自負目力之未昏，以小詩紀之。」其詩曰：「江東才子早知名，秘鑰傳家舊有聲。竊喜顔標非誤認，敢云著眼尚分明。照眼明珠竟使沉，誰知藝海費搜尋。來年杏苑看花日，證取焚香選士心。」此亦一重文字因緣也。余因和其原韵，仍由花農寄劉君，詩存集中，不載。録原唱於此，識劉君雅意，兼勖吾孫。

金石文字，例不書初一初二，而書甲子乙丑。余案頭每置《萬年書》，以便檢尋。惟坊間所行小本《萬年書》，率多錯誤。余偶觀其論合婚之法，以生氣、天醫、福德爲上婚；絶體、游魂、歸魂爲中婚；五鬼、絶命爲下婚。托之吕才，未知然否。但以一三二七、三一四九、六八七二、八六九四爲福德，則誤以天醫爲福德；以一七二三、三二四六、六四七一、八九九八爲五鬼，則誤以絶體爲五鬼，此於吉凶尚未懸殊。至以一八二四、三六四二、六三七九、八一九七爲天醫，則誤以五鬼爲天醫；以一九二六、三四四三、六二七八、八七九一爲絶體，則誤以福德爲絶體，吉凶不大謬乎？總之此數，即八卦九宮之數。坎一、坤二、震三、巽四、坤艮五、乾六、兑七、艮八、離九，是也。而八卦，以坎離震巽爲東四宮，乾坤艮兑爲西四宮。凡兩數同宫者吉，生氣、福德大吉，天醫、歸魂次吉；兩數異宫者凶，絶命、五鬼大凶，絶體、游魂次凶。今以坎一艮八等爲天醫，則異宫者反吉矣；以坎一離九等爲絶體，則同宫者反凶矣。持此校正之，其理易見。余恐淺人爲小本《萬年書》所誤，故書之於此。其詳，見余所撰《游藝録・相宅篇》。

乾隆中，有至聖六十九代孫繼汾，撰《闕里文獻考》一百卷。其《世系考》載：「四十二代光嗣，唐昭宗天祐二年，以齋郎授泗水主簿，遭亂失爵。初宋元嘉間，蠲魯郡民孔景等五户，供孔子廟灑掃役。其裔孫末，見孔氏子孫衰弱，謀冒聖裔竊世爵，遂計害公。梁末帝乾化三年也，子仁玉字温如，生甫九月，母張抱匿外家。後唐明宗長興元年，魯人訴於官，乃誅末。以公主孔子祀，授曲阜主簿，封文宣公。後世以孔氏幾絶復興，號中興祖。歲時祭其外祖張温之墓，爲置祭田，請蠲其繇役。」又《藝文考》載明張敏所爲《報本酬恩碑記》云：「四十二代光嗣，其室張氏，世爲曲阜張陽里人。時值五代，四方弗靖。有僞孔氏孔末者，因世亂，欲以僞亂真，將孔氏子孫戕滅殆盡。難興之日，光嗣被害，張氏抱子仁玉逃依母氏，得免其難。雖脱巨害，向非外祖張温保養安全，其何以有今日乎?張氏子孫家在張陽里，至今猶稱爲張温焉。」以上並見《闕里文獻考》。長沙李黼堂方伯據此著論，謂張温以異姓之親，持危扶顛，爲綿宗祀，允推孔氏功臣。温雖仕隱無徵，而里居墳墓，班班可考。且締姻孔氏，在當時必詩書舊族。況歷世久遠，猶以其姓名名其鄉，如蘧伯鄭公故事，意其生平，亦必卓卓可傳。宜於崇聖祠配位孟皮、顔無繇、曾點、伯魚、孟孫激之下，周輔成、張迪、程珦、朱松、蔡元定之上，增位奉祀云云。録稿寄余，余因紀其大略於此，以待後之君子。惟所云僞孔氏末者，不知何人。宋元嘉中，蠲孔景等五戶，亦必以爲孔子之後也。孔末既其裔孫，則亦聖裔，何云僞乎？謂之以支庶奪嫡則可，謂之以僞亂真恐未然也。仁玉爲其外祖張温所撫養，恩義深厚，乃即以外祖之名爲字，何不爲母諱乎？此亦事之不能無疑者也。

壽陽驛有昌黎詩石刻在亭中，其詩云：「風光纔動別長安，及到邊城特地寒。不見園花兼巷柳，馬前惟有月團團。」花農典試山右，歸過其地，見亭已荒廢，因寓書當事者，屬爲修葺，小助土木之費。爲賦四詩，由京師寄示余。按《漁隱叢話》引《唐語林》云：退之二妾，曰絳桃、曰柳枝，皆能歌舞。初使王庭湊至壽陽驛絶句云云，蓋寄意二姝。逮歸，柳枝逾垣遁去，家人追獲，故《鎮州初歸》詩云：「別來楊柳街頭樹，擺亂春風只欲飛。還有小園桃李在，留花不發待郎歸。」自是，專寵絳桃矣。據此，則昌黎此詩，有爲而作。乃余檢《東雅堂韓集》載此詩，其題云：「夕次壽陽驛，題吴郎中詩後。」夫云題吴郎中詩後，則詩意應爲吴郎中而發，疑非寄意二姝矣。然此詩之後，即繼以《鎮州初歸》詩，注引《邵氏聞見録》云：「孫子陽爲余言，近時壽陽驛發地得二詩石，唐人跋云，退之有蒨桃風柳二妓，歸途聞風柳已去，故云。」則前説又鑿鑿可據。今壽陽驛止一石，且是乾隆四十四年邑令李廷儀所刻，則非宋時出土之原石，而鎮州歸詩石刻，更不可得，不知所謂唐人跋者爲何人矣。余謂不得吴郎中詩及唐人跋語，此重公案，終不得而明。然合觀兩詩，尋其詞意，則《唐語林》所説，必非無因。因和其詩，質之花農。其詩曰：「古驛流傳吏部詩，詩中本事可曾知。柔情不爲剛腸減，也似黎渦笑對時。高論能傾曳落河，文章氣節重元和。誰知垂老楊枝别，情比香山太傅多。我因石墨更低徊，曾見奇光出土來。可惜兩詩只存一，何時重與剔蒼苔。昔年慷慨弔田横，此日淒涼錦瑟聲。覓取吴郎中舊句，好將綺語雪先生。」花農得詩，欲刻之晉中。余謂此詩一刻，必有謂吾摭拾小説污蔑大賢者，力阻之。因亦不存於集，而姑録附於此。

袁隨園紀游册，乃其玄孫潤字澤民所藏，介沈旭初觀察攜來乞題詩，展卷第一册，即云二月初七日午刻，同霞裳下船，不書某年。計其程，則自金陵啓行，由蘇而杭而回金陵。計其日，則自二月初七至五月二十四，凡一百一十餘日。此一役也。又云乙卯年往如皋，筆記二月初一日啓行，至二十九日至儀徵而止。又云閏二月往杭，筆記則初八日啓行，自蘇杭至浙東，於五月二十七日回家。此皆乙卯年事，又一役也。乙卯爲乾隆六十年，檢《萬年書》，是年閏二月，與所紀符，先生時年八十矣。其前所紀，自金陵至蘇杭，必是乾隆五十九年甲寅歲之事。檢《萬年書》，是年二月小，三月亦小，與所紀相符，先生時年七十九。蓋世俗祝壽，必於逢九逢十之年。先生兩年出游，皆爲避壽計。其中載一詩云：「到處探奇逢地主，避人作壽走天涯。」是其證也。論及學問者，止有兩條，一云：「論詩必宗唐，猶講學必宗宋。然學唐而得其皮毛，學宋而流於迂腐，似覺無味，而流弊甚大矣。」又云：「聖門四科兼收，而宋人只曉德行一科，此人材所以廢敗也。」此外，無非記與友朋往返，及尋山問水、訪美論詩而已。所到之處，大家閨閫以及風塵中人，各有品評。乃至於慈溪縣中，偕牙役至管押處看所押之二妓，則未免太不自重矣。又載：「劉霞裳妻曹氏，臉盤好，眉目秀，惜肌膚非玉雪，手爪欠青葱，只算六七分。」以門生之婦，而評騭至此，亦殊太褻。後與劉霞裳有隙，亦因此。余於隨園詩文，初不甚菲薄，然觀此等事，不能不爲先生惜。率題數絶句而歸之，詩亦不存於集，聊記於此。詩云：「雜鈔朋舊數篇詩，詳記筵前花幾枝。到老愛才兼愛色，八旬人似少年時。友朋投贈見情深，此老能存坦白心。記載分明無諱飾，幾般禮物幾封金。日日舟窗幾局棋，輸贏幾子必書之。忽然大怒因棋負，趣筆兼傳一扣兒。術士江湖不是仙，每因文士得流傳。許公九十一年壽，拆字先生陸在田。垂老年華至性存，殷殷不忘故人孫。途中持贈無多物，報答當年薦館恩。天生原是不羈才，未免難將禮法該。可笑笯鸞囚鳳處，先生亦爲看花來。斜斜整整不成行，更有捉刀人在旁。此是歐公于役志，不論工拙盡文章。」

隨園游記中有可佐談助者，聊記數條：在運臺衙門，見金蛙將軍，初見色紅，少頃變淡緑，雙目直視，足似馬蹄。　房主人王公，説千人共見三鬼甚奇，見鬼於紅河橋上，時七月十六。是杭州事，紅河橋或即横河橋音誤。　山舟説黃百穀成神事，並令還願者，到大路上候俞鵬老爺，以所獻神者轉獻之。

二月十六甚暖，幾欲穿紗。十七大雨雪，著兩件大毛猶覺其寒。乙卯年事。　三世兄説，鑼鼓可愈瘧。當是溧陽史氏子。　文靖公拔母簪下場，書辦之子勸之，乃取關節而去。　主考有意中人卷放褥下，千尋不得。急欲得人，書辦竟以文靖卷呈上，遂中，且聯捷。中尚有記不清處，當作字鵬姑問之。此條語不甚明，所云文靖乃乾隆朝大學士史貽直。　惠山見没臉之乞丐，真混沌也。一歪洞爲口，家有千金。　吕滌圃送嘆吉利人歸，即患病。口稱十月十三日，要往海外作和尚。　錢雲起説：印工每甲二百張太史紙，計錢二分左右，墨在外；排工每甲六七釐，外加飯錢，至多一分一甲。太史紙一塊，時價三兩二錢。　福建汪潮進士，歸班知縣，能食磁盤。春圃遇於席間，即以五寸盆一隻嚼而啖之。一熱茶時已盡，并云好喫。　出奉化北門，抵雪竇山。雪堂和尚出上通禪師小像，云是唐黃巢也。　秦運臺云：在陝西見李闖之先鋒李赤足，年已百外，面如樹皮。問以養生之術，答曰：「人之生死，猶孩童放紙鳶，放之則長生，收之則立死。我得享年，譬如斷綫風箏，隨風而去，放者不知也。」

許氏長外孫女三多，自幼不讀書。十齡外，讀蘅塘退士所選《唐詩三百首》，止讀其半，然其後喜觀人詩集。不數年，居然能詩矣。于歸後，爲其壻捉刀，作試帖詩甚工。壻孝亮，字詠蓼，王可莊殿撰猶子。女子能詩者多，能爲試帖詩者頗少。因録二首：「重簾不捲留香久」得簾字，詩云：「久悟閒中趣，焚香讀易兼。欲教留一炷，不使捲重簾。雞舌薰徐裊，蝦鬚隔漫嫌。濃收銀押底，清逗玉鉤尖。繡箔低還護，羅衣薄更添。燕歸人悄悄，鴨睡篆纖纖。馥爇堪驅蠹，光涵未透蟾。御爐烟惹袖，佳句放翁拈。」又「卓犖觀群書」得書字，詩云：「獨具超群志，欣觀萬卷書。人真稱卓犖，時亦愛居諸。挾藻奇才横，探源蓄念攄。每從攤簡後，追溯結繩初。放眼空千古，羅胸富五車。誤能思虎豕，注定陋蟲魚。執筆删蕪穢，開編恣獵漁。喜逢文治盛，珥筆侍丹除。」

余作《鏡屏串月歌》，同年嚴緇生辰讀而喜之。詳問其法，余又賦一絶示之曰：「金波蕩漾太玲瓏，竟與牟尼一串同。若問如何成此景，只緣斜射鏡屏中。」蓋月光斜射鏡中，自然成串，無他巧也。緇生試之而驗，大喜。乃作《串月弟子詞》見示，曰：「曲園先生天下師，師其經學兼文詞。曲園先生亦我師，師其串月一事奇。中秋串月石湖畔，萬人空巷夸吴兒。越人但識三橋印，那能一串如牟尼。先生高坐曲園内，獨出新法思匪夷。鏡無大小可納月，横串側串無不宜。何必石湖遠跋涉，凡月到處皆可爲。示我一篇串月歌，不覺欣羡情爲移。先生所學學不到，此事卻可顰效施。願叩其詳幸指示，每逢月望輒效之。果然明月不私照，鏡中得月無賢蚩。一個嫦娥化無數，宛如有意相娱嬉。仰視天心仍一月，東坡化百復在兹。贏得兒童競狂叫，破鏡掬取惟恐遲。相比春在堂前月，沆瀣一氣無參差。串月我堪稱弟子，問以他學無所知。經學尤爲門外漢，聊因問月一送難。春秋二百四十年，不記月食義何在。離坎分宫非日月，似與雷風不相貫。一月壬辰旁死魄，誰定武成從後案。如月之恒平讀去，詩有古音例何耳，何必五經肉貫弗。文詞説月多異名，請與先生約略評。烘雲托月畫家訣，吟風弄月詩家情。踏月只須安步去，載月不過泛水行。翦月未免涉荒誕，拜月不難通精誠。誰能跳月學苗獠，安得游月偕仙靈。吕錡射月固夢寐，吴剛修月亦杳冥。文士詞人古不少，隨月待月皆平平。太白捉月最奇事，捉之不獲空騎鯨。先生創此串月法，捉一得十驕長庚。大神通作小游戲，想因年老將成精。願月長圓人常在，先生弟子同長生。串月既宜驥尾附，談文可許龍門登。若把此詞傳唱出，定知私淑遍寰瀛。」此詞才氣横溢，想見其年老而興豪矣。緇生欲附入余詩集中，而余詩已刊，因録存《隨筆》中，庶不負其意也。

《熊襄愍公集》有《壬戌寄示珪、璧、琮三男》五言古詩一首〔一〕，凡二千零十字，計二百零一韻，叙遼事始末甚悉。通體用七陽韻，而雜以他韻字，自注音切，有與古音合者，亦有不合者，不知遵用何韻也。此公生於陳第之後，殆已知有古音之説，聞其略，未得其精乎？今録其字於後，亦聊廣見聞耳。

楹叶羊	嗚謀羊切	明叶茫	雄損江切	庭徒陽切
垠叶姜	并叶邦	征叶章	横叶黄	萌叶芒
朋叶旁	攻叶光	窮叶狂	誠叶長	衡叶杭
工叶光	輕叶張	驚叶姜	停特江切	空叶康
冥叶龐	名叶龐	聲叶商	兵叶邦	營叶洋
偵叶商	情叶牆	墉叶陽	衝叶昌	攖叶央
撑抽剛切	生叶商	同叶唐	珍叶章	庚叶岡

〔一〕熊，原刻作「態」，此指態廷弼之作，據文義改。

怦普岡切　廷徒陽切　鋒叶方　擎叶祥　成叶常
沖如羊切　興叶香　慶叶羌　迎叶邦　精叶姜
神成江切　中叶汪　紛叶方　卿叶康　城叶常
京叶姜　聽通江切　令叶良　餞叶長　承叶郎
傾叶匡　東叶當　争叶長　庸叶羊　甯叶良
平袍羊切　功叶光　程叶長　龍叶芒　乘山宗切
崩叶邦　貞叶章　亭叶唐　憑叶良　從叶床
形叶光　逢叶旁　彭叶旁　丁刀江切　銘叶昌

此七十五字中，餞字最爲可異。乘音山宗切，仍不能入陽韵。或刻本有誤也。

九九銷夏録

目録

前言

一、關于書名及成書緣由

晚清俞樾（一八二一—一九〇七）留有《九九銷夏録》十四卷，爲其讀《易》《詩》《四書》及考證古代典制、雜事的札記。這裏參考前人研究成果，對該書書名及成書緣由、主要内容與價值、版本傳承與本書整理情況做必要的説明。

人們通常所説的九九，指冬九九，是一種漢族民間節氣。數九計日，從冬至算起，每九天算一「九」，一直數到九「九」，九爲極數，是最大、最多、最長久的概念，九個九即八十一便是「最大不過」之數，漢族人認爲過了冬至日的九九八十一日，「九盡桃花開」，春天就到了。梁代宗懔《荆楚歲時記》中記載：「俗用冬至日數及九九八十一日，爲寒盡。」而古代將夏至後的八十一天也稱爲九九，即俞樾「九九銷夏」的「九九」。數九習俗起源於何時，現在没有確切的資料。與「數九」相關聯的九九表、九九歌之類，由傳世典籍及考古發現可以證明，遠在春秋戰國時代，就已經被人們廣泛使用。如《管子・輕重戊》：「虙戲（伏羲）作，造六峜，以迎陰陽，作九九之數以合天道，而天下化之。」《韓詩外傳》卷三云：「齊桓公設庭燎，爲便人欲造見者。期年，而士不至。於是東野鄙人有以九九之術見者。」數九反映着天氣變化的時間活動，同時衍生的「九九消寒圖」「銷夏録」等也是「熬冬」「銷夏」智力活動。

文人好雅趣，喜把玩金石，觀賞書畫，消遣苦夏之餘，將有關記述、考證、品藻之作題爲「消夏」「銷夏」，如高士奇《江村銷夏録》、孫承澤《庚子銷夏記》、吴榮光《辛丑消夏記》、端方《壬寅消夏録》。詩人是不會讓「消夏」成爲書畫界的專用名目的，詩題除「納凉」「避暑」外，也有明張居正《奉和玉娘消夏詩五首》、清袁枚《消夏詩》、潘祖蔭《消夏六詠》等，徑以「消夏」入題。

作爲學者的俞樾，一八九二年夏日在蘇州。該地夏日的生活情况，蘇州文士顧禄寫於嘉慶二十三年（一八一八）的《清嘉録》卷六中記載：「土人置窨冰，街坊擔賣，謂之『凉冰』，或雜以楊梅、桃子、花紅之屬，俗呼『冰楊梅』『冰桃子』。鮮魚肆以之護魚，謂之『冰鮮』。」並引蔡雲《吴歈》詩云：「初庚梅斷忽三庚，九九難消暑氣蒸。何事伏天錢好賺，擔夫揮汗賣凉冰。」俞樾當有「九九難消暑氣蒸」的同感吧，自序説：「壬辰夏日，余在吴下，杜門不出，惟以書籍自娱。漁獵所得則録之，意有所觸亦録之……不足言著書，聊以遣日而已，故題曰《九九銷夏録》。曰

『九九』者，以夏至後亦有九九之俗語也。」

蘇州還有銷夏灣，據宋范成大《吴郡志》卷十八記載：「銷夏灣，在太湖洞庭西山之趾山，十餘里繞之。舊傳吴王避暑處。周迴湖水一灣，水色澄徹，寒光逼人，真可銷夏也。」而唐陸龜蒙有《消夏灣》詩詠之，云：「遺名復避世，銷夏還銷憂。」范成大《銷夏灣》詩：「蓼磯楓渚故離宫，一曲清漣九里宫。縱有暑光無著處，青山環水水浮空。」可見有「避暑銷夏」與「避世銷憂」的雙重含義。俞樾因故革職後，居蘇州潛心著述，正是古時吴縣轄地，所取此書名不知是巧合還是有意照應古跡，而又恰符其避世銷憂之想。

二、主要内容與價值

該書十四卷，與《群經平議》《諸子平議》及《諸子平議補録》等一樣，著眼點仍爲正音讀、通訓詁、考制度和明古義，前三卷集中於《易》《詩》《四書》等書，後各卷則内容廣泛。如各卷涉及多種典籍、典章制度、琴棋書畫、文房四寶、漢瓦京磚、文人軼事等，由「字大宜老」「世説諸書」「雜論志例」「父子書集同名」「僞撰古人詩文」「集字」「集句」「諧音格」「神妙能逸」「説夢」「漢瓦」「京磚」等篇名，可知其廣博。

談文事，説歷史，記當下，聚焦點，議論風發。俞氏本人對通俗文學高度重視，曾改《三俠五義》爲《七俠五義》，又對通俗小説進行作者和本事考證，卷十二《平話》一條可能是有關宋元平話最早的考據之一。卷八「百詠」對百詠詩廣狹義的概括，至爲精當。中國的「南北」問題，爲學術上一重大的議題，古今學者多有論述。劉義慶《世説新語·文學》有：「褚季野語孫安國云：『北人學問，淵綜廣博。』孫答曰：『南人學問，清通簡要。』」本書卷十四亦有《南北》篇討論之。前有較爲系統的論述，關于南北不同之原因，曲園寫道：「愚嘗謂，南條之水江爲大，北條之水河爲大。西北之地，皆河所環抱，故三代建都皆在河北；東南之地，皆江所環抱，故荆楚之强，自三代至今未艾。南北之分，實江河大勢使然也。」是以水爲其主因。

書中多有校讀儒家典籍以外如道家、墨家、法家、陰陽家，乃至道教、佛教書籍的記載，讀書既雜，或有未周之處。主廢中醫，今人多以其爲主廢中醫之第一人。俞氏所論當否，今日仍應進一步研討。

三、版本傳承與整理概况

此書除《春在堂全書》本外，新整理本最爲通行的是中華書局版崔高維點校本。該整理本有首創之功。薛正興先生倡議整理《俞樾全集》，以《九九銷夏録》爲嘗試，以測知整理工作的難易及可以提升的空間，先後撰寫了《九九銷夏録》《點校本斷句標點疑誤舉例》《點校本專名號討論》《點校本誤字脱字舉例》等文，主要部分爲本整理本所吸收。本次整理標點，以光緒二十五年版《春在堂全書》重訂本中的《九九銷夏録》爲底本，參校新整理本及薛正興先生的校補文章，查核引文等，做了少量校勘記，而對個別排版訛誤或出校訂正、或徑行改正。特别説明的是，本次整理參考了中華書局崔高維先生點校本，并大量吸收了薛正興先生的校補成果，兩位先生有導夫先路和修正完善之功，責任編輯王淳航博士認真校讀，一併謹此鳴謝！

王華寶

二〇一六年十月

序目

壬辰夏日，余在吴下，杜門不出，惟以書籍自娱。漁獵所得則録之，意有所觸亦録之，雖白鳥營營勿顧也。秋初編纂，遂成一十四卷。不足言著書，聊以遣日而已，故題曰《九九銷夏録》。曰「九九」者，以夏至後亦有九九之俗語也。八九老人曲園居士書。

第一卷

〔一〕說，原無，據正文補。

〔一〕　姓名，正文作「名姓」。

第十卷

〔一〕詔旨，原作「詔書」，據正文改。

〔一〕 小學，原無，據正文補。

第十二卷

〔二〕 端硯，正文作「端石」。

斗木獬

九天玄女課〔一〕

尺算

三教

三乘之名應歸道家

釋氏入中國

西洋人至中國

禦火器之法

西人水法

瓢泉

洛如花

桂花三種

〔一〕玄，原作「元」，避諱字，今改。下同。

九九銷夏録卷一

論《易》分上下經

《周易》分上經下經，古説以陰陽爲説，雖托之孔子，非確論也。朱子謂：「簡帙重大，故分爲上下二篇。」明蔡清著《易經蒙引》則云：「六十四卦，何以不三十二卦爲上經，三十二卦爲下經，而乃上經三十卦、下經三十四卦乎？」是朱子但謂以簡帙分者，於義未密。元蕭漢中著《讀易考原》，以《乾》《坤》《坎》《離》居四正，爲上經之主卦；《兑》《艮》《巽》《震》居四隅，爲下經之主卦。發明上經三十卦、下經三十四卦多寡分合之不可易，其説甚辨。然其所云四正、四隅，則據邵子先天卦位，未足與言古義也。明張納陛著《易學飲河》，以《咸》《恒》二卦移附《坎》《離》二卦之末，殊爲妄作。

國朝應撝謙著《周易集解》，謂上經三十卦、下經三十四卦，多寡不均，乃創爲上下經各三十六卦往來之圖，一往一來共成七十二卦，更支離不可詰矣。《後書・荀爽傳》「上經首《乾》《坤》，下經首《咸》《恒》。」吴仁傑《刊誤》云：「王昭素謂《序卦》離者，麗也。諸本此下更有『麗必有所感，故受之以《咸》。咸者感也』凡十四字。晁以道《古易》取此三句增入正文。後之説《易》者，因謂上下經可不分。」明朱謀㙔《周易象通》合上下經而一之，其説本此。然「離者麗也」，與「有天地然後有萬物」云云實不相蒙。王、晁之説，徒滋異端而已。

國朝吴隆元著《易宫》一書，以不反對之卦爲錯，反對之卦爲綜。錯者一卦自爲一宫，綜者兩卦合爲一宫。上經三十卦，不反對者六，合之爲十八宫。下篇三十四卦，不反對者二，合之亦十八宫。總二篇分配之數，適符邵子三十六宫之義，故以名書。此説也雖拘於邵子三十六宫之説，然其數密合。考錯綜之説，本於來知德而實發於《麻衣易》之卦位圖。《麻衣易》雖戴師道所僞造，此圖則非戴所能僞也。《書録解題》謂：「麻衣道者授希夷先生。」然則此圖與先天圖同出道家，而先天圖不過爐火之術，卦位圖乃《易》上下篇之所由分也。後人信先天圖，不信此圖，傎矣。理不可信，則象陰象陽之説托之孔子者可以不取；理有可信，則此卦位圖雖流入道家，恐轉是孔門舊説也。

《易》學多雜

《周易》一經，廣大悉備。諸家推闡，各憑臆見。非如説《禮》之必有依據、不能鑿空者，故其説愈多而亦愈雜。如以天文説《易》：「履霜堅冰」，「日中見斗」，經固有之也。而其極也，則有如林光世之《水村易鏡》，六十四卦各以星配之者矣。以地理説《易》，如「自我西郊」，「享於岐山」，經固有之也。而其極也，則有如陳圖之《周易起元》，以名山大川分配六十四卦者矣。以人事説《易》，如「高宗伐鬼方」，「帝乙歸妹」，經固有之也。而其極也，則有如林允昌之《易史象解》，每一卦爲一解，各以史事配之者矣。歐陽疑《繫辭》非孔子作，已不免立論太輕。乃如鄧夢文之《八卦餘生》，則於《繫辭傳》句句駮詰，其見似高出孔子上矣。郭京《周易舉正》本不甚可據，乃如楊時喬之《周易古今文全書》，則竄改經文，如「旁行而不流」下，加「正行而不泥」一句，竟不知其何所本矣。《河圖》《洛書》相傳，陳邵之圖本屬《易》外别傳，乃如朱謀㙔之《周易象通》，則别有所謂《河圖》者四。言三代以下，世藏秘府，至宋徽宗始考古而搜出之。則僞圖書之外，又有此僞圖書，大可駭異矣。《連山》《歸藏》，《漢志》已不著録。後世僞出之書本不足信，乃如唐樞以《連山》爲文王圖，《歸藏》爲伏羲圖，更爲無稽。又如朱天麟《易鼎三然》，溯《周易》之旨，則曰「庖然」；發《歸藏》之義，則曰「漱然」；闡《連山》之藴，則曰「飶然」。其説尤怪誕而不可詰矣。夫言《易》者不外乎象與數與理，然如徐體乾之《周易不我解》，以《乾》《坤》六龍爲龍星，以《坤》爲牛爲犧牛星。此言象而泥者也。如梅鷟之《古易考原》，謂大衍之數當九十有九，以五十數爲體，以四十九數爲用。此言數而鑿者也。如劉定之之《易經圖釋》，其釋大象，以《大學》三綱領、八條目爲綱，而以經文相類者分配其下。此言理而膚者也。烏呼，不有本朝諸大儒出，安能掃《易》學之榛蕪而上溯田何以來之古義乎！

元儒説《易》有極正者

自朱子作《周易本義》，從陳、邵之説，而伏羲先天、文王後天，至今牢不可破。乃元儒説《易》，則已有辨正之者。元錢義方《周易圖説》，雖亦循用陳摶以來舊圖，然謂孟喜本《易稽緯圖》[一]推《離》《坎》《震》《兑》各主一方爲有圖之始，是古《易》固無圖也。又謂陳摶始本《易》有太極、兩儀、四象、八卦爲横圓大小四圖，是圖創於陳摶，非伏羲畫卦時有之也。其説正矣。陳應潤作《周易爻變義藴》，謂先天諸圖乃《參同》鑪火之説，非《易》本旨。「帝出乎《震》」一節，爲八卦正位；「天地定位」一節，爲八卦相錯之用。文王演《易》必不顛倒伏羲之文，則並舉陳、邵之説掃而空之。其説更正。我朝自吾邑胡氏著《易圖明辨》後，《易》學榛蕪固已浄盡，然推原廓清之始，此兩家不爲無功。學者於錢氏之説不可不知，陳氏之書尤不可讀也。

爻畫

宋吴仁傑作《費氏古易》，六爻各有爻畫，既有初九、初六之文，又有奇畫、偶畫之爻。朱子所以譏其重複也。明華兆登作《周易古本》，則用爻畫而盡删初九、初六之文。世皆以爲怪，愚謂《繫辭傳》引經文云「初六，藉用白茅，无咎」，則孔門所傳之本自有初九、初六之文，《費氏古

[一]《易稽緯圖》，《四庫全書總目·經部·易類四》作《易緯稽覽圖》，可參。

易》不容無之。既有此文，不必又有此畫。吴氏所作，誠不免疊牀架屋之譏。至孔子以前，則有無此文，固無可考。《左傳》引《易》從無及初九、初六者。宣七年〔一〕《傳》「《豐》之《離》」，不曰《豐》上六。宣十年〔二〕《傳》「《師》之《臨》」，不曰《師》初六。昭二十九年《傳》遍引《乾》爻曰：「在《乾》之《姤》曰」，「其《同人》」、「其《大有》」、「其《夬》」、「其《坤》曰」、「《坤》之《剥》」。使當日已有初九、初六之文，豈不徑捷，何必迂回其辭而以卦變言乎？故愚謂初九、初六之文，皆孔子所加，古《易》所無。兆登既作《周易古本》，則删初九、初六之文而用卦畫，雖出其無稽之臆見，然韓宣子在魯所觀《易象》，或本如此，未可知也。

國朝李文炤著《周易本義拾遺》，於爻辭之首，冠以本卦六畫。而以所值之爻陽作○，陰作乂，以别之。是則卜肆摇錢之伎倆矣。

畫卦者必自下而上，故有初爻，有上爻。楊子《大玄經》亦有初一、上九之文，準《易》也。爻畫尚可妄加，爻位不可擅易。國朝張沐著《周易疏略》，改爲先上後下，則《兑卦》當云初六、

〔一〕　宣七年，應爲「宣六年」，見《十三經注疏》本《左傳》，俞氏誤記。
〔二〕　宣十年，應爲「宣十二年」，見《十三經注疏》本《左傳》，俞氏誤記。

下九，《巽卦》當云初九、下六矣。何其傎歟。

先天後天異説

自陳、邵之説興而《易》有先天之卦，有後天之卦，爲近時言《易》之儒所不道。然先天卦位本「天地定位」一節，後天卦位本「帝出乎《震》」一節，各有據依。且「帝出乎《震》」一節，乃自古相傳八卦之定位，未有能易之者也。明黄端伯著《易疏》五卷，先天圖《震》《巽》互易，後天圖《乾》《艮》互易。《震》《巽》互易，尚不背乎雷風相薄之義。若《乾》《艮》互易，則《説卦傳》明言：「《乾》，西北之卦。」「《艮》，東北之卦。」豈可妄爲移易乎。

明朱朝瑛著《讀易略記》，所言先天後天，又不主邵子之説。以一索再索之序爲先天，對卦化氣爲後天，其説尚似有理。明賀泩撰《圖卦億言》，以《河圖》爲先天，《洛書》爲後天，則以《圖》《書》分先後天，更無謂矣。

以人事說《易》

干寶說《乾》《坤》二卦，以殷周事爲證。此以人事說《易》之始。宋儒李光有《讀易詳說》，楊萬里有《誠齋易傳》，李杞有《周易詳解》，皆徵引史事以證明經義，其學蓋有所自來。然「箕子以之」，「文王以之」，孔子贊《易》，自有此例。又推而上之，如「高宗伐鬼方」，「帝乙歸妹」，文、周之辭已開其端矣。以此爲《易》之一義則可，必事事比附，或失之鑿矣。往時馮竹儒觀察曾勸余著此一書，余謝未能也。

鄭氏說《乾》之用九曰：「爻皆體《乾》，群龍之象。舜既受禪，禹與稷、契、咎繇之屬並在朝。」又說《隨》初九曰：「昔舜慎徽五典，五典克從。納于百揆，百揆時序，賓于四門，四門穆穆。」是其義也。然則以人事說《易》，鄭君亦有之。國朝申爾先著《易家援古》一書〔一〕，援古事

〔一〕申爾先，《四庫全書總目・經部・易類存目四》作「申爾宣」；易家援古，《四庫全書總目・經部・易類存目四》作「易象援古」。二處似宜據正。

以證《易》理，謂程《傳》引古釋經六十餘條，朱子《本義》引古釋經者亦四十餘條，故取三百八十四爻，每爻隸以一事。是此書已有爲之者矣。國朝錢偲著《周易緯史》，謂《屯》六二如曹操待壽亭侯，《需》上六如劉備桃園結義。引《演義》以説經，此則可爲笑柄也。

《周易義海》《義叢》等書

唐李鼎祚合漢後三十五家之説而成《周易集解》，其意在刊輔嗣之野文，補康成之逸象，蓋以象數爲主者也。宋房審權集百家之説，上起鄭氏，下迄王安石，爲《周易義海》，其意在斥去雜學，專明人事，蓋以義理爲主者也。此兩書皆古今説《易》之淵藪。或謂《義海》不及《集解》，然孔子贊《易》，多言人事，少言象數，則不得愛古而薄今矣。李鼎祚之書至今俱在，而房氏之書則《宋史・藝文志》已不著録，賴有李彦平衡削其繁複，成《周易義海撮要》十二卷，至今存焉。《集解》與《撮要》皆出李氏。兩李氏可謂於《周易》有功矣。明葉良佩又著《周易義叢》十六卷，採輯古今《易》説，自《子夏傳》迄元龍仁夫，凡一百七十七家，蓋亦繼《義海》而作者。

元李簡著《學易記》九卷，採輯《子夏易傳》以下，迄張特立、劉肅之説凡六十四家，一一各標其姓氏，其集數人之説爲一條者，則注曰「兼采某某」。是亦《義海》《義叢》之流。明孫維明著《易學統》。此集惟採輯宋元以來諸説，古義無聞焉，謂之統，此妄矣。

宋王與之撰《周禮訂義》，採舊説自杜子春以下凡五十一家。衛湜撰《禮記集説》，採鄭康成以下凡一百四十四家。按，《易》學廣大，無所不包。《禮》學閎深，諸儒聚訟。此等書皆彙集舊説，使學者得擇善而從，固經義之淵藪也。

説《易》書名多不典

自宋以來，説《易》之書，浩如烟海。如明蘇濬之《周易冥冥篇》，耿橘之《周易鐵笛子》，一聞其名，即知非説經之正軌。若南宋徐氏失其名。之《易傳燈》，似取義於釋家，而其書實不涉禪機。明顧懋樊之《桂林點易丹》，似取義於道家，而其書實不談鑪鼎，不知何所取義而爲此名。即其命名之不典，知其經義之必疏矣。

以韵語説《易》

坊間所行朱子《本義》，首列卦歌，致爲陋劣，古本無是也。唐史徵《周易口訣》，乃宋倪天隱《周易口義》之類，取其便於解説，初非歌訣也。明方時化著《周易頌》二卷，每卷九十頌，中間有一卦一頌者，有兩卦一頌者。時化本以禪學説《易》，其所作頌語，蓋仿佛經之偈語耳。又有《射易淡詠》一書，亦明人所作，作者姓名無考。其書每卦之末各系以五言古詩一首，爲從來説經者所未有。國朝徐世沐著《周易惜陰詩集》，取《周易》中字義，分題賦詠，或爲四言贊，或爲五言七言詩，凡一千餘首。此則直可謂之詩集，而非經説矣。最奇者，國朝陳圖所著《周易起元》，於「見龍在田」傳下系以詩云：「慾海茫茫不計深，其中灼灼産黄金。」則竟似《悟真篇》中語矣。

引韓詩説《易》

顧亭林《日知録》引杜詩「雲帆轉遼海」爲海運之證，此所謂「誦詩聞國政」者也。明舒芬引韓詩「賢愚同一初」及「三十骨骼成，乃一龍一豬」以説《乾》初九「潛龍勿用」，謂用則變而之《姤》。此説非經義。且昌黎作詩時，亦初無此意，然殊有巧思。《乾》初九曰「潛龍」，《姤》初六曰「羸豕」。若《乾》初變而之《姤》，則「潛龍」變爲「羸豕」矣。是不用爲龍者，用之爲豕也。所謂一龍一豬，與兩爻之辭巧合。匡鼎説詩解頤，此亦《易》説之解人頤者。

説《易》穢褻

國朝劉琯著《大易闡微録》言：「人之生蝨，人止一個，而所生之蝨，個個有對。」又謂：「男女雖是二個，合來仍是一個。故男鰥女寡，俗稱半個人。」此等褻語，何可説經。

國朝郁文初著《周易郁溪記》，解「需于血，出自穴」云：「《乾》者，精氣之極，而血脈之生，通之中行，《需》是已。《坤》者，血脈之極，而精氣之生，通之中行，《晉》是已。其自穴者，謂人自有生以來，耳穴已通。而今則天地通，水自穴中出也。」按，此解「穴」字，竟從《説文》也。字之義不獨失之穿鑿，亦褻聖經矣。

説《易》纖巧

明董悦著《易發》，有《黄鸝河洛徵》一篇，謂黄鸝一聲，即《河洛》之全機大用。錢彰曾著《易參》，謂《乾》爲四月之卦，猶未分龍，雨未時行，故曰「潛龍」。明人説《易》纖巧至此。

明人言《易》多涉禪機

《易》之流於讖緯也，京房之徒爲之也；《易》之流於鑪鼎也，魏伯陽之徒爲之也。然此皆不過《易》之支流而無害《易》之大義。自魏王弼之《易》行，以老莊説《易》，則有近似亂真之患，然其失猶未甚也。至宋楊簡之《慈湖易解》，王宗傳之《童溪易傳》，始高談心性，遁而至於禪學。有明一代，喜言心學，此派盛行，如方時化有書六種，曰《易引》，曰《易頌》，曰《學易述談》，曰《易指要繹》，曰《易疑》，曰《易通》，皆以禪理説《易》。黄芹著《易圖識漏》，爲圖二十有八，而終之以心學圖。蘇濬解「潛龍勿用」爲心之寂然不動，解「大明終始」爲心之靈明不爽，見所著

《冥冥篇》。鄭圭解「閑邪存誠」曰：「心者，人中龍也。其剛明不息，渾然《乾》也。著一物則不化，著一念則不神。」見所著《易臆》。皆禪理也。黄正憲《易象管窺》以西方聖人、北方聖人並言。董説《易發飛龍訓篇》引《圓覺》《道德》二經爲證，謂堯、舜、周、孔、釋迦、老子皆以飛龍洽萬世。蓋《易》學至此，而流失敗壞極矣。然王弼、韓康伯不能逃作俑之誅。

國朝周漁著《加年堂講易》，其解「見群龍無首」曰：「《乾》卦以龍喻性，見群龍無首，言見性而實無所見。要之，性亦强名，見亦落見，故增此以掃六爻名象之迹。」此真禪學矣。明姚應仁撰《大學中庸讀》二卷，每引佛經爲解，如云「蜜多者，瑟也。金剛不壞者，僩也。枝枝葉葉光明者，赫喧也」。是則禪學無所不通，非止可以談《易》。

國朝邵嗣堯著《四書初學易知録》，解「於我如浮雲」云：「不特不義之富貴如浮雲，即義中之富貴亦如浮雲；不特富貴如浮雲，即我亦浮雲。」雖語涉禪門，而其語亦殊可喜。然必有不浮雲之我，而後可浮雲其我，邵氏未見及乎？

移《易》義説他經

《太極圖》出於宋儒，古無有也。入之《周易》，已覺無謂。宋胡士行撰《尚書詳解》，於《洪範》「初一曰五行」，補繪《太極圖》以釋「初」字，見五行生克之有本。則並以《太極圖》入《尚書》，更無謂矣。初者，對次而言，豈《太極圖》之謂乎？

明黄道周撰《洪範明義》，其解「八政」，以食配《坤》，以貨配《巽》，以祀配《離》，以司空配《兑》，以司徒配《艮》，以司寇配《坎》，以賓配《震》，以師配《乾》。牽合八卦，更附會無理。

明喬中和著《圖書衍實》，《四書》講義也。凡《四書》所言，皆以五行八卦配合之。以《大學》「明德」爲火，「新民」爲水，「至善」爲土，尤不可解。

國朝童能靈更以《河圖》配《大學》，以中數三五配《大學》三綱領，外八數配八條目。一二三四爲「明明德」之條目，六七八九爲「新民」之條目。其説更穿鑿不經。

九九銷夏録卷二

《洪範》分經傳

朱子作《大學章句》，分别經傳，此自有見。而後之尚古者，猶不甚以其説爲然。若《洪範》一篇，更何經傳之可分。而宋賀成大、元胡一中均以己意定其爲經、爲傳。胡書猶自云「定正賀書，則托之古本」。可謂嚮壁虚造矣。賀書以「五行：一曰水」至「五曰土」爲禹之經，「水曰潤下」至「稼穡作甘」爲箕子之傳。五事以「一曰貌」至「五曰思」爲經，「貌曰恭」至「睿作聖」爲傳。五紀以「一曰歲」至「五曰曆數」爲經，「王省惟歲」至「則以風雨」爲傳。三德以「一曰正直」至「三曰柔克」爲經，「平康正直」至「高明柔克」爲傳。庶徵以「曰雨」至「曰時」爲經，以「五者來備」至「恒風若」爲傳。使通篇皆如此，固亦可以自成其説。無如八政之八曰師，五福之五曰考終命，六極之六曰弱，此下更無一語，則不得不移易其近似之語，以爲之傳。而五皇極、七稽疑更無可以爲經者，則又不得不割裂而以意分之，所謂心勞而日拙者也。胡氏之書，支離更甚，至改「而康而色」爲「而康而寧」，以合其顛到湊泊之説。此乃無忌憚之尤者矣。

《詩》序諸家説

鄭康成以《小序》是子夏、毛公合作。「《關雎》，后妃之德也」一句，子夏作。「風之始也」至「用之邦國焉」，毛公作。推之他《序》，無不同此。鄭君有定論矣。唐成伯璵著《毛詩指説》，定《詩序》首句子夏所作，其下爲毛萇所續。實即鄭君舊説，非伯璵創説也。《後漢書・儒林傳》以爲衛宏受學謝曼卿作《詩序》，於是始有衛宏之説。《隋書・經籍志》以爲子夏所創，毛公、衛宏潤益之，則本鄭説而增入衛宏。及宋蘇轍作《詩集傳》，則疑爲衛宏之所集録，其説小異，然猶是漢以來之舊説。程子、王安石以爲非聖人不能作，則並以《詩序》爲孔子作矣。朱子之學本於程子，其初説《詩》，亦主《詩序》。呂東萊《家塾讀詩記》引朱氏曰即朱子也，其説皆宗《小序》。而其後變而從歐陽修、鄭樵、王質諸家之説，不用《小序》，故其作《讀詩紀序》稱少時淺陋之説，伯恭父誤有取焉。蓋悔其少作也。然《詩序》自不可廢。朱子之前有范處義作《詩補傳》，朱子之後有林岊作《毛詩講義》，皆篤信古説，不廢《詩序》，異乎武夷山下喫殘羹者矣。宋輔廣字漢卿，著《詩童子問》，謹守朱子之説，掊擊《詩序》。張端義《貴耳集》載陳善詩云：「見説平生輔漢卿，武夷山下喫殘羹。」蓋有諷意。

《詩》中人名

《詩》中人名，有於古無徵而後人以意説之若有可信者。如《召南·采蘋》篇「有齊季女」，何楷《詩經世本古義》以爲邑姜。其説云：「齊如字，太公之先所封國名。太公本齊後，故後仍封於齊。當文王時，太公以女邑姜妻武王，時太公年已老，則邑姜爲季女無疑。」並引《左傳》「濟澤之阿，行潦之蘋藻，季蘭尸之」爲證。濟澤固齊地也，則其説若可信矣。《鄭風·山有扶蘇》篇子都、子充，《隱十一年·左傳》「鄭大夫公孫閼字子都」，或即其人。明豐坊《魯詩世學》則云：「子都，公孫閼字。子充，瑕叔盈字。」考瑕叔盈與公孫閼並見《隱十一年》，是同時共事之人。《詩》以並言，頗亦有理。而名盈字子充，取充盈之義，合古人名字相應之例。則其説亦若可信矣。

《陳風·月出》篇「舒窈糾兮」，「舒懮受兮」，「舒夭紹兮」。《世本古義》以爲指夏徵舒。按，下《株林》章二言「夏南」，此章三言「舒」。不斥其母而言其子，詩人忠厚之意，頗可附會。《北風·燕燕》篇「仲氏任只」，國朝陸奎勳《陸堂詩學》以「任」爲其姓。按，《詩序》但言是莊姜送歸妾，並不言戴嬀。以爲戴嬀者，左氏説也。左氏晚出，不盡可據。例以「摯仲氏任」，似亦可從。至以《鼓鐘》篇爲刺穆王，而以淑人爲盛姬，微論與《序》不合，且《曹風·鳲鳩》篇亦有「淑人君子」之文，又何指乎？此曲説矣。

説《詩》近理

《摽梅》之詩「迨其吉兮」，「迨其今兮」，出於女子之口，究似非宜。雖詩人托詞，亦嫌措詞之未合也。宋戴溪《續吕氏讀詩記》，以爲父母擇壻之詞。則生而願爲之有家，固父母之心也。《溱洧》之詩「維士與女，伊其相謔，贈之以勺藥」。苟以爲淫奔者之詞，殊傷風化。國朝冉覲祖《詩經詳説》以爲夫婦偕遊之作，則亦名教中之樂地也，樂而不淫矣。凡此之類，雖非古訓，頗亦犂然有當於人心。

五倫風雅

余從前寓居石氏五柳園，其壁間有石刻王虚舟先生篆書《詩經》五章：一《鹿鳴》，二《凱風》，三《常棣》，四《關雎》，五《伐木》。題其前曰「五倫風雅」，篆法甚佳。亂後屋毁，此石亦不知所在矣。後觀明人阮鶚所撰《樂則》二卷，分五倫爲五門，取《詩經》數章以實之，乃知虚舟所書亦有本也。

鳥獸草木蟲魚

孔子言「多識於鳥獸草木之名」，不及蟲魚，乃屬詞之宜耳。吴陸璣作《毛詩草木鳥獸蟲魚疏》，補出蟲魚，於理允協，不得謂其溢於聖言之外也。明吴雨著《鳥獸草木考》二十卷，鳥考三卷，獸考三卷，蟲考二卷，鱗考一卷，草考四卷，穀考一卷，木考三卷，則於草木之中又分穀爲一種，而其名止題鳥獸草木，固無嫌乎不備也。惟又加天文考一卷，則不免有溢於聖言之外耳。國朝姚炳著《詩識名解》，竟以鳥獸草木分列四門，而不及蟲魚，此則泥乎聖言，轉失之固矣。

多識鳥獸草木之名，自是學《詩》之一事。然必如辨關雎之爲雕類，爲鳧類，鵻鴞之爲小鳥，爲怪鳥，則於《詩》義有關，非泛言博物也。乃後世談經喜於務博，明毛晉著《陸疏廣要》，於「鶴鳴於九皋」下，徵引及焦山《瘞鶴銘》。然則「良馬五之」，必且及八駿圖矣。明鍾惺《詩經圖史合考》，於《桃夭》篇引江淹《桃頌》及崑崙玉桃、王母桃、綏山桃諸故事。國朝陳大章《詩傳名物集覽》，於「鶉之奔奔」引「南方鶉火」，於「雞棲于塒」引《漢官儀》長鳴雞，徒費數典之功，何補説經之事。至「八鸞鏘鏘」非説鸞鳥，「龍旂央央」非説真龍，而明林兆珂《毛詩多識編》，國朝姚炳《詩識名解》，於此等處，亦詳徵博引，更爲泛濫。

鳥鳴嚶嚶作黄鸎解

《詩・伐木》篇「伐木丁丁，鳥鳴嚶嚶。出自幽谷，遷于喬木」。嚶嚶，鳥聲，非鳥名也。下云「相彼鳥兮」，《傳》《箋》並不以爲黄鳥。是以唐人「試鶯出谷詩」，李綽《尚書故實》譏其事無所出。然愚謂，此亦漢人舊説也。張平子《東京賦》云「雎鳩麗黄，關關嚶嚶」，此皆用《毛詩》語。關關字，詩屬雎鳩，則嚶嚶字，詩必避屬麗黄矣。《詩疏》引陸璣《疏》云：「黄鳥，黄鸝留也。幽州人謂之黄鸎。」則黄鸝留自有鸎名。蓋即以其聲名之，張平子既以嚶嚶屬麗黄，安知漢世説「鳥鳴嚶嚶」者不以鳥爲黄鳥乎？以其聲嚶嚶名之曰嚶，因變其字作鸎。《廣韻》「鶯，鳥羽文也」。鸎黄、鸎鸎與鶯有别，唐人詩題謂其誤鸎爲鶯可也，謂鶯出谷事無出，恐唐時古籍猶在，試官必有所本，即以《西京賦》爲證，亦一確據也。未可輕詆之矣。

梁昭明太子《姑洗三月啓》：「啼鸎出谷，争傳求友之音；翔蕋飛林，競散佳人之靨。」按：錦帶書語句卑弱，不類齊梁文體。謂非昭明所作可也，若謂昭明不應用鸎出谷事，是未讀《文選・西京賦》矣。

六官之屬各六十説

小宰掌官府之六屬，天、地、春、夏、秋、冬六官，其屬各六十。而今檢五官所屬，則皆有衍數，此俞庭椿諸人所以議割補《冬官》也。國朝毛奇齡著《周官問》，則以爲「其屬六十，乃據六卿本職之下所屬大夫士也。六卿各有長官，如後世所稱堂上官。除一卿二中大夫外，所屬有下大夫四人，上士八人，中士十六人，下士三十二人，合得六十人，略無闕溢」。愚謂此說本明李黼所撰《二禮集解》，言「太宰卿一人，至旅下士三十二人，凡六十三人，而府史胥徒不與焉。除太宰與府史胥徒，其餘六十二人，自宫正以下，凡中大夫，即此小宰中大夫也。凡下大夫，即此宰夫下大夫也。凡上、中、下士，即此上、中、下士也。非此六十二人之外，又有一項官也」。若如其說，則每一官合堂上官共六十三人，除堂上官則六十人。其餘無論分職多少，而皆即此項人，可無疑五官之有衍數矣。用意甚巧而立說亦圓，但王朝之官，無不兼攝，未免官少而事煩。且如中士止十六人，而以天官言之，所屬中士有百人，則雖使此十六人者奔走從事，而亦不暇給矣。是其說之不可通者也。竊以其說變通之，太宰八法有官屬有官聯，六官之屬各六十。此官屬也，自下大夫至下士是也。若天官自宫正以下、地官自鄉老以下，則是官聯也，非官屬也。且如鄉老二鄉則公一人，鄉大夫每鄉卿一人。本官在堂上者，位不過卿，豈得並公與卿而屬之。據此，則各官之分隸，五官者是聯而非屬明矣。又《春官・肆師》之職，首曰「掌立國祀之禮，以佐大宗伯」。末曰「如宗伯之禮」。曰佐曰如，則非其所屬又明矣。明乎此，則知所謂其屬六十者，固一定之數而無衍數，其餘各職，聽其衍溢，而不害乎六十之數。彼欲割屬冬官者，未見及此矣。

冬官不亡諸家説

宋俞庭椿創爲冬官不亡之説，以爲五官之屬六十不當有羨，其有羨者，皆冬官之屬誤入也。嗣是邱葵、吴澄皆宗其説，學者雖病其割裂經文，而其説終不能廢。乃明人柯尚遷著《周禮全經釋原》，則又宗庭椿而變其説，取遂人以下，分爲冬官。自遂人至旅下士，正六十人，以從六官各六十之數。按，遂人中大夫二人，遂師下大夫四人，上士八人，中士十有六人，旅下士三十有二人，共六十有二人，不得謂之正六十。且大司空與五官並列爲六，而所屬止遂人一職，何以爲冬官乎？六鄉六遂制本相仿。鄉師下大夫四人，上士八人，中士十有六人，旅下士三十有二人，與遂師以下其數相同，但少中大夫二人。蓋小司徒中大夫二人，即當遂人之中大夫二人也。六遂之官可爲冬官，六鄉之官豈不可爲冬官乎？其所見不及庭椿遠甚，而唐順之之徒皆深信之，何也？明郭正域〔一〕著《周禮完解》，則謂「陽分六官，以成歲序；陰省冬官，以法五行」。如其説，冬官可以不補。其説超超，更屬懸解矣。惟錢𡕡、李文炤諸家於五官之外，蒐輯古之官名，以補冬官之缺。此則以綱羅放佚之心爲拾補闕遺之事，猶爲可取。

以《春秋》爲數學

明瞿九思著《春秋以俟録》，以十二公配十二月，二百四十年配二十四氣，其説已不經，而數則適合。至黄道周著《春秋揆》，其説謂：「揆者，晷也，日南則其晷陰，日北則其晷陽。宣公之三年，景中也。僖公之十七年，而景乃南。襄公之十年，而景乃北。」其説更不可曉。又謂「《春秋》二百四十有二年，其三之，八十有一；兩之，一百二十。自文王受命之年，以至仲尼之殁，參之而得七，兩之而得五。文王以四千三百二十年爲春秋，仲尼以三千六百年爲春秋，五文王之春秋，有五文王者出。六仲尼之春秋，有六仲尼者出。十一大聖人行其二統，而天地爲

〔一〕郭正域，《四庫全書總目》著録爲「郝敬」。

再開闢」。此真以《春秋》爲《皇極經世》書矣。

《左傳》異説

經與子判然爲二，不能合也。國朝李集鳳著《春秋輯傳辨疑》，事多主左，義多主胡，並尊之曰左子、胡子。左氏於數千年後忽有左子之稱，良可怪矣。

國朝張沐著《春秋疏略》，以經文爲魯史，以《左傳》爲孔子所作。孔子尊魯史爲經，而凡不可爲經者，附録經左，謂之「左傳」。《左傳》二字得此創解，匪夷所思。

國朝又有許伯政著《春秋深》一書，則以《左傳》中叙而不斷者爲孔子所作。其「段不弟，故不言弟」之類，又如「君子曰」、「仲尼曰」等，則以爲左氏所加。是亦以《左傳》爲孔子作，但仍不没左氏之名，稍勝張沐之説，要皆無稽之見。《左傳》行世二千餘年，萬不料至近日，乃有此紛紜之説。大約後人習見朱子《綱目》自爲經自爲傳，疑孔子《春秋》亦復如是。此真所謂「妲己賜周公」，想當然也。

明王恕著《石渠意見》，以《左傳》爲子貢等所作，亦爲武斷。

九九銷夏録卷三

《四書》名次

宋錢時有《融堂四書管見》十三卷。凡《論語》十卷，《孝經》一卷，《大學》一卷，《中庸》一卷。按：此所謂《四書》，有《孝經》，無《孟子》，與朱子所定《四書》不同。今人罕知之矣。

朱子所定《四書》，本以《大學》《論語》《孟子》《中庸》爲次。明代科舉出題，以作者先後次之，遂移《中庸》於《孟子》之前。坊間刻本又以《大學》《中庸》篇葉無多，合爲一册，遂又移《中庸》於《論語》之前，益非其舊矣。然明桑拱陽撰《四書則》，先《大學》《中庸》，次《論語》《孟子》，已如今坊刻之次。

《大學》《中庸》次第

《禮記·中庸》第三十一，《大學》第四十二，則《中庸》原居《大學》之前。宋儒定《四書》，則以《大學》冠首，而《大學》反居《中庸》之前矣。明鄭鄤作《峚陽草堂説書》，則以《中庸》先《大學》，謂《中庸》以明德終，《大學》以明德始，《大學》實繼《中庸》而作也。此亦新説而非古義。

明譚貞默著《三經見聖編》云：「《論語》，子夏述也。《中庸》，子思繼《論語》而作也。《大學》即《中庸》之後小半也。《孟子》繼《中庸》而作也。《中庸》『天命之謂性』三句接《論語》知命章，明是釋詁《論語》。讀『予懷明德』，而《大學》之道『在明明德』，不膠自連。讀『國不以利爲利，以義爲利』，而《孟子》『何必曰利，亦有仁義』，不呼自應。今所謂《四書》，實三書也。」按：此等議論，穿鑿無理，然其意亦甚巧矣。

《論語》、《孟子》與《四書》並列

國朝黄虞稷著《千頃堂書目》，於有明一代之書，採録甚備。既以《四書》爲一類，而《論語》《孟子》又各爲一類。其後朱竹垞《經義考》亦從其例。使古經之目不致泯滅，意甚善也。黄氏書又有「制舉」一門，所收皆明代舉業之文，頗爲識者嗤鄙。然二百年來以此取士，士皆致力於此，其卑鄙者固不足論，而高者發明經義，矩矱先民，是亦文章之一體，必屏而不録，亦失之泥矣。考明葉盛《菉竹堂書目》，集部中有「舉業類」一門，是黄氏亦有所受之也。

格物之説

《大學》不曰「欲致其知，先格其物」，而曰「致知在格物」，可知格物工夫自是小學之事，不在大學之中。愚嘗謂：《内則》云：「六年教之數與方名」，此即格物之事。雖格不止此，而此亦物之宜格者。格，正也。猶言正名百物也。别有説，存全書中。明儒湛若水有《格物通》一書，多至百卷，謂天下、國、家、身、心、意皆物也，故以格物統貫此六者。曰：誠意格，正心格，修身格，齊家格，治國格，平天下格。多設子目，雜引諸儒之言，又參以明之祖訓，其意欲與《大學衍義》並行。夫真西山作《大學衍義》，明邱氏又補之，何必爲此屋下之屋。且以天下、國、家、身、心、意爲物，則誠之、正之、修之、齊之、治之、平之即格之也。但可云格意、格心、格身、格家、格國、格天下，何必言格物乎。雖引證詳明，議論切實，大旨已乖，終無當也。《大學衍義》後惟明夏良勝之《中庸衍義》可以相配，其書自性、道、教、達德、達道、九經、三重之屬，皆援證古今，敷陳義理，實於道有裨。湛氏之書，不作亦可。

十目所視二句異説

宋黎立武著《大學本旨》一卷，仍用古本，不分經傳，而以爲皆曾子所作。其所稱「曾子曰」，則以爲是曾晳之言。按此亦異説也。

子思作《中庸》，引其祖之言，稱「仲尼曰」，不稱「孔子曰」。《中庸》一篇，無一「孔」字。《哀公問政章》依《論語》之例，當稱「孔子對曰」，而亦只稱子，不稱孔子。可知子孫稱述與門弟子有殊也。《大學》既爲曾子所作，而引曾晳之言，乃稱曾子，可知其非矣。

聞韶異解

《論語》「子在齊聞《韶》」，古義皆以爲感傷之辭。皇侃引郭象曰：「傷器存而道廢，得有聲而無時。」又引江熙曰：「和璧與瓦礫齊貫，卞子所以惆悵。虞《韶》與鄭、衛比響，仲尼所以永歎。」並其義也。自邢《疏》盡删此等語，而古義遂無知者矣。宋俞德鄰著《佩韋齋輯聞》，以「不知肉味」爲憂陳氏强而齊將亂。此義雖創，似亦從古義得來。皇《疏》引范寧曰：「《韶》乃舜盡善之樂，齊何得有之乎？曰樂在陳，陳敬仲竊以奔齊，故得僭之。」考邢《疏》亦有此説，則因聞《韶》而感陳氏之强，殊非無因。而「不圖爲樂」之「爲」本有作「嬀」者，見《音義》。下「斯」字則王注以「此齊」解之。然則「不圖嬀樂之至齊」，正見陳將代齊之朕兆。夫季札觀樂，尚能知列國之興衰，况聲入心，通之大聖人乎。佩韋此義，世多以爲附會不經。余讀古經而有會焉，竊謂亦可備一解，初非阿我同宗也。

行夏之時異解

「行夏之時」，自來皆以夏正建寅爲説。從漢至今，皆以寅月爲歲首，用孔子之言也。宋黄仲元撰《四如講稿》，則據《禮運》「孔子得夏時於杞」，謂「行夏之時」，即謂此也。不取建寅之説，是亦可備一義。

先進後進異解

國朝李光地有《張子正蒙注解》二卷，釋《論語》先進後進爲急行緩行。愚謂此蘇氏之説也。《東坡集》有《學士院試孔子從先進論》，曰：「孔子之世，其諸侯卿大夫視先王之禮樂，猶方圓冰炭之不相入，進而先之以禮樂，其不合必矣。是人也，以道言之則聖人，以世言之則野人也。若夫君子之急於有功者，則不然。其未合也，先之以世俗之所好；而其既合也，則繼以先王之禮樂。然其進不正，未有能繼以正者也。故孔子不從。」按蘇氏此説，未知何所本，乃

《張子正蒙》中亦有此意，疑亦唐以前舊説有然矣。

論移置序文之失

《尚書序》曰：「《書序》，序所以爲作者之意，昭然義見，宜相附近，故引之各冠其篇首。」此變亂古經之始，魏晉間人之妄作也。自是以往，唐李鼎祚《周易集解》，則以《序卦傳》散綴六十四卦之首矣。明李黼作《周禮集解》[一]，則以《序官》分列各官之首矣。王應電《周禮傳》並割裂《序官》之文，使凡同職相統者皆以類從矣。徒亂古書之例，而無裨於本經之義，皆爲妄作。若宋王昭禹《周禮詳解》，則以《周禮・序官》爲無用，而竟削之，不知挈要提綱在此序也，亦可云無識矣。

[一] 《周禮集解》，《四庫全書總目》著録爲「《二禮集解》」。

論分經分傳之失

古者經自經、傳自傳，各自成書。孔子贊《易》，即其體例也。三家傳《春秋》，毛公傳《詩》，無不如此。《毛傳》連合經文，不知何人合并。鄭康成作箋，則即在經傳之下矣。然西漢經師，實無此例。世傳河上公《老子注》，注文即在經文之下，是以知其僞也。馬融作《周禮注》，欲省學者兩讀，具載本文，此以注附經之始。自此以往，學者因陋就簡，欲省兩讀，而羲、文之《易》，孔子之《春秋》，皆以傳文羼入之，無復經傳之分矣。至朱子《儀禮經傳通解》，並以十三篇之記，割裂其語分屬經文各條之下矣。

以後世文法讀經

唐成伯璵《毛詩指説》凡四篇，其四曰文體。凡《詩》中句法、字法、章法皆評論之，似非詁經之體。有明一代，風尚纖佻，盛行此派。嘉靖間，戴君恩著《讀風臆評》，取《國風》諸篇加以評語，於文章妙處用密圈密點，則真以後世文法讀之矣。然止有《國風》，不及《雅》《頌》。萬時華著《詩經偶箋》，其序曰：「謝太傅嘗問諸從，《毛詩》何句最佳，遏以『楊柳依依』對。公所賞乃在『訏謨定命，遠猷辰告』。」譚友夏亦言：「讀《詩》不能使《國風》與《雅》《頌》同趣，終是讀書者之病。」是所見較戴爲高矣。然究是讀經魔道。明凌濛初著《言詩翼》一書，採徐光啓、陸化熙、魏浣初、沈守正、鍾惺、唐汝諤六家之評，以句法、字法、章法論《三百篇》，加以圈點。明季説《詩》陋習，略見於此。

明林兆珂有《考工述注》二卷，於《記》文皆旁加圈點，綴以評語。郭正域有《批點考工記》一卷，體例相同。孫鑛評經史以下四十二種，今所存者《詩》四卷、《書》六卷、《禮記》六卷，各有圈點評語。鍾惺《周文歸》二十卷，删節《三禮》《三傳》《家語》《國語》《逸周書》《楚辭》，以時文法評點之。國朝王澍，《大學》《中庸》皆有圈點本。蔣家駒《尚書義疏》於經文亦有圈點，皆明以來陋習。世所傳蘇洵批《孟子》、謝枋得批《檀弓》，二書實皆僞書，古人無是也。

明萬曆中刊刻《左傳節文》十五卷，每篇分標叙事、議論、詞令諸目，又標神品、能品、真品、妙品諸名，題宋歐陽修編。歐公何至有此，其僞托可知。蘇批《孟子》，謝批《檀弓》，皆此類也。

明姚舜牧《書經疑問》，於《舜典》「有能奮庸熙帝之載」評曰：「載字下得最妙。」茅瑞徵《虞書箋》，於「柔遠能邇」下評曰：「柔字下得最妙。」此皆以後世文法評經者。國朝朱軾《校補吴澄禮記纂言》，於《曲禮》「左青龍」一節云：「此節一首絶好古詩。急繕其怒，摹寫入神」云云，亦非説經之體也。

説經沿時文陋習

《日知録》謂：「試録文字，首行頂格，書第一場；次行下一格，書《四書》；次行又下一格，書題目。至試文不能再下，仍頂格寫。此題目所以下二格也。後來苟且，竟從題目寫起，概下二格，聖經反下，自作反高，於理爲不通。刻古書者亦化而同之。如題曰『周鄭交質』，下二格；題曰『《伯夷列傳》』，下二格。化古書以肖時文面貌，可爲絶倒。」愚謂，刻古書肖時文，猶未爲大失也。明沈爾嘉著《易鏡》〔一〕一書，每卦列經文於前，列講義於後，講義高經文一格，則以寫時文格式治經矣。自有時文，天下遂成時文世界。即以説《易》之書而論，明姜震陽著《易

〔一〕易鏡，《四庫全書總目》著録爲「《讀易鏡》」。

傳闡庸》，其前標曰：「十名家批評。」陳琛著《易經淺説》，用坊本《四書》講章之例，有順講，有析講，此非皆以時文之法行之乎？陳際泰爲時文大家，其所撰《易經説意》，竟有用時文文法作兩比者。國朝閻百詩《四書釋地》，尚時時援引時文。趙燦英《詩經集成》，每篇總講之後，以近科鄉會試墨卷爲説，皆沿前明陋習。乾嘉以來，乃一掃矣。

國朝方棨如著《周易通義》《尚書通義》《毛詩通義》，悉取《四書》成語以證經義，是亦時文家之見。方與陳大士固皆時文之聖者也。

國朝孫濩[一]著《檀弓論文》二卷，謂《檀弓》有益舉業。凡制義中大小題格局法律無一不備。如其説，非惟不足以讀《檀弓》，並其時文亦恐未必佳。既謂之時文矣，乃以《檀弓》之法行之乎？

經中附歌訣

坊間所刻朱子《周易本義》，卷首有卦歌，不知何人所增益。幼時讀《禹貢》，有《九州總

[一] 孫濩，《四庫全書總目》著録爲「孫濩孫撰，濩孫字邃人」。

歌》、《導山導水歌》、《九州田法歌》，乃先祖南莊府君手録於《禹貢》卷後者。初不知誰作，後讀明俞鯤《禹貢元珠》，乃知皆鯤所爲也。鯤字之鵬，嘉興人，是亦吾宗之有著述傳後者，故表出之。

國朝顧棟高《春秋大事表》，亦有七言歌括，雖非著述之體，亦記誦之學也。

誤引經文

趙宧光作《説文長箋》，引《孟子》「虎兕出於柙」，《日知録》譏其未讀《論語》。然《文苑英華》所載杜牧《請追尊號表》以「高宗伐鬼方」爲出《尚書》，豈其未讀《周易》歟？一時筆誤，恐未足深譏。《周禮・鬯人》鄭注引《檀弓》曰：「臨諸侯，畛於鬼神，曰有天王某甫。」實《曲禮》文也。《射人》注引《樂記》曰：「明乎其節之志，不失其事，則功成而德行立。」實《射義》文也。孔疏皆爲訂正。鄭君精於《三禮》，豈不讀《禮記》乎？

周秦以下説經人數經解卷數

明朱睦㮮本章俊卿《山堂考索》而著《授經圖》，首叙授經世次、諸儒列傳，次諸儒著述、名目卷數。周漢而下至金元，作者凡一千一百三十二人，明代三十九人，經解凡一千七百九十八部，二萬一千七十一卷。至國朝康熙中，黄虞稷、龔翔麟又增益古今作者二百五十五人，經解七百四十一部，六千二百一十八卷。是時朱竹垞《經義考》未出。歷代説經，大略具見於此。

國朝余蕭客著《古經解鉤沈》，備載唐以前解經之人，凡二百二十五人。又有無書名可考者二十人，則共二百四十五人，解經四百六十部。又有無作者姓名者二十一部，則共四百八十一部。然如戴聖有《石渠禮論》，而諸書所引或作《禮義》，或作《禮議》，或作《禮議奏》。董仲舒有《公羊治獄》，而諸書所引或作《春秋決事》，或作《春秋決獄》，或作《春秋斷獄》。則一書而異名者，往往有之。其部數殊未易覈，至卷數，則無考者更多矣。

二氏經書

佛書《大般若經》《金剛經》《維摩詰經》《楞伽經》《圓覺經》《楞嚴經》號爲禪家六籍，是釋氏亦有六經也。唐天寶元年封莊子爲南華真人，列子爲沖虛真人，文子爲通玄真人，庚桑子爲洞靈真人。其四子所著書，並隨號稱爲《真經》。李肇《國史補》並言以四子列學官。是道家亦有四子書也。《六經》猶彼襲我，四子書則我襲彼矣。

國朝山陰沈冰壺《抗言在昔集》中，以《老子》配《論語》，《莊子》配《易》，《管子》配《書》，《離騷》配《詩》，《荀子》配《禮》，《史記》配《春秋》，爲《沈氏六經》。雖姑妄言之，乃其所配亦頗有意。

九九銷夏録卷四

編輯聖賢遺書

宋薛據有《孔子集語》，本朝孫星衍又增益之，分十七卷。然遺讖寓言，未免榛楛勿翦。考明潘士達有《論語外篇》，鍾韶有《論語逸篇》，國朝曹棟有《逸語》，陳陳相因，皆《集語》之類。

宋嘉熙間，平江守王爚輯《言子》三卷。蓋以子遊吴人，故爲此書，存其祠中。内篇第一，外篇第二，皆子遊言行附録，第三則祠廟事蹟也。

明時又有《顔子》一書，歷代皆未著録。宋張栻博采諸書所載顔子之語爲《希顔録》。元李純仁、李鼐又補益之。明初有徐達祖，以純仁所編集未當，因更定爲一書。其後又有高陽者，不知何時人，即徐氏之書而增删之，題曰《顔子鼎編》，猶云新編，其名亦殊不典。

元王廣謀編《聖賢語論》二卷，亦宋薛據所輯《孔子集語》之類，而其卷端題曰「新刊標題明解《聖賢語論》」，豈當時場屋中有以諸書所載聖賢遺論命題者邪？果行此制，則此等書當日出不窮矣。

曾子子思子

宋人著述之最陋而傳至於今不廢者，莫如汪晫所纂之《曾子》《子思子》。考晁公武《郡齋讀書志》有《曾子》二卷，《子思子》七卷。雖真僞不可知，然此二書在宋時自有傳本也。晫皆未之見，而自爲纂輯《曾子》十二篇。《仲尼閒居篇》第一，則即《孝經》也。《孝經》者，曾子問而孔子答之，皆孔子之言，非曾子之言，可謂之《孔子》，不可謂之《曾子》。自來子書豈有述人之言，而自命爲子者乎？《明明德篇》第二，則即《大學》也。《大學》一書，自宋以前，未有言出於曾子者。後人以其中有「曾子曰」，遂謂出於曾子。不知有「曾子曰」，正可知其不出曾子。其名篇，因避《大學》之名，題曰《明明德》，殊未該備。此外割截《曾子問》篇，强立名目，更可笑矣。《子思子》分九篇。《天命》第一，《鳶魚》第二，《誠明》第三，割截《中庸》，彌不可解。國朝阮元據

《大戴記·曾子立事》等十篇，定爲《曾子》，爲之注釋。此千古不易之論，高出宋儒萬萬，惟《子思子》除《中庸》外，無可輯。《孔叢子》不足信，或謂《大學》亦子思作，然無考也。

以《大學》爲曾子所作者，在朱子以前惟過源《浩齋語録》有此説。過源，字道源，號浩齋。嘉祐間，召爲國子監直講，不赴，卒於崇寧丙戌。然史不載其人，即李燾《長編》亦不載。不特是書真僞難知，即其人之有無，亦未可必也。

明代有曾子六十二代孫名承業者，輯《曾子全書》三卷：《主言》一篇爲卷一；《修身》、《事父母》、《制言》上、中、下，《疾病》、《天圓》七篇爲卷二；《本孝》、《立孝》、《大孝》三篇爲卷三。按《大戴》所載《曾子》十篇，《立事》、《本孝》、《立孝》、《大孝》、《事父母》、《制言》上、中、下，《疾病》、《天圓》。此乃移易其第，未詳所據。又《主言篇》乃《大戴記》第三十九篇，今爲《大戴記》第一篇，首言孔子閒居，曾子侍，與《孝經》同。若《主言》宜收，則《孝經》亦宜收。若《孝經》不宜收，則《主言》亦不宜收。尤其進退之失據者也。是不及國朝阮氏之書遠甚。

僞造諸子名目

徐鍇《説文通論》云：「孔子擊磬於衛，擁縲子聞之曰：『有心哉，擊磬乎？』」稱荷蕢爲擁縲子，殆楚金臆造此名也。明代有《諸子彙函》一書，舊題歸有光撰，未知信否。其諸子名目，甚爲詭異。屈原謂之玉虚子，宋玉謂之鹿谿子，魯仲連謂之三柱子，淳于髡謂之波弄子，陸賈謂之雲陽子，賈誼謂之金門子，董仲舒謂之桂巖子，東方朔謂之吉雲子，劉向謂之青藜子，崔寔謂之嵯岈子，桓譚謂之荆山子，王充謂之委宛子，黄憲謂之慎陽子，仲長統謂之釁山子，王符謂之回中子，桓寬謂之貞山子，曹植謂之鏡機子，束晳謂之白雲子，嵇康謂之靈源子，劉勰謂之雲門子，陸機謂之于山子，劉晝謂之石匏子，李翱謂之協律子，羅隱謂之靈擘子，石介謂之長春子，皆不知所本。按，曹子建《七發》云：「元微子隱居大荒之庭，鏡機子聞而將往説焉。」則元微子乃子建自寓，而鏡機子則客嘲賓戲之流也。不以曹植爲元微子，而以爲鏡機子，殊瞢然於賓主之辨。至東方朔之吉雲子，劉向之青藜子，尚有可附會，餘者百思而莫得其解矣。余《小蓬萊謡》有一首云：「仙家名號日紛紜，人世勳階總不聞。客到自稱草衣子，不知元是奉成君。」諸子名目，姑以是觀之。

又有《再廣曆子》一書，題湯賓尹撰。《六韜》謂之《尚父子》，《詩外傳》謂之《韓詩子》，《潛夫論》謂之《王符子》，《忠經》謂之《馬融子》，劉晝《新論》謂之《孔昭子》，《論衡》謂之《王充子》，《出師表》謂之《孔明子》，《陸贄奏議》謂之《陸宣子》，《駱賓王集》謂之《賓王子》。雖覺不通，差免杜撰。

明胡尚洪《子史碎語》刺取郭象《莊子注》自爲一子，謂之《郭子》。然則鄭康成箋《詩》注《禮》，可稱《鄭子》，顔師古注《漢書》，可稱《顔子》矣。

忠經

《漢魏叢書》有《忠經》一卷，題曰漢扶風馬融撰。然第一章引《書》「惟精惟一」兩句，第六章引《書》「一人元良」兩句，第十四章引《書》「旌别淑忒」一句，第十五章引《書》「木從繩則正」兩句，第十六章引《書》「作善降之百祥」四句，皆枚氏僞古文也，必非出於馬融可知矣。《隋》、《唐志》皆不著録，《崇文總目》始列其名。《玉海》於《孝經》後附漢《忠經》引書目云：「馬融撰，鄭玄注」，則宋時固有此書，且以爲馬融撰矣。而《玉海》又附注云：「《兩朝志》海鵬《忠經》。」則是書又海鵬所撰也。《古今圖書集成·氏族典》四百二十《海姓部》列傳有唐海鵬，引《奇姓通》云：「海鵬，唐人，撰《草經》一卷。」是唐時實有海鵬，且有著述傳後，則《忠經》爲其所作無疑，不知後人何以歸之馬融。融之爲人於忠字殊爲有愧，不足爲此書重。似宜改題海鵬，以存其實也。

明林允昌撰《弟經》一卷，仿《孝經》爲之，亦分十八章，章末皆引《詩》一二句，如《孝經》之體。至王文禄之《廉矩》，亦分十八章。蓋欲於《孝經》《忠經》之外，別爲《廉經》，但不敢竟名爲經耳。

日格子

明邵寶撰《學史》十三卷，以十二卷象十二月，餘其一以象閏。每卷或三十條，或二十九條，以象月之有大小盡。此最可笑。又取程子「今日格一物，明日格一物」，名之曰《日格子》。然則一年必格三百六十物邪？何其泥也。

趙岐注《孟子》，作《孟子叙》一篇。言篇所以七者，法天以七紀；章所以二百六十有九者，三時之日數；三萬四千六百八十五字者，行五常之道，施七政之紀，故法五七之數。其説穿鑿無理。蓋古人記聞之學，借此以備遺忘，防奪失耳，非謂孟子著書真有此意也。若《易》以《乾坤》之策三百六十當期之日，則固明天道之書，不可爲常法。

明張居正、吕調陽同上《帝鑑圖説》，取堯舜以來善可爲法者八十一事，惡可爲戒者三十六事，其《進書疏》云：「善爲陽、爲吉，故數用九九；惡爲陰、爲凶，故數用六六。」亦拘墟之見。

千秋金鑑録

《唐書·張九齡傳》「千秋節，王公並獻寶鑑。九齡上事鑑，號《千秋金鑑録》，以伸諷諭」。按：此事至今猶爲美談，而其書則固無傳也。明嘉靖間忽有《千秋金鑑録》一書，爲公裔孫希祖所傳，曲江令凌作聖刊刻以行於世。書中言安禄山爲野豬之精，史思明爲鷗鳥之精，楊貴妃爲白鸚之精，其語怪誕不經。序文云：「此録一千年後方許流布。」希祖殆自命爲一千年後流布此書之人也。然則即其所僞爲可知矣。無知妄作，以誣其祖，此書可燒，其人可誅。當時信之，足見明時儒者之陋。

《世説》諸書

昔劉向有《世説》一書，而今不傳。宋臨川王劉義慶裒集後漢至東晉軼事，分三十八門，名《世説新書》，其曰「新書」者，以劉更生舊有此書也。説詳黄伯思《東觀餘論》。不知何代何人易其名曰《世説新語》，相沿至今，不可改矣。宋王讜又有《唐語林》八卷，仿《世説》之體，分五十二門，名雖有異，其實則一。《世説》之名，本漢劉向，《語林》之名，本晉裴啓也。明何良俊因有《何氏語林》之作，以《世説新語》爲藍本，而雜採宋齊以後續之，併劉氏原書，得二千七百餘事。此三書至今尚存，則自漢季至唐遺聞瑣事略備矣。《通考》所載又有孔平仲《續世説》，載五代至宋事，則五代至宋亦曾有人爲之編纂，惜其書今不可見耳。明李紹文撰《明世説新語》，國朝吴肅公撰《明語林》，是有明一代有《世説》又有《語林》也。國朝王倬又撰《今世説》，則本朝亦有《世説》也。乃國朝章撫功又撰《漢世説》，上及卯金一代，雖未足爲劉向補亡，要可爲劉義慶導源矣。諸書門目小有異同，體例實歸一致。使有人補輯孔平仲之書，使五代至宋得有完書，又纂遼、金、元事以續之，則自漢至今犂然大備，彙爲一編，豈非小説家一巨觀哉。

刺孟諸書

王充《論衡》有《刺孟篇》。余謂充之刺《孟》，實尊《孟》也。《孟子》一書，在當時止列於諸子中。王充於《問孔篇》後作《刺孟篇》，是充之意固以孟子爲孔子之後一人矣，故愚謂漢人知尊孟子者，王充也。唐人知尊孟子者，皮日休也。皮日休請以《孟子》爲學科，見《北夢瑣言》，是顯尊孟子。王充《問孔》《刺孟》之作，是隱尊孟子。充《自紀篇》自言其論説「始若詭於衆，極聽其終，衆乃是之」。然則非可泥其言矣。

司馬温公有《疑孟》之作，而李覯之徒紛紛繼作。至南宋初，晁説之尚著論非《孟子》，爲高宗所斥，見《癸辛雜議》。余謂此皆爲王安石所激也。王安石喜《孟子》，自爲之解，其子雱亦有注釋，見晁公武《讀書志》。温公之説，殆有意與荆公相左乎？元白珽《湛淵静語》載倪思之言，謂王安石援《孟子》「不召之臣」之義，欲神宗師之，故温公著《疑孟》，明《孟子》之未可信。斯言必有所受矣。王荆公詆《春秋》爲「斷爛朝報」，而蘇子由即作《春秋集解》以矯之。自後著書説《春秋》者如林，皆荆公激成之也。之二事，正可互明矣。

蘭易諸書

宋隱士鹿亭翁著《蘭易》一卷，以《復》《臨》《泰》《大壯》《夬》《乾》《姤》《遯》《否》《觀》《剥》《坤》十二月卦爲蘭消長之機。每卦各綴以辭，其文如象；下又各繫以辭，其文如象傳。述栽植保護之法。而又有《蘭易十二翼》一卷，題蕈溪子作，亦不知爲何許人，述蘭花宜忌十二條，蓋皆遊戲筆墨，仿《周易》爲蘭譜也。蕈溪子因之作《蘭史》，首仿《漢書・古今人表》爲《蘭表》，但有上上至下上七等，而無下中、下下二品，以蘭無卑品也。次爲《蘭本紀》，凡三種。次爲《蘭世家》，凡十一種。次爲《蘭列傳》，凡二十種。次爲《蘭外紀》，凡九種。次爲《蘭外傳》，凡五種。各以貴賤爲差，則不擬經而擬史矣。雖云遊戲，亦頗有雅致。孫奕《示兒編》載有《酒孝經》，亦必其流亞矣。若明張應文仿《論語》爲《粥經》，有云：「小子何莫吃夫粥？粥可以補，可以宣，可以腥，可以素。暑之代茶，寒之代酒，通行於富貴貧賤之人。」又云：「子謂伯魚曰：

『汝喫朝粥夜粥矣乎？人而不喫朝粥夜粥，其猶抱空腹而立也與？』」如此之類，大堪噴飯。

國朝李仕學著《琴引》四卷，仿《史記》之例，首以古帝王始制琴及善琴者爲十二本紀，孔子與焉。又表古今人物及七絃、十三徽與手勢、指法等爲十表。又撰《禮書》《樂書》《天官書》《定制書》《擇材書》《操縵書》《正音書》爲八書。其三十世家，則以能琴世其家者。其七十列傳，則古今善琴之人也。此書當可與《蘭史》並傳。

明人范守己著《御龍子》，其第六種曰《參兩通極》，則於《太玄》《潛虚》之後又爲一書，以擬《易》也。別爲八卦之名曰：《元》《息》《進》《隆》《中》《消》《殺》《沮》，因而乘之爲八九七十二卦，以當七十二候。變《彖》曰《繹》，變《象辭》曰《甹》，變《爻象》曰《繇》，末爲《索辭》八篇以擬《繫辭》。是真無益費精神者，不如作《蘭易》矣。

明楊循吉著《菊花百詠》，以菊花種類各案其名爲七言絶句，分十一類。天文類，自《滿天星》以下三首；地理類，自《岳州紅》以下三首；人物類，自《狀元紅》以下二十一首；宫室類，《金樓子》一首；珍寶類，自《銀絞絲》以下七首；時令類，自《海棠春》以下六首；花木類，自《白牡丹》以下三十二首；身體類，自《金寶相》以下三首；鳥獸類，自《金鳳仙》以下十三首；衣服類，自《黄疊羅》以下十四首；器用類，自《蘸金香》以下十八首。詠一花而天地人物盡入環中，是亦可與《蘭史》相配。

宋僧志磐撰《佛祖統紀》，以諸佛諸祖爲本紀八卷，以諸祖旁出爲世家二卷，以諸師作列傳十三卷，又作表二卷，志三十卷，全仿史例。是佛亦有史，珥筆空門，何如拾遺九畹乎？

几上語枕上語

宋施清臣著《几上語》《枕上語》各一卷，皆以二氏之旨發揮儒理。雖非正軌，清言娓娓，亦有可聽。書名甚新穎，然余一就枕即收視返聽，自行所爲枕上三字訣，欲於枕上著書，固不能矣。

宋岳珂著《桯史》一書，世多不詳其命名之義。余按，《説文》：「桯，牀前几也。」則《桯史》之名，猶施清臣之《几上語》矣。唐李德裕先有《桯史》，見《説郛》所載柳珵《常侍言指》。今其書不傳。未知岳氏襲其舊名，抑與之闇合？然其取義於牀前几，則李、岳兩家殆無異義也。

明胡纘宗有《擬漢樂府》八卷，亦名《輿上集》，以皆成於輿上也。

事偶韵語

自唐李瀚始創《蒙求》之體，以後文士每效爲之，然皆四言韵語也。明有錢唐淩緯著《事偶韻語》，則取歷代君臣言行，以類相偶，爲五言絶句百章，此《蒙求》之變體也。坊間有《類林新詠》一書，殆出於此。

政績書

元至正中，永豐令辛中受代去官，縣之父老願以中之善政刻諸石，於是永豐教諭陶凱爲作《辛君政績書》一卷。按：此亦德政碑之類。余曾作《龍游縣知縣高君實政記》，竊援斯例。按：《萬姓統譜》，辛中字德中，至正間永豐尹，專尚德化，不施刑罰，民愛之如父母，立生祠刻石記之。當即陶凱此書也。

善誘文

宋陳録撰《善誘文》一卷，其言皆以勸善爲主，自稱丹穴老人。其弟錬作序，署嘉定辛巳，則宋寧宗時人也。此近世刻善書者之濫觴。末有一跋，署木石居士虞舜徒，此殆寓名，取雞鳴而起、孳孳爲善之義，不必實有其人也。

銀鹿春秋

明嘉定陸嘉穎編輯古來義僕事蹟爲一書，名曰《銀鹿春秋》。銀鹿者，顔魯公之奴，事魯公，至禍患不避去，故取以名其書，亦新奇可喜。

少陵詩「浪遊投刺無銀鹿」，放翁詩「拾樵煎茗有青蝯」注云「王元之童名青蝯」，與銀鹿正堪作對。《國史補》云：「顔魯公在蔡州，再從侄峴家僮銀鹿始終隨之。」是銀鹿先亦非魯公奴也。

九九銷夏録卷五

古書有篇名無章名

古書但有篇名，如《書》之《堯典》《舜典》，《詩》之《關雎》《葛覃》，皆篇名也。《禮記・樂記》一篇分十一篇，亦是篇名。惟《孝經》有《開宗明義章》《天子章》《諸侯章》等名，則是每章各有章名，他經所無。故學者疑《孝經》爲僞書，不爲無見。《老子》河上注本有章名，而王弼注本無之，河上本亦僞書也。《周易・繫辭傳》本不分章，而説者強爲之分上傳，或爲十一章，或爲十二章，或爲十三章，下傳或爲九章，或爲十二章。宋儒於《大學》《中庸》即從此例。然雖分章，而章名固不立也。明洪啟初著《易學管見》，於《繫辭》《説卦》每章之首皆標首句爲章名，已屬無謂。國朝鄭賡唐著《讀易蒐》，於《繫辭傳》創立《天尊章》《設位章》諸名，則更涉妄作矣。

明黄道周著《表記》《坊記》《緇衣》《儒行》四篇集傳，分《表記》爲三十六章，《坊記》爲三十章，《緇衣》爲二十三章，《儒行》爲一十七章，各爲之名。此亦自我作古，不可爲訓。惟施之《儒行》篇尚可。

世傳《金剛經》分三十二分，各有名目，爲梁昭明太子所分。此最爲無理。殆俗僧所爲，而托之昭明也。凡古書分章，大率類此。

編排卷數

古人著書但分卷數而已。昭明《文選序》云：「都爲三十卷。」乃又以十干編次，今第一卷有「賦甲」二字，注云：「舊題甲乙，所以紀卷先後。今卷既改，故甲乙並除，存其首題，以明舊式。」是「甲乙」等字已爲李善刊除也。夫卷分三十，而甲乙之數止於一十，疑昭明原本甲乙之類皆三也。李注分爲六十卷，則甲乙之類宜皆六矣。以其繁重，故就刊除，而其目録則賦甲至賦癸皆全，詩甲至詩庚而止，自騷以下無甲乙之次，又不知其何意矣。

宋洪邁《夷堅志》甲至癸二百卷，支甲至支癸一百卷，三甲至三癸一百卷，四甲、四乙各十卷。以十干編次之書，殆無多於此矣。今《四庫》著録者止支甲至支戊五十卷。吾湖陸氏又得甲乙丙丁四集而刻之，蓋卷帙既繁，流傳日久，遂至散佚不全，甚可惜也。明胡震亨撰《唐音統籤》，亦以十干爲次，乃其刊刻行世者，止《戊籤》《癸籤》而已。當時原有全書，此日竟無足本，猶幸以十干分編，令人得知其卷帙之浩繁也。

元遺山《中州集》既以十干爲十集，而壬集中又别立名目。《狀元》一門列鄭子聃等八人，《異人》一門列王中立等四人，《隱德》一門列薛繼先等四人。癸集中《知己》一門列辛愿等三人，《南冠》一門列司馬朴等五人，未免失之煩瑣。「狀元」亦爲一門，非出遺山，人必譏其俗矣。

明鄭太和編《麟溪集》。太和，浦江人，即所謂「浦江義門」也。是集裒輯宋以來諸家題贈詩賦及碑志序記之類，爲表揚義門而作者。前十卷以十干紀，後十二卷以十二支紀。此亦干支分集之一大書也。鄭氏所居名麟溪，故以「麟溪」名。今人但知浦江鄭氏，罕知麟溪鄭氏，宜表出之。

唐趙璘《因話録》以五聲爲次。一卷宮部爲君，記帝王。二卷、三卷商部爲臣，記公卿百僚。四卷角部爲人，凡不仕者咸隸之。五卷徵部爲事，多記典故，而附以諧戲。六卷羽部爲物，而凡見聞雜事亦並載焉。此則於義各有所取。若明彭大翼之《山堂肆考》，亦分宫、商、角、徵、羽五集，則無所取義矣。

明鄧球著《閒適劇談》五卷，每卷爲一集。前四卷題元集、亨集、利集、貞集。後一卷曰起元集，取「貞下起元」之義。此論理論數之書，又當別論。

明代有《張莊穆文集》[一]，爲吾鄉烏程張永明字鍾誠者所著。分爲六集，以禮、樂、射、禦、書、數爲次，是則陋甚。

夫釋道兩家之書，卷帙浩繁，故以《千字文》編號，取便檢閲。吾儒著述，何取於此，謝枋得《文章軌範》以「王侯將相有種乎」七字編爲七册，殊欠大方。鮑氏知不足齋刻張丑《清河書畫舫》，以鶯、觜、啄、花、紅、溜、燕、尾、點、波、緑、皺十二字編次，更涉纖巧。著述家不必沿襲此風也。

〔一〕張莊穆文集，《四庫全書總目》著録爲「《張莊僖文集》」，此或爲俞氏誤記。

子注

《史通・補注篇》曰：「除煩則意有所悋，畢載則言有所妨，遂乃定彼榛楛，列爲子注。若蕭大圜《淮海亂離志》，羊衒之《洛陽伽藍記》是也。」按劉氏説，則古書自爲注者始此。二書謂之子注，今著書家皆循用之，而子注之名則知者尠矣。

《日知録》云：「《漢書・地理》、《藝文》二志，小字皆孟堅本文。其師古曰、應劭曰、服虔曰之類，乃顔氏注也。」然則子注之由來久矣，不始於蕭、羊兩家。至謝靈運《山居賦》自爲之注，則詩賦家體例也。明黄溥《簡籍遺聞》，乃謂夾注書字本杜荀鶴詩，所見殊陋矣。

《廣川書跋》云：「樊紹述《絳守居園池記》，文既怪險，人患難知。紹述亦自釋於後，自昔不知。崇寧三年，余至絳州，乃剔刮劚洗，於其後刻：回漣，亭名；香，亭名；薪，亭名；槐，亭名；望月，亭名；柏，亭名；鵬，白鵬，亭名；鷺，白鷺，亭名；白濱，亭名。雅，薛姓，絳人。文安，裴姓，聞喜人，與雅同應漢王諒。友軌，梁姓，爲正平令。蒼塘，亭名；風，亭名；鼇，亭名。」按，回漣之爲亭名，薪之爲亭名，記文叙述甚明。至「提鵬挈鷺」句，非觀其自釋，不知爲白鵰、白鷺兩亭也。

注中注

姚宏補注《戰國策》，每於注中又作夾注。如《周策》「司寇布爲周最」，謂《周君篇》注文中夾注「錢劉」下有「劍」字。《秦策·衛鞅亡魏入秦篇》注文中夾注「曾下有還而字」，此類是也。然止是校勘文字耳。宋范成大《吴郡志》每於夾注之下又用夾注，雖見詳贍，要非著書之體。全謝山稱其先世所聞《水經》一書注中有注，本以雙行夾寫，今皆作大字，是以混淆莫辨。於是趙一清誠夫用其説，辨别其注中之注，以大字小字分寫之，成《水經注釋》四十卷《刊誤》十二卷。然此可爲讀《水經注》之善本，若竟以爲古《水經注》之真本，恐亦未必然也。

造語不通

明周宏禴著《何之子》一卷，有云：「太虚奚無無以無無無無無無則無無無無則虚虚虚則實實實則極極極則易易易則始。」此數語使人不能讀。國朝熊賜履著《閑道録》三卷，有云：「無方無方之方，無體無體之體，無外無外之外，無内無内之内，無終無終之終，無始無始之始。」此數語使人不能解。

《何之子》語，愚竊定其句讀曰：「太虚奚無無，句以無無無，句無無無則無無。句無無則虚，句虚虚則實，句實實則極。句極極則易，句易易則始。句」然則義亦並不深，口頭禪耳。

楊鐵崖所著《東維子集》，於句讀疑似之處，必旁注一「句」字。如《何之子》語，非自注「句」字，不明矣。

講學摹古

《日知録》稱：「今講學先生從語録入門者，多不善於修詞。王元美之《劄記》，范介儒之《膚語》，上規子雲，下法文中。雖所得有淺深，然可謂知言矣。」愚謂，前乎此者，有楊萬里之《庸言》，乃規摹揚雄《法言》而作。此宋儒中之戛戛獨造者也。范介儒《膚語》即仿其體。

明儒吕柟本出李夢陽之門，文字務爲古奥。其所撰《二程子鈔釋》十五卷，每條之下標明大旨，而語多佶屈聱牙，亦於講學先生中別張一幟。

明邱濬輯《朱子學的》二卷，上卷自《下學》至《韋齋》爲十篇，猶《上論》之始《學而》終《鄉黨》也；下卷自《上達》至《道統》爲十篇，猶《下論》之始《先進》而終《堯曰》也。此則居然摹仿《論語》矣。然但師法其體，而非摹擬其詞。

明薛應旂撰《薛子庸語》十二卷，分二十四篇，各以首二字爲篇名，每章冠以「薛子曰」。是亦欲作《論語》者也。

僞古本

儒家有《古文尚書》，有《古論語》，有《古孝經》，皆後出之書，以古本而駕舉世通行之本之上。於是其風流入方外，終南山説經臺有篆書《古老子》，末有夷門天樂道人李道謙跋云：「魯之大儒高翿文舉，善古篆書，爲會真宫提點張志偉壽符書《道德》五千言，筆法精妙，古今罕有。至元庚寅承命祀香嶽瀆，駐於終南山萬壽宫，遂摹諸經臺，垂之永久。」詳見《石墨鐫華》，今尚有許劍道人刊本。此《老子》有古本也。明楊升庵稱南方掘地得石函，有《古文參同契》上中下三篇，叙一篇。徐景休箋注亦三篇，後序一篇。淳于叙通《補遺三相類》上下二篇，後序一篇。合爲十一篇，與舊傳止三篇者不合。餘姚蔣一彪爲作集解。此《參同契》有古本也。殆儒家諸古文有以啟發之乎？

遵義鄭珍云：「《廣川書跋》言《古老子》以『其』爲『亓』。則宋以前相傳自有古本。夏氏《古文韻》采其字最多」云云，説見其所著《汗簡箋正》。是宋以前自有古本《老子》，高文舉未見其書，以意綴輯，是不足言古本矣。

建安余氏刊本

宋岳珂《九經三傳沿革例》稱：「世所傳《九經》，本以興國于氏及建安余仁仲本爲最善。」林之奇《尚書全解》有其孫畊後序，稱「脱稿之初，書肆急於鋟梓，訛以傳訛。至淳祐辛丑，畊從陳元鳳得宇文氏所傳《書説拾遺》手稿一册，乃《康誥》至《君陳》之文。乙巳得建安余氏所刻完本，始知麻沙所刻自《洛誥》以下皆僞續」。據此二書所言，知宋刻亦有精粗。建安余氏最爲善本。宋黄倫《尚書精義》十五卷，前有「余氏萬卷堂刊行」小序，當即建安余氏也。余氏名仁仲，所居爲萬卷堂，殆亦當時書賈之卓卓者。今人講求宋版書，未識尚知其人否？

按，林旹所稱麻沙乃地名，屬建陽縣。建陽鐫書人皆在麻沙一帶，故至今有麻沙版。國朝施可齋《閩雜記》云：「明宣德四年，衍聖公孔彦縉以請市福建麻沙版書籍，咨禮部。」是麻沙版，明代猶重之。然《石林燕語》稱印書福建最下，以柔木爲之，取其易成。然則麻沙之得名，殆以其多、不以其精也。

旁訓濫觴

明朱升撰《尚書旁注》六卷，大書經文，而以訓釋字義者細書於旁。此近來坊間所刻《五經旁訓》之濫觴也。梅文鼎序謂「升有《四書五經旁注》」，則不止《尚書》一種。然宋金履祥著《尚書表注》，其書於每葉之上下左右細字標識，則朱升之書又從此出矣。

刻書用陰文及方匡爲識

《唐書·陸龜蒙傳》：「得書雠比勤勤，朱黄不去手。」是古人校書必用朱筆黄筆以别於原書之字。宋方崧卿著《韓文舉正》，凡所改之字皆用朱書，亦唐人舊例也。然古人刻印書籍，無今世所行之套版刻本。《韓文舉正》遇朱筆改正之字，皆刻陰文，此亦宋世刻書之舊法。如《政和本草》，凡神農本經用朱書者，皆作陰文，即其證也。然刻陰文，必先雙鉤其字，頗不容易。於是徑省其事者，不作陰文，而以方匡識之。唐陸伯沖《春秋微旨》自序謂：「《三傳》舊説亦並存之，其義當否，則以朱墨爲别。」今所行本於應用朱書者，皆以方匡界畫其起訖。此書籍中刻陰文、刻方匡之所由始也。

明陳耀文《天中記》每條標數字爲目，以陰文刻之。明人刻《事文類聚》於詩字、賦字、表字、讚字諸標題皆作方匡。疑唐宋舊本，亦必刻陰文也。

方氏《韓文舉正》，體例極密。改正之字，用朱書。衍去之字，以圓圈圍之。增入之字，以方圈圍之。顛倒之字，以墨綫曲折乙之。此用方圈與方匡界畫稍異。

每句空一字

《法苑珠林·呪術篇》所載呪語，皆每句空一字。蓋西域梵文傳入中國，不便誦讀，故以此法便讀者也。沈約《宋書·樂志》《鐸舞曲》《聖人制禮樂篇》，每句空一字書之，蓋以此篇有聲音無文義，恐人不得其讀耳。其時梵書盛行，殆即用其法也。國朝張爾岐著《儀禮鄭注句讀》，亦離析其句，使人易讀，則並以此讀經矣。

字大宜老

宋曾噩官廣東漕使，重刻郭知達所編《九家集注杜詩》。陳振孫《書録解題》稱噩刊版《五羊漕司》字大宜老。蓋謂其書字大，宜於老人閲看也。今世乃盛行密行細字書，大非老眼所宜矣。葉盛《水東日記》云：「邵復儒家有細字小本《東坡大全集》。」則宋世刻書，亦有以細字爲貴者，殆以便於攜帶歟？康熙中，宋犖巡撫江蘇，得《施注蘇詩》殘本，屬武進邵長蘅、高郵李必恒補成之，重爲刊版。乾隆中，又詔内府刊爲巾箱本。是細字小本，亦天禄石渠所不廢也。

山中藏書

太史公稱「藏之名山」，疑古人固有此事。《穆天子傳》稱「群玉之山，爲先生策府」，《吴越春秋》稱「禹登宛委山，發金簡之書」，以至《吴地記》所載之包山石穴，《荆州記》所載之小酉山石穴，《水經注》所載之積書巖，馮贄《記事珠》所載之嵩山譔觴，皆非虚語。《周禮》初出，亦在山崖屋壁間也。《集仙傳》言，唐李筌於嵩山虎口巖石室得黄帝《陰符經》，題曰「大魏真君二年七月七日，道士寇謙之藏之名山」。自是方技之書，往往自言得之山中。如《月波洞中記》，相術也，稱《老子》記於太白山月波洞石壁上，而唐時任逍遥得之。《太素脈法》，醫家别派也，稱仙人石函在空同山中，唐時樵者得之。此則大半依托，不足信矣。

世有《神機相字法》一書，不知何人所撰。稱有景齊者，受於山中異人，其書本東華洞中之文，上卷已授安石，下卷以授景齊。蓋即後世測字之法也。景齊不知何許人，疑在北宋之末。其時荆公《字説》盛行，學者奉爲圭臬，故依附安石以自重其書也。

九九銷夏録卷六

宋徽宗高宗皆嘗著書

宋蔡絛《北狩行録》言：徽宗在金，嘗得《春秋》，披覽不倦，凡理亂興廢之蹟，賢君忠臣之行，莫不采摭其華實，探涉其源流，鈎纂樞要而編節之，改歲籥而成書。是徽宗嘗編節《左傳》成一書也。唐張固《幽閒鼓吹》有明人顧元慶跋，引姚文公《唐詩鼓吹序》言：「宋高宗退居德壽宫，嘗纂唐宋遺事爲《幽閒鼓吹》。」是高宗亦著《幽閒鼓吹》一書也。此二君者，一則播遷之後，窮愁著書；一則退老之餘，娱情翰墨。雖其書均不傳，亦可見宋諸帝之均長於文藝矣。或謂《幽閒鼓吹》似非帝王語氣，然高宗嘗建聚遠樓，取坡詩「賴有高樓能聚遠，一齊收拾與閒人」。則高宗固以「閒人」自命，何不可以「幽閒」名書乎？

著書人名姓不真

《史記·蘇秦傳》《正義》引樂臺注《鬼谷子》書云「蘇秦欲神祕其道，故假名鬼谷」。是以自作之書託之他人也。《化書》六卷，世傳宋齊丘撰，而陳景元跋則云：「譚峭景升在終南著《化書》，因遊三茅，歷建康，見齊丘有道骨，因以授之曰：『是書之化，其化無窮，願子序之，流於後世。』於是杖靸而去，齊丘遂奪爲己有而序之。」是以他人之書攘爲己作也。二事正相反。

張邦基《墨莊漫録》云：「近時傳一書曰《龍城録》，乃王性之爲之。又作《雲仙散録》，尤爲怪誕。又有李歜注杜詩，注東坡詩，皆出性之一手。」按：王性之名銍，著有《默記》及《補侍兒小名録》等書，則亦一著述家也。乃喜爲此等書駕名他人，何歟？今《龍城録》猶行於世，梅花美人事詞賦家多用之。《雲仙散録》當即《雲仙雜記》，其中所載如戴逵雙柑斗酒事，亦引用至今。而《龍城録》則以爲柳宗元作，《雲仙雜記》則以爲馮贄作。王性之爲人作嫁，竟無知者，亦殊無謂矣。

宋魏泰著《碧雲騢》一書，託名梅舜俞，此人所共知者。王銍跋《范仲尹墓誌》又稱其喜僞作他人著書。如《志怪集》、《括異志》、《倦遊録》，盡假名武人張師正。魏泰不得志於場屋，其言多輕肆誣詆，不自爲名，固其宜也。王性之既知魏泰之非，乃亦效其所爲，殊不可解。殆因臆造典故，不可爲訓乎？

王漁洋《夫于亭雜録》〔一〕云：「家有《疑耀》一書，乃李贄所著，其門人張萱序刻。余嘗疑爲萱自纂而嫁名於贄。中有『校秘閣書』及『修玉牒』等語。萱嘗爲中書舍人，纂《文淵閣書目》，而贄未嘗一官禁近也。及觀論温公一條云：『余鄉海忠介』，益信不疑。」按：此亦以自著之書嫁名於人也。《日知録》云：「漢人好以自作之書託爲古人，張霸《百二尚書》、衛宏《詩序》是也〔二〕。晉以下則有以他人之書竊爲己作者，郭象《莊子注》、何法盛《晉中興書》之類是也。」今張萱《疑耀》駕名李贄，則非亭林所及料矣。

〔一〕《夫于亭雜録》，或前有「古」字。
〔二〕是也，《目知録》原前有「之類」。

書名相襲

文中子《中説》久行於世，而元敖刿亦著《中説》一書，書止三卷。羅氏《路史》久行於世，而明徐渭亦著《路史》一書，書止二卷，與原書體例迥殊。襲用其名，未知何意。

顧炎武《日知録》，其名甚著。而汪坦亦有《日知録》，則無知者矣。李夢陽《空同子》其名亦甚著，而蘇伯衡亦有《空同子》，則無知者矣。皆明代之書也。

明人朱存理有《鐵綱珊瑚》〔一〕，而都穆又有《鐵綱珊瑚》。陳繼儒有《珍珠船》，而胡侍亦有《真珠船》。書名新穎，頗非陳因，乃先後相襲，何也？

宋羅大經撰《鶴林玉露》十六卷，至今人人知之。明鐵陞有《壺天玉露》一書，則知者鮮矣。

〔一〕 鐵綱珊瑚，《四庫全書總目》著録爲「《趙氏鐵綱珊瑚》」，考云「舊本題明朱存理撰。末有萬曆中常熟趙琦美跋。稱原從秦四麟家得《書品》、《畫品》各四卷，後從焦竑得一本，卷帙較多，用兩本互校，增爲《書品》十卷，《畫品》六卷。其先後次序，則琦美所隲定，而又以所見真蹟續於後。稱秦氏原本，無撰人姓名，别有跋，記作者姓名。後佚去，不復記，然非存理也。據此，則是書乃趙琦美得無名氏殘稿所編，其稿既不出於一家，且琦美又有所增補，題存理撰爲誤矣」。今人歸之於趙。鐵綱珊瑚，出自唐李商隱《碧城三首》「玉輪顧兔初生魄，鐵綱珊瑚未有枝」。

今其書尚存，《廉鑑》四卷，《四庫全書》著録，實即《壺天玉露》之一種也。此書與羅大經之書同以「玉露」名，而體製迥別。

元金履祥有《濂洛風雅》六卷，國朝張伯行亦有《濂洛風雅》九卷，並以濂洛之詩爲風雅正軌。張氏之書必繼金氏而作，乃序中絶不及金氏之書，是直未見其書而意與相同，名亦與之相襲也。

舊有《漁樵對問》一書，云是邵子所撰。晁公武《讀書志》又云是張子撰。其書設爲問答，發明事物之理，未知果出邵、張二子之手否。又有《漁樵閒話》一書，云是東坡撰。公武《讀書志》則云「不知何人所爲」。大抵亦僞書。

又按：《漁樵問對》，有云康節之祖所爲，見晁公武《讀書志》。考程明道爲康節墓志云：「祖諱德新，父諱古，皆隱德不仕。」則康節之祖德新也。乃劉安節《給事集》亦附載《漁樵問對篇》，其文皆同。豈此文又出於安節乎？

僞撰古人詩文

《衝波傳》載孔子見采桑娘有「南枝窈窕北枝長」之句，《東家雜記》載孔子過臧文仲將壇有

「將軍戰馬今何在」之句，竟使吾夫子作唐人七言絶句。作僞者不特妄甚，抑亦陋甚。乃明人洪化昭作《周易獨坐談》，所引古事有周公作歌招夷、齊及夷、齊答歌。不經之談，竟以説經，明人之陋極矣。

元楊維楨《史義拾遺》中有子思《薦苟變書》、孫臏《答龐涓文》、梁惠王《送衛鞅還秦文》、毛遂《上平原君書》。如此之類，皆以文爲戲而已。

國朝吴定璋纂《七十二峰足徵集》，蒐輯歷代文人之生於太湖者，録其所作，彙爲此編。内有吴季札之孫濮婁所作《高山》詩三章。濮婁之名不見記載，《高山》之詩亦自古未聞，不知何處得之，殆亦僞撰歟？

世傳漢晁錯與友人尺牘云：「日外入芳圃，知騎氣南遊，抱恨而反，所謂『南山千萬峯，盡是相思情』也。吟編久客左右，偶欲檢點，敢請頒下。」西漢人有此筆墨，大奇。明屠赤水收入《翰墨選注》，更奇。

竊人著述

明張之象撰《唐詩類苑》，其稿爲錢唐卓明卿所得，掩爲己有。華亭王微〔一〕爲辨正之，遂以二本並行。又有吴興王氏著《藻林》一書，亦爲明卿攘而有之，則至今竟爲卓氏《藻林》矣。談遷作《棗林藝蕢》，雖爲辨正而卒不能勝之，並王氏之名世無知者，可慨也。然郭象注《莊》，此風久矣。

明常熟人蔡徵蘭〔二〕撰《天啓宫詞》一百首，其自注亦詳明爲同縣陳悰者所攘，見《静志居詩話》，至今刻以行世，竟題悰名。

明錢希言《戲瑕》云：「嘗於太原齋頭見雲間刻顧氏《詩史》，乃中翰正誼名也。余與王先生相顧驚歎。王先生曰：『此豈虎頭公所能哉！』後余過雲間，乃知華亭唐汝詢仲言目雙瞽，

〔一〕王微，《四庫全書總目》著録爲「王徹」，似可從。
〔二〕蔡徵蘭，《四庫全書總目》著録爲「秦徵蘭」。或記作秦蘭徵，今人歸之秦氏。

著是書，顧氏以三十金詭得之。」

國朝高士奇著《春秋地名考略》十四卷，據閻若璩《潛邱劄記》云：「秀水徐勝敬可爲人作《左傳地名》，即此書也。」是高江村此書爲徐敬可代作。

太倉黄侃字孝直，有《鹿樵紀聞序》曰：「此書凡十二卷，其一曰鶉首火，其二曰澠池水，其三曰真寧恨，其四曰朱陽潰，其五曰黑水擒，其六曰穀房變，其七曰開縣敗，其八曰汴渠墊，其九曰通城擊，其十曰鹽亭誅，其十一曰九江哀，其十二曰虞淵沈。作者自稱舊史氏，每卷末有總論，有附記，其事核而詳，其文練而達，其於人材邪正之間、軍國安危之際，未嘗不三致意也。自夫已氏取付殺青，或割截篇章，或點竄字句，而作者之志荒矣。予憫夫贋鼎之盛行，而後世並真本而棄之也。於是乎書。」按：此似即謂吴梅村之《綏寇紀略》。所謂夫已氏，不知何人。豈此書本名《鹿樵紀聞》，因曾爲他人所刊行，故易今名，以别於贋鼎歟？

國朝張時爲《界軒集》，有擬奏疏一通，請凡假名著書者，視殺人之罪加一等。殆亦有激之談邪？

百歲以上尚能著書

宋時有《楓窗小牘》一書，不知作者姓名。其人上及見徽宗崇寧，下及見寧宗嘉泰。計崇寧末年丙戌至嘉泰元年辛酉，九十六年矣，故舊題爲百歲老人所記，殆不虚也。惜姓名無考，但以書中《袁良碑》一條，知其姓袁耳。明林春澤字德敷，正德甲戌進士，官至平番府知府，年百有四歲，有司爲建人瑞坊，其所著詩一卷，即名《人瑞翁集》。此則姓名爵里明白可徵。年逾百歲，吟詠不輟，真人瑞矣。

明陸樹聲有《耄餘雜識》一卷，其年已八十二矣，故名《耄餘》。耄而好學，亦足爲難。然視衛武公作《抑戒》猶少十有三年也。又茅坤有《耄年録》七卷，茅亦享大年。

年少有集傳世

王漁洋《分甘餘話》深惜明詩人如陳后岡、董中峯、常明卿之類，皆年未四十而死。然其人但不壽耳，若蔣燾爲徐有貞外孫，十一歲補郡學生，十七歲而卒，有《東壁遺稿》二卷；李兆先大學士，李東陽之子，二十七歲而卒，有《李存伯存稿》十三卷。秀而不實，尤爲可惜。然並有文集流傳，則彭殤亦不足較也。

古來以童子傳名後世者，莫少於東漢之胡根。《蔡中郎集》有《童幼胡根碑》云：「故陳留太守胡君子曰根，字仲原，年七歲夭逝。」以七齡童子得附中郎之文以傳，然碑文雖稱其聰明敏惠，好問早識，而實固無所表見也。《中郎集》又有《袁滿來墓碑》稱：「大尉公之孫，司徒公之子，逸才淑姿，實天所授。」然其年十五歲，視胡仲原年長以倍矣。

老塾師著書

宋永嘉李之彦著《東谷所見》一卷。東谷，其自號也。自稱遊湖海五十年，教公卿大夫之子孫屢矣，教尋常白屋之類亦多。是其人乃五十餘年之老塾師，想其杖策所至，亦頗有名望，故公卿子弟多受其教，非三家村夫子比也。

明江寧姚淛有《海月樓集》，李維楨爲作序，稱爲金陵典客，蓋以質庫爲業者。質庫主人亦有詩集傳後，當與老塾師異曲同工矣。

雜技人成名

明時有童佩，書賈也，有《童子鳴集》六卷。方于魯，墨工也，有《方建元詩集》十三卷。近墨者黑，其斯之謂乎？

明曹安《讕言長語》載：「江西新喻人傅若金，少年家貧，以織席爲生，又改業爲針工。後有所激，乃讀書。」按：若金字汝礪，謁文安，改爲與礪。宋褧以異材薦佐使安南，除廣州文學教授，有詩文集行世。以一針工而成名，更奇。

因出使外國而著書

明張以寧字志道，見《明史·文苑傳》，稱其以《春秋》致高弟，故所學尤專《春秋》，多所自得，撰《胡傳辨疑》最辨博，惟《春王正月考》未就，寓安南半歲，始卒業。按：以寧於洪武二年奉使出封安南，其寓安南即是時也。古之君子，雖在殊俗異方，不忘所學。今之君子，則惟侈述聞見之奇，歸國以詫流俗之耳目而已。

宋朱弁《風月堂詩話》二卷，自序題庚申閏月，是宋高宗紹興十年也。弁以建炎元年使金，羈留十七年乃還，則紹興十年正在金國之時也。西河築館之年，而仍有東閣吟詩之興，殆姑以銷憂破寂乎。

宋余靖字安道，嘗奉命使遼，作《契丹官儀》一篇，此則今之君子所取法矣。

《永樂大典》創議於解縉

明解縉《文毅集》中有封事〔一〕云：「陛下好觀韻府雜書，鈔輯蕪穢，略無文彩。若喜其便於檢閱，願集一二儒英，隨事類別，勒成一經」云云。後來成祖修《永樂大典》，似用其議。然解大紳之意，欲隨事類別，則是類書而非韻書。《永樂大典》分韻編纂，則仍是好觀韻府之本意也。

〔一〕封事，指《大庖西封事》之密封奏章。

本朝《古今圖書集成》一書，博而有要，實駕《永樂大典》而上之，此則以事類編纂者。縉之所見及此，不可謂非高識矣。世徒以解大紳少時穎悟，傳其逸事，鄙誕不經，未足知此也。《明史·王鏊傳》稱，鏊上言欲仿前代制科，如博學鴻詞之類，以收異才，六年一舉，尤異者授以清要之職，有官者加秩。此事本朝竟行之，乃歎我朝修《圖書集成》，開博學鴻詞科，兩事超出前代，而在前代未始無人見及，但其時不能用耳。

實録

唐《李習之集》有《皇祖實録》一篇，乃其祖之行狀也。宋汪晫《康範詩集》附《康範實録》，皆其行狀銘誄也。實録之名，古人不以爲嫌。《日知録》有《上下通稱》一條，未及此事。唐許嵩記六代之事，稱《建康實録》，此於名稱尚爲無礙。至明楊學可紀明玉珍父子事，稱爲《明氏實録》，則疑於尊明氏爲正統矣。雖古有此稱，何必襲用。

語録

宋倪思有《重明節館伴語録》一卷，蓋紹熙二年七月，金遣完顔兗、路伯達來賀重明節，思爲館伴，紀一時問答之語而成是書，故曰《重明節館伴語録》。按：馬永卿《嬾真子》載蘇老泉與二子同讀富鄭公《使北語録》事，則知語録之名北宋已有之。蓋當時士大夫以奉使伴使爲兩國邦交大事，故有所語必備録之，以上於朝廷，是以有語録之名。嗣後遂相沿爲記録之一體，儒家因之而有語録。《宋・藝文志》所載程頤《語録》二卷、劉安世《語録》二卷、謝良佐《語録》一卷、張九成《語録》十四卷、尹焞《語録》四卷、朱熹《語録》四十三卷之類是也。釋家亦因之。《宋・藝文志》所載僧慧忠《語録》一卷、龐藴《語録》一卷、僧神清《語録》一卷、僧重顯《語録》八卷、僧宗杲《語録》五卷、淨慧禪師《語録》一卷、松源和尚《語録》二卷之類是也。《宋・藝文志》又有朱宋卿《徐神翁語録》一卷，則道家亦襲其名矣。學者不知，譏宋儒誤襲釋家之名，是未詳考也。

宋太祖開寶三年，南唐使臣張泊來，以賈黄中習於臺閣故事，録其所聞於賈者爲《賈氏談録》一卷，歸貽好事。是録人之言，非録己之言，然體亦相近，故知語録又出於談録矣。

雜論志例

宋周淙《乾道臨安志》第一卷，紀宫闕官署，題曰「行在所」；其二卷乃始爲郡志。元潛説友《咸淳臨安志》，十五卷以前爲「行在所」，記宫禁曹司之事；十六卷以下乃始爲郡志。此都城志書之體也。

宋羅濬《寶慶四明志》，前十一卷爲郡志，十二卷以下爲鄞、奉化、慈谿、定海、昌國、象山各縣志，不與郡志相混。蓋其時明州雖爲府，而無附郭之縣，實與六縣分地而治，故其體例如此。此則今直隸州志所宜法也。

元徐碩《至元嘉禾志》分江海、湖泖、浦漵、溪潭、陂塘、河港、涇溝、堰牐爲八類，地屬水鄉，事關水利，不厭其詳也。明汪舜民《徽州府志》，人物一門分之爲十四類，則諠雜無謂，大可省併矣。明張欽《正德大同府志》，附有車營戰車諸圖，地屬邊疆，事關戎務，不嫌其贅也。明康海《武功縣志》載蘇氏《璇璣圖》，則前人著述可勝載乎？康海此志最爲簡要，乃有此失，宜其孫吕賜爲刊除之矣。此詳略之宜講也。

《萬曆襄陽府志》，因孔子曾之楚，於古蹟外，别立聖蹟一門。然則宋、衛、陳、蔡孰非聖蹟所至，記輿地者亦不可無此門乎？明王俱《毘陵志》以齊高、梁武皆於斯郡發祥，冠諸人物之首，然則漢家興於豐沛，唐室起自太原，修江南、山西地志，將胥漢唐諸帝而入之乎？此夸飾之意，不爲典要者也。

明毛鳳韶《浦江志》，略於人物，志中仿《通鑑綱目》，以名字爵謚爲褒貶。又託邑人之名，仿尹起華之例，發明其書法。夫《春秋》，非聖人不能作，紫陽《綱目》已有異同之論，况志書乎。至石邦政《豐潤縣志》於歷代帝王，亦以行款高下區其優劣，更爲妄作。此陋儒之習，急宜掃除者也。

明何喬遠《閩書》分二十二門，其末一門曰《我私》。蓋喬遠自志其宗族也。夫自序之例，仿自龍門，志亦史體，何嫌自叙。然羅列何氏諸人，幾同家乘，殊乖志例。汪來《北地紀》不分門目，采事蹟詩文之有涉慶陽者，自后稷以下八十一人，而自附其名於末，以來爲慶陽府知府也。末一卷皆來所自作之文，雖曰方志，竟成私集。此文士之見，亦當刊削者也。

志書門類

志書分門，最難詳簡得宜。宋朱長文《吴郡圖經》，此地志存於今之最古者也。其書分上中下三卷，共二十八門，未免太繁。既有城邑，而門名又自爲一門；既有宫觀，而寺院又自爲一門。若斯之類，大可併省。宋梁克家《淳熙三山志》，分九門，曰地理，曰公廨，曰版籍，曰財賦，曰兵防，曰秩官，曰人物，曰寺觀，曰土俗，又似失之太簡。山川竟無專門，止附見於寺觀中。夫有山川而後有寺觀，殊爲倒置矣。宋羅濬《寶曆四明志》，分叙郡、叙山、叙水、叙産、叙賦、叙兵、叙人、叙祠、叙遺九門。元馮復京等《大德昌國州圖志》，分叙州、叙賦、叙山、叙水、叙物産、叙官、叙人、叙祠八門。兩書大略相同。然《四明》無叙官，則宦蹟無徵；《昌國》無叙兵，則軍制無考。是皆闕典也。元袁桷《延祐四明志》，分十二考，曰沿革，曰土風，曰職官，曰人物，曰山川，曰城邑，曰河渠，曰賦役，曰學校，曰祠祀，曰釋道，曰集古。明趙時春《平凉府志》分十七門，曰建革，曰山川，曰户口，曰田賦，曰物産，曰壇祠，曰藩封，曰官師，曰兵制，曰學校，曰人物，曰孝節，曰風俗，曰河渠，曰寇戎，曰寺觀，曰祥異。此二志差爲詳備，後之修志者雖有異同，範圍要不出此。至於名目，自有典型。乃或好爲新奇，如明何喬遠《閩書》，於人物志，分縉紳、弁韐、闕栘、韋布等門類，殊涉詭異，無當大方。又如何景明《雍大紀》，改《沿革志》曰《考易》，改《藝文志》曰《志賁》。如此之類，幾令人開卷茫然也。

明康海《武功志》七篇，曰地理，曰建置，曰祠祀，曰田賦，曰官師，曰人物，曰選舉。韓邦清[一]《朝邑縣志》亦七篇，曰總志，曰風俗，曰物産，曰田賦，曰名宦，曰人物，曰雜記。此二志爲後人推重，未免過於簡略。夫志者，識也。孔子稱「多見而識之」，豈止以簡爲貴乎？其後王學模[二]又作《續朝邑志》八卷，殆亦病其太簡而爲之續乎？惟所立門類簡而能該，洵爲可法。

明唐樞撰《湖州府志》，分土地、人民、政事三門，雖似振裘挈領，然以各子目按之，究不能悉當。胡纘宗撰《嘉靖安慶府志》，不分門類，但爲二記、二表、十二志、十二傳，泥正史之例，變志書之體。凡此之類，均非後人所宜效法也。胡松撰《滁州志》，惟天文、山川、物産各爲一篇，其餘皆以編年紀事，是亦廢門類不用者。國初沈謙著《臨平志》，即用此例。然一鎮小志，無可

[一] 韓邦清，《四庫全書總目》著録爲「韓邦靖」。《明史・韓邦奇傳》記有「其弟邦靖」，可參證。

[二] 王學模，《四庫全書總目》著録爲「王學謨」，當從之。

編排，按年紀載，尚無不可，郡縣之志，自有體裁，何事更張，未免好異。若明盛儀《嘉靖惟揚志》，以古今關涉揚州事蹟，仿《綱目》編年紀載，别爲《歷代志》。此則因事涉本郡，不可删除，而又無類可歸，難以分隸，創爲此體，或尚可取法乎。

志書用古地名

明王鏊撰《姑蘇志》，以示楊循吉。循吉但觀簽票即曰：「不通，不通，府志修於我朝，當稱《蘇州府志》。姑蘇，吴王臺名也。以此名志，可乎？」此語載陳眉公《見聞録》。人皆以楊説爲然，余謂非也。以古地名名書，乃宋以來志書之通例，如《淳熙三山志》《嘉泰會稽志》《嘉定赤城志》《寶慶四明志》《至元嘉禾志》《延祐四明志》《至大金陵志》等類指不勝屈，豈自宋以來無一人知體要者，獨楊循吉持此正論乎？蓋古來志書，皆私家著述。一人之力，閉户而成之，題以古名，但取雅馴，何拘時代。後來開設志局，儼同官書，則務從今制，不題古名，亦事理所宜也。常熟縣舊有《琴川志》，明時知縣楊子器重修，則更名曰《常熟縣志》。即此一端，亦可觀世變矣。

揚州府舊有《寶祐惟揚志》，其後又有《惟揚新志》。明嘉靖二十年，知府朱懷幹屬江都人盛儀撰《嘉靖惟揚志》，從寶祐舊志之名也。揚州稱惟揚，又非古地名，以《禹貢》「淮海惟揚州」截取「惟揚」二字爲名，似乎不辭。然劉希夷《江南曲》云：「潮平見楚甸，天際望惟揚。」則唐人已有此稱矣。今人皆書作維揚，惟、維字通。《史記・夏本紀》固作「淮海維揚州」也。盛儀云：「作維揚者誤。」但讀《禹貢》不讀《夏本紀》耳。

地志載金石文字

元徐碩《至元嘉禾志》，「碑碣」一門多至十六卷〔一〕，自三國六朝以迄南宋，凡石刻之文全載無遺。好古之士多喜其典核，然竊謂究非體也。使碑碣必備載其文，則各史藝文志所收經、史、子、集，亦必備載其文乎？且如關中爲金石淵藪，志地理者，必備録其文，不且汗牛充棟乎？明沈朝宣《嘉靖仁和縣志》，於碑刻之文，止載其目，不載其文，殊爲得體。後人乃病其太簡，何也？

〔一〕　十六卷，《四庫全書總目》原文爲「十一卷」。

志書賢姦並載

自《太平寰宇記》備載列朝人物，後來地志因之，然主於表章先哲，記載循良，故史家賢姦並列，而志則有美無惡，亦體例不同也。明《嘉靖江西通志》，布政使參政林庭棉，按察司副使周廣同撰，仿諸史姦臣酷吏傳，立姦宄一門，此則志家之創格。自後萬曆間修《廣東志》，亦沿其例，有罪放、貪酷兩門。

明王啓撰《赤城會通記》，其載官吏，分有事實官、無事實官、有疵官爲三等。其紀人物，有鄉獻，有鄉僇。斯記之作，更在其前，則庭棉等亦有所受之也。考康海《武功縣志》官師一門，亦善惡並著，以示法戒。然但渾曰官師，不分名目。後有作者，如欲寓勸懲微意，則以斯例爲善。

一鎮有志

鎮之名蓋古鎮將之遺。宋初廢鎮將而存巡檢，寨鎮之名因而不改。吾浙海鹽縣有澉水，《水經》所謂澉浦者是也。唐開元五年，張廷珪奏置鎮。宋紹定三年，監澉浦鎮税羅叔韶使邑人常棠爲《澉水志》八卷。一鎮有志，自此始也。其書分十五門：曰地理，曰山，曰水，曰廨舍，曰坊巷，曰坊場，曰軍寨，曰亭堂，曰橋梁，曰學校，曰寺廟，曰古蹟，曰物産，曰碑記，曰詩詠。以一鎮之地，分門立類，與郡縣志同。而全書八卷，止四十有四葉。蓋以簡而見長者也。明人《武功》《朝邑》兩志實出於此。然近時烏程汪曰楨作《南潯鎮志》，多至四十卷。嘗與余言：「省志備載一省之事，不可太繁。若府志，宜詳於省志。縣志，宜詳於府志。鎮志，宜更詳於縣志。務在博采廣收，不遺鉅細，以備將來修省志、府志者之取裁。」是説也，亦或一道乎。

明董穀又撰《澉浦續志》九卷。澉浦一鎮，自宋至明兩修志乘，亦他鎮所未有也。近自汪氏《南潯志》後，作鎮志者頗不乏人。如柳商賢之《横涇志》、王同之《唐西志》，余皆爲序之。惟幼時見康蓮伯、子蘭兩昆弟作《臨平鎮志》，其書亦不下《南潯志》，而亂後竟無一字之存，是可惜也。

九九銷夏録卷七

刻詩文集之始

唐僧貫休《禪月集》末有其門人曇域後序云：「檢尋稿草及闇記憶者，約一千首，雕刻成部。」按：其時則蜀王衍乾德五年，論者謂書籍刊版雖始於唐，然皆傳布古書，非刊刻專集。若刊專集，自此集始。余謂不然。歐陽公記舊本韓文後云：「集本出於蜀，文字刻畫，頗精於今世俗本。」然則《韓昌黎集》在唐時已有刻本矣。惟刻印疑始於蜀，故蜀毋昭裔有刻印九經之請，而舊本韓文亦蜀刻也。《禪月集》之刻於蜀，蜀人用蜀例耳。

集名之多

古人之集，皆後人蒐輯而成，故曰集也。至張融《玉海集》，則自定集名矣。王筠一官一集，則集之中又分子目矣。然《王筠集》一百卷，今無傳本。所存詩文數十篇，其集名無考也。宋周必大之《平園集》，有曰《省齋文稾》者，曰《平園續稿》者，曰《省齋別稾》者，曰《詞科舊稾》者，曰《掖垣類稾》者，曰《玉堂類稿》者，曰《政府應制稾》者。而其餘表奏等依類編次，尚不在其内，可謂多矣。至楊萬里《誠齋集》，有曰《江湖集》者，曰《荆溪集》者，曰《西歸集》者，曰《南海集》者，曰《朝天集》者，曰《江西道院集》者，曰《朝天續集》者，曰《江東集》者，曰《退休集》者，較《平園》更夥。然竊謂《平園》諸稾，名稾不名集，最爲得體。蓋初作止謂之稾，其後合而一之，乃謂之集耳。若《誠齋》，則《江湖》以下，無不名集。合而一之，是合衆集爲一集也。當題總集，不得專名集矣。博觀本朝諸名家，往往襲《誠齋》之例，不達《平園》之義。趙秋谷之《因園集》，曰《并門集》，曰《閑齋集》，曰《還山集》，曰《觀海集》，曰《鼓枻集》，曰《涓流集》，曰《葑溪集》，曰《紅葉山樓集》，曰《浮家集》，曰《金鵝館集》，曰《回帆集》，曰《懷舊集》，曰《磺庵集》。凡爲集者十有三，則所謂《因園集》者，何以别於此十三集乎？查初白之《敬業堂集》，曰《慎旃集》，曰《遄歸集》，曰《西江集》，曰《踰淮集》，曰《假館集》，曰《人海集》，曰《春帆集》，曰《獨吟集》，曰《竿木集》，曰《題壁集》，曰《橘社集》，曰《勸酬集》，曰《溢城集》，曰《雲霧窟集》，曰《客船集》，曰《並轡集》，曰《宂寄集》，曰《白蘋集》，曰《秋鳴集》，曰《敝裘集》，曰《酒人集》，曰《游梁集》，曰《皖上集》，曰《中江集》，曰《得樹樓集》，曰《近游集》，曰《賓雲集》，曰《炎天冰雪集》，曰《垂橐集》，曰《杖家集》，曰《過夏集》，曰《偷存集》，曰《繙經集》，曰《赴召集》，曰《隨輦集》，曰《直廬集》，曰《考牧集》，曰《甘雨集》，曰《西阡集》，曰《迎鑾集》，曰《還朝集》，曰《道院集》，曰《槐簃集》，曰《棗東集》，曰《長告集》，曰《待放集》，曰《計日集》，曰《齒會集》，曰《步陳集》，曰《吾過集》，曰《夏課集》，曰《望歲集》云，曰《粤游集》。凡爲集者五十有三，名目紛繁，一至於此。幸其名皆纖小，冠以《敬業堂集》，似尚足以統率之。然要是合衆集爲一集也，則亦昧於共名、别名之義而已。

《荀子・正名篇》曰：「物也者，大共名也；鳥獸也者，大别名也。」既以集爲共名，則凡别名者不得亦謂之集。《平園》似猶知此義矣。

明黄衷《矩洲集》，分《吴中稾》《南中稾》《閩中稾》《粤中稾》《湖中稾》《伐檀稾》，《草堂前槭深稾》《雙魚稾》《深明稾》《洛澄稾》《越山稾》《白雲稾》《蘿山稾》。皆合諸稾而成一集，尚存《平園》遺意。

父子同集

唐顧况《華陽集》後附其子顧非熊詩一卷。此子集附父集以傳者也。亦有父集附子集者。宋黄庭堅《山谷集》後附刻其父庶字亞夫之《伐檀集》。戴復古《石屏集》卷首載其父《東皋子詩》。論者謂戴《集》得體，黄《集》失之。然父子同集，要自美談。此外著述，如《林泉高致集》首題贈正議大夫郭熙撰。然熙所撰止《山水訓》《畫意》《畫訣》《畫題》四篇，而《畫格》以下二篇，則其子思所附也。此子書附父書以傳者。明張丑《真蹟日録》後附《清秘藏》二卷，則其父應文所撰也。此父書附子書以傳者。《野客叢書》宋王楙撰，末附《野老記聞》，則其父所撰。然野老竟不傳其名字，《東皋子詩》後有復古跋語云：「先人諱敏字敏才，號東皋子。」此則石屏之善爲其親計矣。

元尹廷高《玉井樵唱》卷首載其父竹坡詩一聯。蓋用石屏之例。元洪希文《續軒渠集》，有附録一卷，即其父巖虎所作《軒渠集》也。《軒渠集》已散佚不全，故反附其子《續軒渠集》以行，蓋用《伐檀》之例。

宋劉渙之子恕，恕之子羲仲，合祖孫三代之詩爲一集。題曰《三劉家集》。明文洪之孫徵明，徵明之長子彭、次子嘉，彭之子肇祉，合高祖至玄孫五代之詩爲一集，題曰《文氏五家詩》。世擅著述，允爲美談。惜衡山之父竟無一篇傳者，遂使中間缺此一代，亦美中之不足也。

明人《竹嶼山房雜部》分五部：曰《養生部》六卷，曰《燕閒部》二卷，曰《樹畜部》四卷，則華亭宋詡字久夫者所撰也；曰《種植部》十卷，曰《尊生部》十卷，則其子公望字天民者所撰也。公望之子懋澄合而編之。是一書而成於祖孫父子三代之手，可謂世濟其美矣。

父子書集同名

古人有父子同一集名者。如宋時吕本中與子祖謙同名《東萊集》，洪巖虎與子希文同名《軒渠集》，國朝李蕃與子李鍾璧、鍾峨同名《雪鴻堂集》。雖足見著述相承之美，然傳之後世，幾於無別矣。

少作入集

高斯得《耻堂存稿》有南軒永州諸詩，跋云：「劉禹錫編《柳子厚集》，斷自永州以後，少作不録一篇。南軒先生永州所題《三亭》《陸山》諸詩，時方二十餘歲，興寄已落落穆穆如此。然求之集中，則咸無焉。豈編次者以柳集之法裁之乎？」是古人編集不登少作。然今所行柳集已非禹錫所編之舊本。據宋紹興中文安禮撰《柳子厚年譜》，貞元元年乙丑，有《爲崔中丞賀平李懷光表》，是年止十三歲。貞元五年己巳，有《爲文武百官請復尊號表》，是年止十七歲。則子厚少作已有傳於後矣。

洪興祖《韓子年譜》云：「貞元四年戊辰，是年公薦薛公達於張建封。時年二十一，始有文章見集中。」而附録其下云：「公集有《上河陽李大夫詩》，疑李芃也。李芃爲河陽節度使在德宗初年，公時方十四五。則公文章見集中未應以薦公達爲首也。」其説不知何人所附，或疑即出方崧卿。然則昌黎亦存少作。

《李太白集》有《大獵賦序》，言以孟冬十月，大獵於秦，不言何年。據史則先天元年，開元元年、八年，並有其事。太白生年或云聖歷二年己亥，或云長安元年辛丑。則作此賦總在十三歲以後、二十三歲以前。又有《明堂賦》。按：開元四年，改明堂爲乾元殿，而此賦仍題明堂，必在開元四年丙辰之前。則此賦亦十五六歲所作。太白《贈張相鎬詩》云：「十五觀奇書，作賦淩相如。」殆謂此兩賦也。青蓮少作集有可證，若杜子美則無可考。趙子櫟《杜工部年譜》於開元七年己未云：「甫作詩起七歲。」則更早矣。然不知當集中何篇也。

直齋陳氏《白文公年譜》云：「貞元二年丙寅，公年十五，有《江南送北客寄徐州兄弟詩》，自此始有文見於集。」則香山編詩自十五歲始。

一文入兩集

唐李德裕《會昌一品集》，鄭亞作序，而其文亦見《李商隱集》，稱代亞作，文有異同。蓋亞有所改定也。宋王銍《四六話》云：「先子爲滕元發作《陳情表》，手簡尚在，今誤印在《東坡集》本文內。」是此表爲王銍父名素者所作，今入坡集者，坡有所改定也。王漁洋《蠶尾集》有《候補中書吴燦墓志》，而同時張篤慶《崑崙山房集》中亦載之，云代王作。然以兩集參校，原文甚長，王删削其十之三矣。

集中附載他人詩居前

集中附載他人唱和之詩，始於《謝朓集》中附載王融詩，至唐人而《杜集》中附嚴武詩、《李集》中附崔宗之詩，相沿成例。今人集中亦往往有之，然皆附於己詩之後，且多低一格書之以爲别。宋李之儀《姑溪詞》有和陳瓘、賀鑄、黄庭堅之詞，則列原作於前而己詞居後，雖似失主賓之辨，然頗得君子卑己尊人之意。

壽文入集

明陶安有《陶學士集》，集中載祝壽文二篇，此壽文入集之始。其後歸太僕特踵而加多耳。羅玘《圭峯集》首列壽文，亦在歸太僕之前。

南宋時有《宋名臣獻壽集》十二卷，皆南宋祝壽之文，不著編纂人姓名，而流傳至今。《四庫全書》總集存目著録焉。是壽文南宋已盛行矣。

明章敞《質庵文集》，末附祝壽詩一卷，是又壽詩之入集者。

外集

宋釋道燦有《柳塘外集》，明僧宗泐有《全室外集》，蓋以釋典爲内，故以所作詩文爲外。我朝陸稼書《三魚堂集》以奏議等歸入外集，則尊道學而薄事功，非本末一貫之旨矣。

墨蹟刻本異同

《許丁卯集》「湘潭雲盡暮山出」，米襄陽書。史載許渾手寫，烏絲欄，「暮山」實作「暮烟」。世人遂以集本爲誤。余謂此亦難言也。以詩意而論雲盡山出，軒豁呈露，自成勝致。若雲盡而烟出，則仍是此光景而已。以詩言詩，山勝於雲，未必墨蹟是而刻本非。歐陽公《集古録》真蹟與集本往往不同，即其例矣。

宋周密《雲烟過眼録》，記東坡手書詞有「郲湛初溢」四字，殊不可解。集本則作「漣漪初溢」。余不敢因有公之真蹟而以「郲湛初溢」爲然也。

《雲麓漫鈔》謂東坡《賀新涼》詞版本「乳燕飛華屋」，真跡作「乳燕棲華屋」。《水調歌》詞版本「但願人長久」，真跡作「但得人長久」。按：此二詞「飛」之與「棲」未知孰勝，至「願」之與「得」，則轉似版本爲優也。又按：今詞有《乳燕飛》一調，即《賀新涼》也。以坡詞「乳燕飛華屋」而改。宋黄機《竹齋詩餘》有《乳燕飛》詞，坡詞自是「飛」字。

韓魏公作《張乖崖神道碑》，稱其始與邑人傅霖友善，登第後，與傅詩有「巢由莫相笑，心不爲輕肥」。及讀《寇忠愍公集》，則云：「爲語巢由莫相笑，此心終不爲輕肥。」七字詩，非五字詩也。疑公初作實是五言，後入集中改爲七言耳。又世傳寇公「獨恨太平無一事，江南閒殺老尚書」。蕭林之請改「恨」字爲「幸」字，公以爲一字師，此事世多知之。及讀集中，則云：「方信承平無一事，淮陽閒殺老尚書。」非「恨」字，非「幸」字，且非「江南」。然則集中之詩與初稿不同，竟有相去千里者矣。

王直方《詩話》稱，秦少游《贈參寥》詩末句曰：「平康在何處，十里帶垂楊。」爲孫覺所呵。

後編《淮海集》，改云：「經旬滯酒伴，猶未獻《長楊》。」詞意乃迥别。

東坡詩「不向如皋閒射雉，人間何以得卿卿」。人皆譏東坡誤以「如皋」爲地名。南宋時吴聿作《觀林詩話》云：「親見其手寫會獵詩，『不向』乃作『向不』。」此則頗有出入，如果作「向不」，則坡公不誤也。

選古人詩文各有體例

文章自有體例，雖選古人詩文，亦各從其體例。昭明《文選》凡姬孔之書，老、莊、荀、孟之論，皆所不取。以《文選》一書，但以能文爲主，不以立意爲宗也。徐孝穆《玉臺新詠》，皆綺羅脂粉之詞。元次山《篋中集》，皆淳古淡泊之作。雖集諸家之詩，而仍成爲一家之言，故其書可傳。善乎，蜀韋穀之選《才調集》也，序稱「觀李杜集，元白詩」，而集中杜老之詩竟無一首。蓋杜爲唐代大家，穀非不重之，而杜詩高古，與此集穠麗迥不相同，則固不得重其名而亂吾例也。自宋以後，無知此意者矣。

國朝王漁洋選《唐賢三昧集》，太白、少陵不登一字。此固其所見之偏，但以神韵爲宗，於詩家塗轍殊有未備。然要可謂其中有我也。

編次帝王之文

帝王之文，似不應與人臣一例編次。乃《漢書·藝文志》儒家有《高祖傳》十三篇，注云：「高祖與大臣述古語及詔策也。」《孝文傳》十一篇，注云：「文帝所稱及詔策。」則此二傳即爲高文二帝所著之書。帝王有文集，實始於此。班氏編次，兩傳不相連屬，中間隔以《陸賈》二十三篇，《劉敬》三篇，則帝王之文，仍與諸臣一例，以時編次也。其下詩賦家有上所自造賦二篇。上謂武帝也，而列之吾邱壽王、蔡甲之後，亦此例矣。班氏之意，蓋以志中所録神農、黄帝之書，俱在前代帝王，不爲區別，則本朝帝王亦無庸區別矣。徐陵《玉臺新詠》以梁武帝及太子、諸王所作列吴均等之後，亦班氏舊例。

國朝康熙中，欽定宋、金、元、明詩三百十二卷，每朝皆以帝製居首，此則千古之準繩矣。

同時人詩文入選

梁昭明太子《文選》以何遜猶在不録其詩，後來選詩者率遵此例。然唐令狐楚撰《元和御覽詩》，於同時之人如張籍、楊巨源皆與焉。當日進之朝廷，不以爲嫌，則《文選》之例，或亦不必泥歟？

明李攀龍著《古今詩删》三十四卷，始於古逸，次以漢、魏、南北朝，次以唐，唐以後繼以明，多録同時之人之作，而不及宋元。蓋自李夢陽倡不讀唐以後書之説，前後七子遵之，此選猶此志也。余嘗謂本朝人説經，亦有此見。凡所稱引至唐而止，任采同時人之説，而不取宋元之説。然則前代論詩，昭代説經，將毋同乎？書此爲同學諸君一笑。

明湯紹祖《續文選》，選自唐及明詩文以續昭明之書。然所録止唐人明人，而五代、宋、遼、金、元無一字焉。亦此意也。

選詩及其家集

元好問《中州集》，選金源一代之詩，其父與兄之詩皆與。此雖表揚之私情，而亦文章之公論也。明代吾湖邱大祐吉纂《吴興絶唱集》，亦録其父之詩，惟直書其父之名，爲閻潛邱所譏，則不及《中州集》之得體矣；又將己所作之詩亦入集中，此則未免自炫之譏。若明俞憲選《盛明百家詩》，其二子淵、沂之詩各爲一卷，則殊非所宜也。

以自作詩文入選

後漢王逸撰《楚辭章句》，自《離騷經》第一至《九思》第十七，皆爲之注。而《九思》實即王逸所作。自作之，自注之，即附列於古人之後，此惟漢人可爲之，在後世，則必爲人指摘矣。徐陵《玉臺新詠》甄録自漢至梁之詩，而陵所作亦與焉。然愚疑陵詩非陵自録，乃其子孫爲之。蓋欲使其祖父之詩附古人以傳耳。觀餘人皆書名，而徐陵獨稱徐孝穆，字而不名，則爲其子孫增入無疑矣。

唐芮挺章撰《國秀集》三卷，選唐人詩，而挺章所作之詩亦有二篇與焉，其誤仿《玉臺》之例歟？

宋黄昇《花庵詞選》二十卷，始唐李白，終於宋方回，而已所自作詞四十首亦附録焉。今其所著《散花庵詞》已多散佚，賴此而存。

八先生集

唐宋八大家之選，始於茅鹿門。然明初有朱右字伯賢，其爲文惟以唐宋爲宗，嘗選韓、柳、歐陽、曾、王、三蘇之文爲《八先生集》，則即八大家之濫觴也。

宋時吕東萊有《古文關鍵》二卷，取韓愈、柳宗元、歐陽修、曾鞏、蘇洵、蘇軾、張耒之文，凡六十餘篇。此亦八大家之濫觴。茅鹿門但去張耒而進王安石、又增二蘇爲三蘇耳。東萊不取荆公，乃當時清議。其舍蘇潁濱而取張文潛，亦似有見。

國朝儲欣有《唐宋十大家全集録》五十一卷，於八家之外增入李翺、孫樵爲十。

詩與人不類

皮日休《桃花賦序》稱：「宋廣平鐵心石腸，而所作《梅花賦》，輕便富艷，得徐、庾體。」此言至今流傳以爲口實。《漁隱叢話》謂寇萊公詩含思悽婉，不類其爲人。今觀《合璧事類》所載公《春恨》一首、《春晝》一首，思致纏綿，更出《梅花賦》上矣。王漁陽《居易録》言，趙清獻集中《暖風》一首、《芳草》一首、《杜鵑》一首、《寒食》一首、《觀水》一首，此數詩掩卷讀之，豈復知鐵面者之所爲。然則以《閑情》一賦爲白璧微瑕，固哉高叟矣！

文中妖怪

楊億以文名宋初，而石介作《怪説》一篇詆之。楊維楨以文名明初，而王彝作《文妖》一篇詆之。兩事正相類。然二楊之文雖不免肉勝於骨，亦何至爲妖爲怪乎？排詆太甚矣。

爲權要作詩文

宋周紫芝《太倉稊米集》有秦檜生日樂府及詩，其題止曰「時宰」。陸游《渭南文集》有《致韓侂胄啓》，其題止曰「丞相」。竊謂此等文字，本可不作，作之亦可不存，既存之而又諱之，傳至後世，欲蓋彌章也。

林希逸文章經術卓有可傳，而《鬳齋集》中《上賈似道啓》，至以趙普、文彦博比之。劉克莊爲真西山門下高第，而《後村集》中《賀賈相啓》《賀賈太師復相啓》不一而足。甚至如王柏之高自期許，雖聖人所定之詩書，不難昌言排擊，任意竄亂。而《魯齋集》中有《壽秋壑詩》，極頌其援鄂之功，斯言之玷，豈止《西第頌》《南園記》已乎！而皆直書不諱，其並無是非之心邪？抑或以曹鄴《詠李斯》所言「難將一人手，掩得天下目」，不如竟存其實之爲愈乎？

明湛若水亦以理學名，而爲嚴嵩作《鈐山堂記》，極口頌揚，視放翁《南國》之記更有甚矣。今所薛惠與湛若水俱爲嚴嵩同年，而自嵩柄國，即絶不往來，平時與嵩贈答詩文，盡行焚棄。傳《考功集》無一字及嵩，可謂皭然不滓者也。邊貢在當日亦一勝流，而《華泉集》十四卷乃以

《送嚴介溪》之作冠首，豈以是爲榮耶？是則真無是非之心矣。

沈德潛《敝帚軒賸語》言張江陵父七十，王世貞、汪道昆俱有幛詞。世貞刻集中。六七年，居正敗，遂削去。道昆垂歿，自刻全集，全載此文，不删一字，尚存雅道。然則炙手之日，病其趨炎；羅雀之時，又嘉其念舊。是又别成一説也。

明熊逵編《清江二家詩》，一孫偉，一敖英也。書成於嘉靖丁巳，嚴嵩敗矣。而偉集開端即《送嵩北上詩》也。其亦此意歟？

四六文用長排

駢體之文，謂之四六，則以四字六字相間成文，正格也。《困學紀聞》所録諸聯，如周南仲草《追貶秦檜制》云：「兵於五材，誰能去之，首弛邊疆之禁；臣無二心，天之制也，忍忘君父之讎。」貪用成句，而不顧其冗長，自是宋人習氣。又載王㷍《辭督府辟書》云：「昔温太真絶衿違母，以奉廣武之檄，心雖忠而人議其失性；徐元直指心戀母，以辭豫州之命，情雖窘而人予其順天。」以議論行之，更宋派之陋者。此派一行，而明人王世貞所作四六，竟有以十餘句爲一聯者，其亦未顧四六之名而思其義乎！

宋謝伋《四六談塵》云：「四六施於制誥表奏文檄，本以便宣讀，多以四字六字爲句。宣和間，多用全文長句爲對，前輩無此格。」又云：「四六之工，在於翦裁。若全句對全句，何以見工。」此正論也。

將字必字

柳子厚《永州新堂記》云：「將爲穹谷、嵁巖、淵池於郊邑之中，則必輦山石溝澗壑，凌絶嶮阻，疲極人力，乃可以有爲也。」其文勢峭拔可喜。近來律賦中襲而用之，動輒用「今將」云云、「則必」云云，遂成濫調。《永樂大典》有《賦學剖蒙》二卷，如將字類、必字類皆爲一門，則知此調由來久矣。

悠謬之辭

古人之辭，如屈平適樂國，介推還受禄，故爲悠謬，往往有之。孔北海稱武王滅殷，以妲己賜周公，所謂想當然語也。國初唐大陶撰《衡書》三卷，其《核儒篇》有云：「朱子進正心誠意之説，金人聞風而遁，遂恢復中原，並削平西夏。」蓋大陶目覩明季諸儒徒張講學之幟，而於時事一無裨益，故以詼諧之舌，抒憤懣之意。雖十九寓言，亦覺談言微中也。

明來集之《倘湖樵書》引《名賢録》：「宋章樵遇李全之亂，率諸生盛服坐堂上講誦。寇至，歛刃而去。」又引《宋濂集》「宋鄭霖講《中庸》一篇，寇退，不敢攻城。」如信其説，則《孝經》真可却敵矣。

漢時張角作亂，向栩請遣將於河上北向讀《孝經》，賊自當消滅。此事古今以爲笑談，乃明人虞長孺作《孝經集靈》，專輯《孝經》靈異之事，而此事亦與焉。殆真癡人説夢矣。

九九銷夏録卷八

詩家祖宗

宋吴沆論詩大旨，見於後人所輯《環溪詩話》者，以杜甫爲一祖，李白、韓愈爲二宗，此真不祧之俎豆也。元方回《瀛奎律髓》專以江西一派爲主，創一祖三宗之説。一祖亦杜甫也，三宗則黄庭堅、陳師道、陳與義也。祖庭不別，宗派有殊矣。然溯源少陵，初非楚越，斤斤門户之見，可不必也。李、韓大宗，黄、陳小宗耳。

唐詩初盛中晚之分

嚴羽《滄浪詩話》曰：「論詩如論禪，漢、魏、晉與盛唐之詩，則第一義也。大曆以還之詩，則小乘禪也，已落第二義矣。晚唐之詩，則聲聞辟支果也。」夫既有盛唐、晚唐之名，則大曆以還之詩，即中唐矣。唐詩分盛唐、中唐、晚唐實始於此。有唐一代，享國既久，詩人又多，分而爲三，未始無見。乃《滄浪》又有云：「盛唐人詩，亦有一二濫觴晚唐者；晚唐人詩，亦有一二可入盛唐者。」又曰：「大曆之詩，高者尚未失盛唐，下者漸入晚唐矣。」然則盛唐、中唐、晚唐，亦止以大判而論，不能劃然區分。且如《春秋》一經分爲三世，而顔、鄭與何氏所分之世不同。經義且然，况詩中界限乎。至後世推求愈密，又於盛唐之上增出初唐名目，則自元楊士宏所選《唐音》始。其書分始音、正音、遺響。而始音惟王、楊、盧、駱四家，正音則初唐、盛唐爲一類，中唐、晚唐爲一類，遺響亦備列諸家，而方外及女子附焉。是初、盛、中、晚分而不分矣。殆亦以其中固有不可分者乎？始音止王、楊、盧、駱四家，其理亦不可解。蓋楊伯謙所謂始音、正音、遺響者，論詩體不論時代也。至明高棅《唐詩品彙》分正始、正宗、大家、名家、羽翼、接武、正變、餘響、旁流九格，以初唐爲正始，盛唐爲正宗、爲大家、爲名家、爲羽翼，中唐爲接武，晚唐爲正變、爲餘響，方外異人等詩爲旁流，則踵楊氏之説而衍之，初、盛、中、晚區以别矣。然品類愈歧，體例愈舛，實爲治絲而棼之。竊謂論唐詩者，但可依《滄浪》之論，區爲三世，亦可見風會之盛衰。後世紛紜之説，皆可廢也。

詩禪

宋史彌甯《友林乙稿》有詩禪一首云：「詩家活法類禪機，悟處工夫誰得知。尋著這些關棙子，《國風》《雅》《頌》不難追。」余謂此口頭禪也。關棙子在何處？必尋著關棙子，死法而非活法矣。白石道人姜夔自序其書稱：「嘗三薰三沐，師黄太史。居數年，一語噤不敢吐。始大悟，學即病，不若無所學者之爲得。」此語方是禪理。如來言：「我於然鐙佛前實無有少法可得。」又云：「實無有法得阿耨多羅、三藐、三菩提。」即此旨也。

白石又云：「作詩求與古人合，不如求與古人異。求與古人異，不如不求與古人合而不能不合，不求與古人異而不能不異。」此亦佛家無我無人之旨。董香光跋張樗寮所書《金剛經》

云：「以靈和還右軍，以奇縱還大令，以妍麗還虞、褚，以剛方還顔、柳，而自有靈和，自有奇縱，自有妍麗，自有剛方。」余深喜其言。所謂一切法皆是佛法，亦所謂一切法即非一切法。詩法、書法、佛法，一以貫之。

明凌濛初編《東坡禪喜集》十四卷，陶元柱編《山谷禪喜集》二卷，皆就蘇、黄集中取其談禪之作彙爲一編。然深於禪理者無往非禪，凌、陶兩家所編，猶未免泥於語言文字間也。

詩主神韻不切事理

王漁洋有《觀海詩》曰：「春浪護魚龍，瞥濤與漢通。石華秋散雪，海扇夜承風。」或譏之曰：「不知此遊爲春爲秋。」余謂詩之專主神韻者，往往不切事理。如太白「青山横北郭」一首即云「白水繞東城」，客必舟行矣；又云「揮手自兹去，蕭蕭班馬鳴」，竟不知此客爲乘船爲乘馬也。又如「牛渚西江夜」一首，末聯云「明朝掛帆去，楓葉落紛紛」，夫策騎山行，則楓葉紛紛落於馬首，固其所也，若掛帆行大江之中，何楓葉之有。豈非專主神韻，不講事理之失乎？

松濤詩

詩貴不脱、不黏。太黏固不可，太脱亦似非宜。侯官張超然有詩云：「月明何處雨，風定數聲鐘。」當時傳爲佳句。然非見其題目，則不知爲何詩，以太脱故也。其題蓋《松濤詩》云。

秋盡江南草木凋

杜牧之詩「青山隱隱水迢迢，秋盡江南草木凋。二十四橋明月夜，玉人何處教吹簫」。此詩膾炙人口，不知何人改「木」字爲「未」字，論者轉以「未」字爲勝。余謂，此不知詩者也。以一句論，則「秋盡江南草未凋」似有意味；若以全首論，則改「未」字不通矣。此詩作意全在「草木凋」三字。蓋「青山隱隱水迢迢」，言其地之勝也。「秋盡江南草木凋」，言雖有勝地，而惜乎非其時也。故繼之曰：「二十四橋明月夜，玉人何處教吹簫。」無限感慨。若改作「未凋」，則勝地自故，何處不可吹簫乎？詩意全失矣。此乃感歎之詞，非贊美之語。讀之令人有生不逢時之感。

時於粽裏得楊梅

宋張邦基《墨莊漫録》云："東坡元祐三年端午帖子有云：『不獨盤中見盧橘，時於粽裏得楊梅。』每疑粽裏楊梅之句。《玉臺新詠》徐君蒨《共内人夜坐守歲詩》『酒中喜桃子，粽裏覓楊梅』。今人未見以楊梅爲粽。徐公乃守歲詩，歲暮安得有此果，豈昔人以乾實爲之耶？東坡以角黍爲午日之饌，故借言之耳。"以上並《墨莊漫録》說。余謂，東坡先生用此典故，實是錯誤。徐君蒨所謂"粽裏覓楊梅"，此非"粽"字，乃"粽"字也。《説文·米部》"糂，以米和羹也。籀文作糣，古文作糝"。段氏注曰："别字作粽"，《廣韻》《集韻》諸書皆有"粽"字，云"蜜漬瓜食也"。《通鑑》盧循遺劉裕益智粽；宋廢帝殺江夏王義恭，以蜜漬目睛，謂之"鬼目粽"。《廣韻》二仙："枸櫞樹皮可作粽。"《南方草木狀》"建安八年，交州刺史張津以益智子粽餉魏武帝"。俗多改"粽"字。胡三省注《通鑑》曰："角黍也。"蓋誤認爲送韻之粽子。以段氏此説證之，則徐詩之"粽"亦是"粽"之誤字。"粽"本蜜漬瓜食，故楊梅亦可爲之，而除夕亦得食之也。與端午角黍判然二物。東坡不識有"粽"字，而誤作"粽"字，故於端午用之耳。

夕陽山外山

戴石屏得「夕陽山外山」之句，以「塵世夢中夢」對之，而不愜意。後行村中，春雨方霽，行潦縱横，得「春水渡旁渡」句，上下方稱。見瞿佑《歸田詩話》。余謂「塵世」句意境不倫，誠不如「春水」句之佳。然渡者，濟渡之謂也。行潦縱横，豈足言渡？渡字亦未穩妥。余嘗行村落間，見青草一望無際，而人跡所經則皆成蹊，歧中有歧，至不可辨，因成一句云「芳草路旁路」，或可對「夕陽山外山」乎？

又嘗於昱嶺山行，見人家屋旁一樹，大可數抱，而樹已中空，群兒聚戲其中，儼然一屋，因又成一句云「老樹屋邊屋」。然非身至其境，不信此言。

雲淡風輕近午天

近時兒童所誦《千家詩》，開卷第一卷即程子「雲淡風輕」一首，以故婦豎皆能誦之。國朝張時爲《界軒集》中有論此詩云：「程子此詩，與陰陽四時相準，四句分配四時之氣，一句亦分配四時之氣。『雲淡』二字是春，『風輕』二字是夏，『近午』二字是秋，『天』字是冬。」夫謂四句配四時已不可曉，一句配四時更不可曉矣。程子作詩時，想亦萬不料及者也。

周子《遊廬山大林寺》詩「水色含雲白，禽聲應谷清」，宋陳郁《藏一話腴》謂：「前句是明，後句是誠。」更附會可笑。

杯在手月當頭兩句

「萬事無如杯在手，一年幾見月當頭。」二語明弘光時爲王鐸所書，傳爲口實。然其語實佳，至今猶膾炙人口。而其爲何人詩句，往往熟而不能詳矣。此二語見明人朱存理《野航詩稿》附録之中，何良俊《四友齋叢説》謂當時盛傳此句。是《野航》本以此聯得名，故傳百餘年而猶爲王鐸所書也。

屏山詩意

白香山「大裘萬丈」之句，至今艷稱之，謂與少陵「萬間廣廈」同一懷抱。宋劉子翬《屏山集》有《寄道服詩》云：「此袍遍滿三千界，要與寒兒共解顏。」頗與香山詩意相似。乃因用「三千界」字，王漁洋《池北偶談》以禪語譏之，所見殊泥也。

宋胡仲弓《葦航漫遊稿》有《旱湖》一詩，云：「但使孤山梅不死，其餘風物不關情。」雖云高雅，何漠然無吉凶同患之心也！不及屏山詩意遠矣。

又如楊公遠《野趣有聲畫》其詩集名。有《春雪詩》云：「向曉披衣更擁衾，更無一事惱胸襟。」題下注：「己卯正月初三作。」己卯乃宋末帝祥興二年，即厓山宋亡之歲也。時事至此，何其言之高曠耶？可謂全無心肝矣。

四靈詩句

宋時永嘉有徐昭字靈輝，徐璣字靈淵，翁卷字靈舒，趙師秀字靈秀，四人者謂之「永嘉四靈」。詩格相類，今所傳佳句，靈輝有「樓高望見船」之句，率直語耳，不知佳處安在。靈秀詩有「樓鐘晴更響，池水夜知深」，余謂上句頗佳，下句不稱。蓋鐘響由晴，水深初不由夜，意本不倫，故「更」字佳而「知」字無著矣。後改「更」字爲「聽」字，「知」字爲「觀」字，虛者填之使實，下句未必佳，上句佳處轉失。余戲易之曰「池水雨加深」，雖未足爲佳句，或堪壓倒四靈乎？

明人題岳武穆集詩

宋孫覿《鴻慶居士集》有《韓忠武墓志》，極詆岳飛。又有《万俟卨墓志》，極表其殺飛一事。顛倒是非，爲趙與時《賓退録》所糾。然爲時尚近，公論猶未定也。若至明代，則是非久定矣。乃有提學僉事蔡衮《題岳武穆集》一詩云：「千古人來笑會之，會之卻恐笑今時。若教似我當鈞輔，未必相知岳少師。」則於岳武穆有不滿之辭。而人人痛罵之秦檜，轉引爲同心，不知其是何居心，豈其人固操邱濬之論者歟？

排律

古無排律之名，其名始於元楊士弘之選《唐音》，而明高棅《唐詩品彙》因之。然永樂間宋緒撰《元詩體要》，猶曰「五言長律、七言長律」，是排律之名猶未遵用也。至嘉靖中，石存禮等《海岱會集》，則已有五言排律一卷矣。

集句

集句爲詩，始於晉傅咸《七經詩》。其後王荆公、孔毅父輩文人遊戲，始創此體。其以集句成一集，則自宋李龏之《翦綃集》始，然皆寂寥短章，且多七言絶句，未足見其工也。至文文山集杜詩，裒然四卷，此則詩以人重，不徒賞奇字句間矣。考宋時有釋少嵩撰《漁父詞集句》二卷，元時有郭豫亨《梅花字字香》二卷，皆集前人成句而成。一則寫山水之清音，一則摹歲寒之高格，並爲藝林雅事。明沈行又有《貫珠編貝集》五卷，皆集唐、宋、元人詩句，視李龏《翦綃》似爲過之。至本朝黄之雋《香屑集》，掇拾陳言，摹擬艷體，多至十八卷，自有集句以來，歎觀止矣。趙雲松《陔餘叢考》有考集句一條，徒録古人以成句作對偶者，於諸家皆未之及，因爲補之。

明童琥有《集古梅花詩》四卷，五律、七律、七絶各一百首。所集之句，上及六代，下至明初。國朝上海張吴曼亦有《集古梅花詩》，《和中峰禪師韻》者一百首，《和陳涉江韻》者三十首，繼同里沈球作者又一百首，〔一〕六十生日，其仲兄文卿取「十月先開嶺上梅」句集古爲壽，因續作之者又一百首。今人多知郭豫亨之《梅花字字香》，而罕知有此，然實異曲同工也。

明陳循有《東行百詠集句》九卷，乃英宗復辟之初謫戍鐵嶺時所作，至千餘首之多。然皆絶句也。夫集句所以爲難，以屬對不易耳。若止是絶句，何難之有，雖多亦奚以爲。

〔一〕又一百首，《四庫全書總目》爲「則吴曼以同里沈球有是體，爲繼作而合刻之者」。

集字

周興嗣《千字文》，唐太宗《聖教序》，皆集字也。然所集字不拘一篇，其止就一篇中集字者，《東坡集》有《集歸去來詩》十首。至本朝華亭徐基字宗項者，最工此體，所著《十峰集》五卷，爲賦爲詩，爲文爲詞，各體皆備，而皆集《前》《後赤壁賦》中字。其中《遊小赤壁賦》諸篇，皆洋洋數千言，而字則不出此四百餘字之外，亦空前絶後之作矣。

宋新喻孔文仲、武仲、平仲兄弟三人，有《三孔集》。文仲别出《詩戲》三卷，皆人名、藥名、回文、集句之類。然則此等詩均戲而已矣。

疊韻詩多至千餘首

康熙間趙吉士由户科給事中罷官，閒居京師之寄園。適金匱于漢翔贈詩四首，依韻和之。以後凡遇他題，皆疊此韻，積成千首，分爲二卷，名曰《疊韻千律》。又續得五百餘首，編爲一卷，曰《千疊波餘》。自來疊韻之作，未有多於此者，亦不可無一不能有二矣。

諧音格

元侯克中《艮齋詩集》有諧音格詩一卷，七言三十一首，五言二十一首。如一東，則同、峒、桐、銅、童五字爲韻；二冬，則鏞、庸、容、墉、蓉五字爲韻。亦詩家未有之格也。

余戲用其體，成一詩云：「寂寞空山無與同，偶然訪道到崆峒。招來丹頂千年鶴，攜得朱絲三尺桐。呼吸流霞樽白石，摩挲明月鏡青銅。尋常餌朮餐芝輩，正可門前充僕僮。」

萬紅友回文

萬紅友《詞律》一書，至今詞家奉爲矩矱。乃紅友又有《璇璣碎錦》一書，皆回文詩圖也。上卷三十幅，下卷三十幅，各有巧思，然至今罕有知者。用心於無益之地，不如《詞律》之有功詞苑也。

國朝太湖人石龐撰《回文雪賦》《春賦》各一首。回文之體施之於賦，此則未有之創格。

百詠

乾隆間有楊蓉裳兄弟三人，賦金陵、姑蘇、錢塘懷古詩各二百韵，求教於袁簡齋。簡齋復書，諷以達而勿多。然山川能説，古人所貴，《兩京》《三都》，不厭敷陳。宋阮閲有《郴江百詠》，許尚有《華亭百詠》，曾極有《金陵百詠》，張堯同有《嘉禾百詠》，董嗣杲有《西湖百詠》，明僧大善有《西溪百詠》，國朝僧元璟有《京師百詠》，皆以百篇爲率，固不嫌誇多鬬靡也。

本朝錢唐沈嘉轍、吴焯、陳芝光、符曾、趙昱、厲鶚、趙信等七人，以錢唐爲南宋故都，撰《南宋雜事詩》，每人各一百首，皆自爲之注。一朝事實，一方典故，皆備於是編，非徒風雅之林，抑亦考鏡之具，豈得以其多而病諸。

楊允孚有《灤京百詠》，此則裒集在上都所作爲一集，且有一百八首，非止一百，曰《百詠》，舉成數而言，與《郴江百詠》又非一律。

宋謝逸賦蝶詩至三百首。張道洽賦梅花詩亦至三百餘首。宋李琪，元馮子振、釋明本，國朝李確，並有《梅花百詠》。明張淮有《牡丹百詠》。一花一蟲，連篇累牘，不免誇目尚奢矣。明虞淳熙、虞淳貞兄弟賦落花詩各一百五十首，刻入《塤篪集》。此雖才大如海，亦恐鼓衰力竭。

鯨背吟

《鯨背吟集》，元朱晞顔所撰。自序云：「至元辛卯，泛海至燕京，舟中成七言絶句三十餘首。」其末章云：「『早知鯨背推敲險，悔不來時只跨牛。』因名《鯨背吟》。」今之君子，不跨牛而騎鯨者多矣。人人於鯨背推敲，又不足爲奇。

四時詩詞

宋劉辰翁有《須溪四景詩》四卷，以古人四時寫景之句爲題，春景六十三題，詩七十二首；夏景三十二題，詩三十五首；秋景四十題，詩四十四首；冬景十六題，詩如題數。蓋以備科舉程試之用者，春景題多而冬景題少，殆以冬景蕭條，流傳名句較少乎？然詠梅詠雪，皆冬日之事，可供吟詠者，當亦夥夠也。若趙長卿《惜香樂府》，春景三卷，夏景一卷，冬景一卷，獨缺秋景，則不可解。趙號仙源居士，宋宗室子也。

大江西上

東坡《念奴嬌》詞首句云「大江東去」，後人即改名爲《大江東去》。戴復古《石屏詞》有此調，以「大江西上」發端，即改名爲《大江西上》。詞人競爽代興，無所不可，然「大江東去」人人知之，「大江西上」知者罕矣。

以古詩爲題

《困學紀聞》云：「梁元帝《賦得蘭澤多芳草》詩，古詩爲題見於此。」按：《沈隱侯集》有《江蘺生幽渚》詩，以陸機《塘上行》句爲題，似更在梁元帝前也。

詩不成者罰

李謫仙云：「如詩不成，罰依金谷酒數。」余按：梁孝王忘憂之館集諸遊士，各使爲賦。韓安國作《几賦》不成，鄒陽代作。鄒陽、安國罰酒三升。是不能作及代人作者皆有罰，其例更在金谷之前矣。

《日知録》言詩不必人人皆作，柏梁、金谷無人不作詩，遂多冗濫，是金谷之例可廢也。晉永和蘭亭修禊，會者四十一人，有詩者僅二十六人。宋元祐中有同文館唱和詩，據曹輔詩注知同舍十九人，而作詩者止十一人。君子不以己之所能傲人之不能，奚以罰爲。

昭元年《左傳》趙孟、叔孫豹、曹大夫入于鄭，鄭伯兼享之。穆叔賦《鵲巢》，又賦《采蘩》。子皮賦《野有死麕》之卒章。趙孟賦《常棣》。獨曹大夫不賦一詩，但與穆叔、子皮同興拜而已。詩不必皆賦，則亦不必皆作也。

九九銷夏録卷九

孔子生年

孔子生年，《公》《穀》兩《傳》所紀有一年之差。國朝李灼、黄晟兩人，同纂《至聖編年世紀》二十四卷，謂《公》《穀》紀其懷妊之年，《史記》紀其誕生之年。此説無理，自來未聞以懷妊紀年者。愚謂紀年之法，古今不同。今人紀年之法，如生於甲年，即以甲年爲一歲，生於乙年，即以乙年爲一歲。古人紀年不然。如甲年某日生，至乙年某日，始爲一歲。乙年某日生，至丙年某日，始爲一歲。故絳縣老人已歷七十四年，而止謂之七十三年，以未滿四十日故也。《公》《穀》用今法，則襄公二十一年孔子一歲。《史記》用古法，則襄公二十二年孔子一歲。異同之説，職此之由，孔子之年可以定矣。

孟子生卒，則《山堂肆考》明載之，謂生於周定王三十七年四月二日，卒於赧王二十六年正月十五日，年八十四。閻百詩作《孟子生卒年月》，不取此説，然閻氏於生卒年月仍無確據。

孔子編年

襄公三十一年《左傳》，鄭人遊鄉校事，稱孔子聞是語也云云。杜注曰：「仲尼是年實是十歲，長而後聞之。」乃宋胡孜作《孔子編年》，即載其事於十歲之下，是未考杜注也。若依此例，則二十七年《傳》有仲尼使舉是禮也云云，是時孔子止六歲，亦將載之六歲下乎？胡氏書又以哀公問儒服，繫之六十八歲。哀公問大禮何如，繫之七十二歲。按：《儒行篇》《正義》謂：「孔子是時從衛還魯。」是年爲哀公十一年，胡氏依《史記》以孔子襄二十二年生，則是年六十八歲，正合其以問大禮。爲七十二歲，則未知所據。元程復心撰《論語年譜》，以《釣而不綱》爲三十一歲，以《子以四教》、《子所雅言》、《子罕言》、《子不語》諸章爲三十四歲，以《八佾》《雍徹》二章爲三十五歲，以《君子食無求飽章》爲四十三歲，《道千乘之國章》爲四十八歲。此則以意爲之，無理甚矣。不如胡氏書或尚有依據也。

楊雄無定論

楊雄一人，千古無定論。昌黎「大醇小疵」之言，亦非定論也。北宋之初，柳仲塗開以古文倡導後進，而推重楊雄，以爲聖人。故北宋一朝，翕然從之。趙叔靈湘《南陽集》中有《楊子三辨》一篇，力爲雄辨。《孫明復集》亦謂《太玄》之作，非以準《易》，乃以嫉莽。以司馬温公之學之識，而手注楊子之書，且作《潛虚》以擬《太玄》，其重之甚矣。及熙寧中，遂至配享，論者謂是王安石之私心。然荆公亦行其平日之心耳，非藉以行新法，非藉以排善類，何私之有。觀當時許翰《襄陵集》中有劄子一通，稱楊雄與孟子異世同功，請以配食孔子廟廷，位次孟子，可知當時士大夫之所見同也。及南宋之初，士大夫乃以惡安石之故，而並及楊雄。吾鄉沈必先與求，嘗奏王安石之罪，大者在於取楊雄、馮道喪亂之際無仗節死義之風，實安石倡之。而鄧肅《栟櫚集》亦斥楊雄爲叛臣。肅字志宏，與朱子父韋齋相友善。《朱子綱目》書楊雄爲莽大夫，或本韋齋之意，而又得之《栟櫚》歟？自莽大夫三字出，世謂楊雄之論定矣，實亦非定論也。管仲不死，孔子猶恕之。使孔子以《春秋》之筆而修《綱目》，於楊雄必無罪矣。是故北宋之推重楊雄，非也。如楊雄者，豈足以言聖人之道乎。南宋以來之罪楊雄，亦非也。窮老校書，何關家國大事，豈足當叛臣之名乎。東漢初名臣如伏湛、宋宏等，仕於王莽之朝者衆矣，何獨於雄責之深也？故楊雄一人，千古無定論也。竊謂楊雄不過一文士，與相如同稱則可耳，尊爲聖人，貶爲叛臣，皆未免視雄過重。惟蘇老泉謂雕蟲而變其音節，斯則楊雄之定評矣。

唐少帝紃

元僧覺岸著《釋氏稽古略》，用編年之體。始於太昊庖犧氏，終於南宋德祐二年。其叙唐代於昭宣帝後别有少帝濮王紃，爲朱全忠所立，年號天壽，旋復被鴆。此事於史無徵，乃方外流傳，竟有年號可稽，是亦異聞也。

韋蘇州姚武功

韋應物由京兆功曹官蘇州刺史，累官至太僕少卿兼御史中丞，爲諸道鹽鐵轉運、江淮留後。是其官非終於蘇州刺史也，而世稱之曰韋蘇州。姚合以進士第，調武功主簿，又爲富平萬年二縣尉，歷監察、殿中御史、户部員外郎，出爲荆杭二州刺史，後爲户、刑二部郎中，陝虢觀察使，終於秘書少監。是其官非終於武功主簿也，而世稱之曰姚武功。使改稱之曰韋留後、姚秘書，轉無知之者矣。是以孔融稱孔北海，融非終於北海太守也。陸機稱陸平原，機非終於平原内史也。人之以官稱，其亦有莫之爲而爲者乎？

文與可稱文湖州，然與可歷知陸州、洋州，改湖州，未上而卒。則雖有文湖州之名，未嘗一日爲湖州太守也。

姚合稱武功，蓋以其早作《武功縣詩》三十首爲世傳誦之故。然寇萊公初知巴東縣，自擇其詩爲《巴東集》，而舉世不聞呼之爲「寇巴東」。殆異日勳名甚盛，故「巴東」之名爲其所掩乎？漁洋詩云「誰識朱顔兩年少，王揚州與宋黄州」，亦其類矣。

許慎終於太尉、南閣祭酒，而史但言其爲洨長。余疑許叔重當日但以「洨長」稱。史家於此等傳不甚措意，但據其平日所稱，不深考耳。

張台

慈恩題名，至今登第者以爲故實。考劉賓客《嘉話録》，以爲始於張莒。及讀宋張禮《遊城南記》，又謂《唐登科記》進士中有大中十三年及第之張台，而無張莒。然余檢《全唐詩》有張莒，長山人，登大曆九年進士第，大中時官吏部員外郎，則疑始題名者實是張莒。《嘉話録》不誤。至大中十三年張台，或别有其人而非此也。

宋陳思《寶刻叢編》中有《慈恩雁塔唐人題名》十卷，不知張莒之名猶在否，惜不得其書檢之。

王後駱前

唐初，王、楊、盧、駱以文章齊名。楊炯嘗謂：「愧在盧前，耻居王後。」此語至今熟在人口。張鷟《朝野僉載》以此爲盧照鄰語，云：「喜居王後，耻在駱前。」則迥别矣，亦異説也。

李廷珪奚廷珪

元陶宗儀《輟耕録》云：「唐末墨工奚超與其子廷珪，自易水渡江，遷居歙州。南唐賜姓李氏。廷珪初名廷邽，故世有奚廷邽墨，又有李廷邽墨，或有作庭珪者，僞也。據此則奚、李一人也。宋李孝美著《墨譜》，以奚庭珪、李廷珪爲二人，且謂奚不如李遠甚，則奚、李又二人矣。」余按：《王氏談録》云：「廷珪墨，其品有數等，作下邽之邽者爲上，作圭潔之圭者次之，作珪璧之珪者又次之，其云奚廷圭者最下。蓋庭珪本燕人，奚其初姓，後徙江南，其初未奇，久而益佳，故李主寵其能，賜之姓也。」《王氏談録》乃王洙字原叔之緒言，而其子欽臣録之，其説至爲詳備，則「奚」「李」自爲一人。李伯揚《墨譜》謂「奚不如李」，極爲有見，但不知奚墨李墨同出一人，而有精粗，誤分爲二，此則考之不審耳。

元陸友《墨史》又據《墨經》謂：「易水奚鼐之子超，鼐之子起；歙州李超，超子廷珪。」亦分李、奚爲二，所據《墨經》不知何書也。

何薳《墨記》云：「墨工名多相蹈襲。南唐李廷珪子承晏，今有沈珪，珪子晏。又有關珪」

云云，獨不及奚廷珪、李廷珪兩名相襲。然則「奚」「李」一人，固無疑矣。

米元章別號

黄溍《筆記》言：「元章稱海岳外史，又稱襄陽漫士。」海岳、襄陽之號，人所共知，亦人所共稱也。史浩《兩鈔摘腴》曰：「元章自號鹿門居士。」周必大《平園集·章友直畫蟲跋》曰：「無礙居士即米元章。」此二號，知者頗尠。

黄溍《筆記》又云：「元章自署姓名，『米』或爲『芈』、『芇』或爲『黻』。」按：「芇」之爲「黻」可也，若米姓，不知所自出。《廣韻》云：「胡姓。」譜牒家言出西域米國。豈得混於楚之芈氏乎？元章好奇，誣其祖矣。

杜唐稽

宋高宗《翰墨志》云：「先皇帝喜書，立學養士，惟得杜唐稽一人。」按：杜唐稽爲徽宗所得能書之士，而至今無一字流傳，且其名姓知者罕矣，宜表出之。《書史會要》云：「杜從古字唐稽，官至禮部郎。宣和中與米友仁、徐競同爲書學博士。」然則其人自名從古，唐稽乃其字也。

蔡幼學胡宗周勉

宋陳傅良著《春秋後傳》十二卷，《左氏章旨》三十卷，於從學諸生中擇能熟誦三傳者三人，曰蔡幼學，曰胡宗，曰周勉。遊宦必以一人自隨，遇有所問，其應如響。見樓鑰所著序。此三人者，真可謂行秘書，惜其所讀書不自用而爲人用耳，然亦傳矣。

扶持振拂

《齊書・謝瀹傳》：「瀹四兄：颺、朏、顥、嵸。世謂謝莊名兒，以風、月、景、山、水。」然風、月、景、山、水五字，語意不倫，未知當日有所本否？恐命名時，未必有此意也。宋高登《東溪集》有《名子説》曰：「痛念王室陵遲，思扶持而一振，左右匡拂，以守鴻業。此志未逮，命汝曰扶、曰持、曰振、曰拂，其勉效兩全之節。」此其用意更遠矣。高登字彦先，靖康之亂，以太學生與陳東伏闕上書請誅蔡京、童貫等者，是固志節之士也。

劉定之號呆齋

《四庫全書》易類存目有《易經圖釋》十二卷，明劉定之撰。定之字主敬，號呆齋，永新人。正統丙辰進士，官至禮部侍郎兼翰林院學士，謚文安，事蹟具《明史》本傳。按：《明史》本傳作字主静，不言號呆齋。主敬、主静未知孰是，以名字相應而言，似主静是、主敬非也。別集類存目有《呆齋集》四十五卷，劉定之撰，則呆齋之號可補史缺。惟「呆」字自來字書所不載。《康熙字典》引《篇海》謂「古文保字」，然古文「保」字當作「𤓽」不作「呆」。又云：「莫厚切，古文某字。」此則得之。但讀莫厚切，則非某者，乃今所用之「梅」字也。今所用「梅」字，《説文》作「某」。又有籀文作「槑」。愚謂，許書原文當更有古文作呆者，而今失之。蓋小篆作「某」，古文作「呆」，從口與從甘一也。籀文繁重，故作「槑」耳。然明人未足知此，恐只是世俗所用癡呆之俗義。此與姚文敏名夔。之《磊矗堆集》同爲不典之名耳。

《武英殿叢書・悦心集》載唐寅《醒世詞》云：「爾會使乖，別人也不呆。」則「呆」與「乖」對，明人固用之。

檢《明史・藝文志》，《劉定之存稿》二十一卷，《續稿》五卷，無呆齋之名，卷數亦不合。

熊太古

熊太古爲元代遺老，元亡不仕，足迹半天下。北涉灤河，西泛洞庭，東遊浙右，南至交廣，雜記其所見聞爲《冀越集記》二卷。曰「冀越」者，以南北所至而言也。明季徐宏祖少負奇氣，襆被出遊，南遊吴越，北歷齊、魯、燕、冀，又由閩而粤，而蜀，而滇，出石門關，探星宿海，紀所經由，成《遊記》十二卷。今所傳《徐霞客遊記》是也。論遊歷之廣狹，撰述之多寡，熊似皆不及徐。然熊爲熊朋來之孫，學有淵源，曾登進士第，官至江西行省郎中，國亡之後，棄官行遯，志節殊高。而《徐霞客遊記》，世多有其書，熊太古《冀越集記》知者尠矣，是宜表而出之也。

姚三老

劉元卿《應諧録》云：「上元姚三老貲甲閭右，嘗買别業，有亭臺假山。狂生王大癡詢知姚謀此久，其主以無可奈何而賤售，因諷以宜刻石，垂戒子孫，異時無可奈何，不宜賤售。」姚三老未知何人。《四庫全書》總集存目有《市隱園詩文》，明姚淛及其子之裔所編，園在秦淮之東，有十八景。一時知名之士，爲之序記題詠，彙成此編。姚三老者，倘即斯人歟？《武英殿聚珍版叢書》有《悦心集》，内載唐寅《醒世詞》，有云：「極品隨朝，誰是倪宫保。百萬纏腰，誰是桃三老。」「桃三老」當即「姚三老」，傳刻誤耳。余從前有詩云：「有錢大賈桃三老，無賴纖兒李幾郎。」蓋沿其誤。因貪好對，不爲改定，附此正之。倪宫保，余已考得其人，見《春在堂隨筆》。今又考得姚三老，故知讀書不厭多也。

寓名

元至元丙戌，浦江吴渭邀謝翱、方鳳等舉月泉吟社，以《春日田園雜興》爲題，徵詩四方，得詩二千七百三十五，入選者二百八十，其人皆用寓名，而别注本名於其下。如第一名羅公福，寓名爲連文鳳。然則今人作詩文不出本名，亦有所仿矣。

元黄庚《月屋漫稿》有「越中詩社枕易題詩」，考官李應祈取爲第一。而張觀光《屏巖小稿》亦有「越中詩社枕易題詩」，李應祈取爲第一。兩人者皆非寓名也。同此一試，而有兩第一，殊不可解。余疑此試張觀光第一，而黄庚第二。《月屋稿》中誤「二」爲「一」耳。觀所載評語，李於張觀光詩云：「若紛紛盆盎中得古罍洗」，則知其獨出冠時，固應首選矣。《屏巖稿》中又有《梅魂》七律一首，注云：「武林試中選。」《秋色》五言律詩一首，注云：「山陰詩社中選。」當時詩社中題大率如此，枕易一題稍新矣。

人與年代不符

《丹鉛録》載東坡贈青神楊棟詞云：「允文事業從容了，要岷峨人物，後先相照。見説君王曾有問，如此人材多少。」引小説，高宗問馬騏，蜀中人材如允文者有幾？按：東坡北宋人，何能詠南宋事，此必非坡詞，升庵載之，何也？

《日知録》有傳紀不考世代一條。然古事茫昧，聞見傳訛，猶不足責也。乃有如元陸友仁《吴中舊事》載《鹿苑臺銘》，記云：「永和七年，陸機建碑，王羲之書。」則是陸士衡至永和時尚在也。明宣德二年，巡按御史吴訥序仁和縣學《聖賢圖贊》云：「像爲李龍眠筆，紹興二十六年刻石。」則是李龍眠至紹興時尚在也，抑何不考之甚？

元時蒙古人以名爲姓

元薩都刺著《雁門集》，中有《中秋玩月詩》，自稱薩氏子。按：其集首有干文傳序云：「薩都刺者，譯言濟善也。」是本以三字爲名，乃自云薩氏，則即上一字爲姓矣。蓋元時蒙古人猶今滿洲人，不以姓行，而即以名之第一字稱之，故虞集作《傅若金詩序》稱進士薩天錫。是當時之人不啻以薩爲其姓矣。故天錫亦從俗而自稱薩氏子耳。

余凡作刻石文字，遇滿洲諸公，必書某公某某。上某公即其名之第一字也，下某某則仍全書其名。如薩都刺則云：「薩公薩都刺。」若云薩公都刺，則爲二字名矣。

與白連稱

白樂天始與元稹齊名，稱元白；後與劉禹錫齊名，稱劉白。此人所習知也。元微之《駱口驛詩》「崔李題名王白詩」，則以白香山與王質夫合稱王白。《宋史·吴育傳》「育晚年在西臺，與宋庠相唱酬，追裴白遺事，至數百篇」。則以裴晉公、白香山合稱裴白。韓魏公詩云：「漢唐二傳推疏白」，則以疏廣與白香山合稱疏白，知者罕矣。他如韓昌黎《酬盧雲夫》詩：「高揖群公謝名譽，遠追甫白感至誠。」不稱李杜而稱甫白，此亦罕見者也。

《西都賦》曰「下有鄭白之沃」，謂鄭國、白公也。劉孝標《廣絶交論》曰「富埒陶白」，謂陶朱、白圭也。《抱朴子》曰「仲尼無攻伐之勳，未可謂之不及韓白」，謂韓信、白起也。《宋書·自序》載始興王濬教曰「吾遠慚楚元，門盈申白之賓」，謂申公、白公也。古人此類之稱甚多。宋張端義《貴耳集》極稱周文璞詩，謂《灌口二郎歌》、《聽歐陽琴行》、《金塗塔歌》〔一〕，不減賀、白。

〔一〕金塗塔歌，《貴耳集》作「金銅塔歌」。

賀、白者，李賀、李白也。蓋宋人猶多見古籍，偶擬古人之稱耳。或者譏其杜撰，非也。

元時仇遠與白珽齊名，亦稱仇白。何與白連稱者之多也。至唐時又有畢白、曹羅之比，則戲談，無與品目。又《玉泉子》載：白敏中欲以侯氏兒爲壻，其妻以侯白難之。侯、[illegible]二姓連稱，不知何以不可，疑當時俗語所忌也。

人名疑誤

唐有段文昌，人所共知也。宋有段昌武字子武，廬陵人，名跡稍晦，然有《毛經集解》二十五卷，至今存焉，則亦有著述傳後者也。朱睦㮮《授經圖》誤作段武昌，則倒其名。焦竑《國史經籍志》作段文昌，則竟如唐人矣。

宋陳傅良或誤作陳傳良，明孫傳庭或誤作孫傅庭。傅、傳二字互誤，直可謂無獨必有偶矣。

孫過庭《書譜》至今猶爲藝林所重，然其人名字竟無一定。竇蒙《述書賦》注曰：「孫過庭字虔禮，富陽人，右衛胄曹參軍。」張懷瓘《書斷》曰：「孫虔禮字過庭，陳留人，官至率府録事參軍。」二書之作相距不遠，而於過庭名字彼此參差，何邪？或謂唐人多以字行，故傳述有誤。如《舊唐書》稱房喬字玄齡，《新唐書》稱房玄齡字喬，即其例也。然爵里亦俱不同，則又何也？

宋有俞松字壽翁，又有俞廷椿亦字壽翁。二人同姓同字，時代亦相近。俞廷椿著《周禮復古篇》，俞松著《蘭亭續考》。是兩壽翁皆有著作傳後，亦吾家之美談也。

王漁洋身後賜名

王漁洋原名下一字與世宗憲皇帝廟諱相同，故傳刻其書者皆改爲「士正」。至乾隆三十九年十二月，奉上諭曰：「王士正之名，原因恭避廟諱而改，但所改『正』字與原名音太不相近，恐流傳日久，後世幾不復知爲何人，今改爲『士禎』，庶與其弟兄行派不致混淆。凡各館書籍，俱一體照改。」按：人臣身後特旨爲更正名字，可謂曠古未有之榮，而此事知者頗尟。李次青廉訪作《先正事略》不及焉，是未知此事也。

宋蔡襄字君謨，乃宋仁宗所賜，見集中《謝御筆賜字詩序》。事在生前，更爲人臣榮遇矣。

九九銷夏録卷十

唐時杏壇是道家故事

白香山《長慶集》有《春中與盧四周諒華陽觀同居詩》云：「杏壇住僻雖宜病，芸閣官微不救貧。」又有《尋王道士藥堂詩》云：「行行覓路緣松嶠，步步尋花到杏壇。」是唐人於「杏壇」二字多用之道觀也。按：「杏壇」二字出《莊子·漁父篇》，所謂「孔子遊乎緇帷之林，休坐乎杏壇之上」，本屬寓言。《東家雜記》言：「本朝乾興間，增廣殿廷，移大殿於後講堂，舊基不欲拆毀，即以瓴甓爲壇，環植以杏，魯人因名之曰杏壇。」是唐以前孔氏無杏壇之名，然用之道觀，未詳其故，或別有出乎？

以蜀漢爲正統諸書

陳壽《三國志》以魏爲正統，未滿後人之意。宋有李杞改修《三國志》六十七卷，不知其書如何，大約改帝魏爲帝蜀也。今世有宋蕭常《續後漢書》四十卷，又有元郝經《續後漢書》九十卷，二書大略相同。當郝伯常著此書時，蕭書已出，但南北隔絶，故郝未見耳。《輟耕録》稱楊奂讀《通鑑》至漢魏正閏，大不平之，遂修《漢書》，駁正其事，而其書不傳。明謝陛又撰《季漢書》五十六卷，沈德符《敝帚齋賸語》云：「世人但知吴中吴尚儉已曾爲此書，不知宋蕭常、元郝經俱先有。此不特謝書可已，即吴亦徒自苦也。」斯言也，使謝少連早知之，當可投筆而起矣。乃至國朝有王復禮者，著《季漢五志》十二卷，首《昭烈本紀》，次諸葛以下諸臣傳，是真屋下屋也。

元趙居信著《蜀漢本末》三卷，此則又編年之書矣。蓋自《綱目》帝蜀，後世奉爲定論。此等著撰，乃相踵而來。而推廣其義者，又有若明陳霆之《唐餘紀傳》，以南唐爲正統，姚士舜之《後梁春秋》，以後梁蕭詧爲正統。夫王者大統，自有天命主之，豈儒者於千百年後所能以意爲之乎？即紫陽帝蜀，竊亦不以爲然，有《蜀漢非正統辨》一篇存集中。

温公修《通鑑》時，英宗命擇館閣英才共修，公薦劉恕，即以爲局僚。恕嘗以蜀比東晉，擬紹正統，與光力争，見其子羲仲所譔《通鑑問疑》。是當時非無人見及也。邵伯温《聞見録》稱《通鑑》以《史記》、《前、後漢》屬劉邠，以唐及五代屬范祖禹，以三國至隋屬劉恕。則三國正其所主裁，乃發此論，而温公卒不之用，是必别有見矣。

明王洙著《宋史質》一百卷，以明繼宋，削元一代不録。宋益王之末即承以明太祖高祖德祖元皇帝。元大德三年，以明太祖曾祖懿祖恒皇帝繼之。延祐四年，以太祖之祖熙祖裕皇帝繼之。後至元五年，以太祖之父仁祖淳皇帝繼之。帝王大統，任意翦裁，真同兒戲矣。

後周

凡朝代之稱「後」者，皆有其前者在也。後趙别於前趙也，後燕别於前燕也，後凉别於前凉也，後秦别於前秦也，惟宇文氏之稱後周，則其時並無稱周者，直上溯文、武、成、康之周，而稱後矣。宇文氏自孝閔始，惟傳五主，歷年止二十五載，乃與卜世三十、卜年七百者並列而爲前後，奇矣。以此例之，則李唐之前有陶唐，趙宋之前有劉宋，唐亦當稱後唐、宋亦當稱後宋乎？

論唐人避諱亦不甚拘

白香山《長慶集》有《贈杓直詩》云：「早年以身代，直赴逍遥篇。近歲將心地，迴向南宗禪。外順世間法，内脱區中緣。」此六句詩只在一行之内，上云「身代」即「身世」也，以避諱，故不云「身世」而云「身代」，乃下云「世間法」，又不避，何邪？可知唐人避諱，於私家撰述，亦不甚拘，此等處直是隨其筆之所便耳。

太尉爲宋代武臣通稱

《事文類聚》載，陶穀學士買得党太尉家妓一事，至今詩家以爲口實。然党太尉之稱，實不可解。考唐制，以太師、太傅、太保爲三師，太尉、司徒、司空爲三公。是太尉之官至重也。《宋史・党進傳》但云「卒贈侍中」，不言贈太尉，安得有党太尉之稱？疑唐自中葉以後，武臣多贈太尉，遂相沿以爲武臣之通稱，故党進亦稱太尉耳。宋趙起撰《種太尉傳》一卷，爲種諤而作。種諤亦未嘗官太尉，是可見其爲通稱矣。

元國號改書原字

明《劉彦昺集》中書元朝國號皆作「原」字，蓋從明刻本傳寫故也。沈德符《野獲編》云：「國初貿易文契，如吴元年、洪武元年，俱以『原』字代『元』字，蓋民間恨蒙古，不欲書其國號也。」愚謂如《劉彦昺集》，或是恨之之故，若吴元年、洪武元年皆書「原年」，則豈因恨前代之故而轉削本朝之元乎？疑因避明祖名上一字故然耳。

《日知録》曰：「元者，本也。後人以『原』字代之，不知何解。或以爲洪武中臣下有稱元任官者，嫌於元朝之官，故改此字。」然則以「原」代「元」之故，亭林亦不知之也。

明太祖祖訓

明洪武二年，命中書編次祖訓。至六年五月，書成，大書揭於西廡，使子孫朝夕觀覽。書分十有三目，其中有一條云：「如朝無正臣，内有奸惡，則親王訓兵待命，或領正兵討平。」然則靖難之師，固太祖所自召矣。蓋太祖鑒宋代之失，欲以封建輔郡縣，故頗重親藩，而不知一言輕發，即成禍本也。宋藝祖立誓碑密示子孫，止有二事：一不殺上書言事人，二不殺柴氏子孫。忠厚之風，勝明祖矣。

明封爵亦五等

《明史·職官志》曰：「公侯伯凡三等以封功臣，及外戚皆有流有世。」是明制封爵無子男也。然洪武朝，實有封子男者。《明史·功臣表》卷一百五有盱眙縣子王清至宜遠縣子裴軫封子者十二人，當塗縣男王愷至隋縣男羅世榮封男者十人，皆明初死事之人。是初制亦備五等之封，但永樂以後絶無封者耳，不得竟謂之三等也。

《四庫全書提要》於《萬曆應天府志》云：「《明會典》及《明史·職官志》皆載明封爵惟公侯伯三等。《志》中封爵表詳載孫炎之追封男爵，足補史傳之缺。」然孫炎封丹陽縣男，固見《明史·功臣表》，非缺也。

劉青田亦爲清議所譏

明劉定之序王禮《麟原集》云：「其文有奇氣，硉矹胸臆，以未裸將周京故也。有與子讓即禮之字。同出元科目，佐幕府，其氣亦有掣碧海、弋蒼天之奇。及攀附龍鳳，自命留文成。然有所作，則噫喑鬱伊，捫舌騂顔，曩昔豪氣澌滅無遺矣。」按：此數語隱斥青田。是青田出處，當日亦不滿於清議。

王艮從祀文廟

王艮，泰州人，學者稱心齋先生。《明史·儒林傳》附《王畿傳》後。王畿即所稱龍谿先生也。王陽明之學，以龍谿、心齋爲得其宗。然史稱艮本狂士，往往駕師説上之，持論高遠，出入二氏。《日知録》云：「王門高弟爲泰州、龍溪二人。泰州之學，一傳而爲顔山農，再傳而爲羅近溪、趙大洲。龍溪之學，一傳而爲何心隱，再傳而爲李卓吾、陶石簣。」泰州即謂艮也。然則艮之所學可知矣。乃艮之後人有名元鼎者，著《心齋類編》二卷，紀艮於崇禎四年從祀文廟始末。上卷爲奏疏類，編録嘉靖間巡撫劉節、御史吴悌薦艮二疏，并諸廷臣請從祀三疏，請謚一疏。下卷爲别傳類，編録萬曆辛丑翰林館課以《王艮傳》命題諸臣所擬傳十六篇。上卷之前，冠以崇禎三年諭旨一道，又載崇禎辛未會試策題問從祀而及艮。是心齋在明末曾登兩廡矣。而《明史》不載，是可補史之缺。今文廟俎豆不及焉，疑至本朝而徹出也。

周忠武死難事

周忠武死難事，言人人殊。國朝李鹿章《織齋集》有《周夫人傳》，稱公追戰，陷重圍中，奮力格鬬，俘斬愈多。日暮，寇已退，馬中流矢，忽蹶。公拔佩刀自殺。此説與《明史》本傳異。余已載入《壺東漫録》矣。乃讀《王石和文集》，孟縣王瑀所著者，又謂：「賊攻城急，城將陷，賊募獻公者，公謂左右曰：『豈惜一死以累衆，可獻我。』兵民環泣，遂以繩繫公下，有兩賊掖之去。見賊駡，賊倒懸而磔之。」其説又殊。兩人皆國初人，可知周忠武事傳説不一也。因又記此以存異聞。

明修實録必先采訪

明楊循吉有《蘇州府纂修識略》六卷，以正德元年修《孝宗實録》，禮部遣官至江南采訪事蹟，蘇州遂開局編纂，而請循吉總其事。因撮記大略，分目十五，而成此書。按此，知明代修實録，必先下各行省采訪事蹟，亦設局編纂，而以本地紳士主其事。楊循吉即吴縣人，故得總蘇局之事也。

祝允明有《蘇才小纂》六卷，記天順以後蘇州人物。第一曰《簪纓》，纂徐有貞以下十九人。第二曰《邱壑》，纂杜瓊以下五人。第三曰《孝德》，纂朱顥一人。第四曰《女憲》，纂王妙鳳以下三人。第五曰《方術》，纂張豫等二人。前有自序，稱：「弘治改元，詔中外諸司撰集事蹟，上史館爲實録，簡允明等數弟子員司其事，因私纂此書。」按此，事又在正德之前，蓋因修《憲宗實録》而下江南采訪事蹟也。弘治改元之後再改元，即正德矣。是兩書適相接續也。

録黄稿本

明張紞有《雲南機務鈔黄》一卷。洪武初，以雲南未平，命潁川侯傅友德等帥師征之。紞以左參政在行間。雲南平，擢布政使，留治其地。因檢閲録黄稿本，取前後制敕詔誥之文有關軍務者，彙爲是編，藏之文廟尊經閣。自十五年二月至二十一年七月，凡三十七篇。以從録黄稿本鈔出，故名曰《鈔黄》。按此，知明代制敕詔誥之下行省者，必以黄紙録存之，謂之「録黄」。今制惟欽奉上諭之宜宣布者，以黄紙謄寫而通行之，謂之「謄黄」，無録黄之制矣。

萬曆三十六年立春

明萬曆三十六年，歲在戊申，欽天監推十二月二十一日己卯子正立春。安肅邢雲路字士登者，立表推之，以爲當在二十日戊寅亥初，著書一卷，即名之曰《戊申立春考證》。按：此乃明季廢《大統曆》，改造新曆之權輿也。夫以人之心思耳目推測天行，萬難密合。亦如算圓周圓徑者，屢變其率而終不能無小差也。聖人治曆明時，亦存其大略而已。故古者歸餘於閏。至《春秋》魯文公元年，太史推得是年當閏三月，乃於三月置閏，而君子譏之曰：「於是閏三月，非禮也。」蓋作聰明以亂當章，君子所不許也。日躔贏縮，誰能見之，安見二十日亥初之是而二十一日子正之非。且如其説，亦止争半箇時辰耳。歲功民事，全無關係，必恃一己推步之精，詆當代見行之法，遂使衆論紛紜，人持一説，而化外之人，得挾其所長而進，吾於此書不能無深感矣。

嘗論聖人聰明材力豈遜於後人，而曆法不如後世之精者，如是足也。使聖人推求至密，每歲以立春弟一日爲正月朔，以大寒末一日爲十二月晦，廢閏月而置閏日，豈不與天行密合？然而聖人不爲也。《堯典》曰「以閏月定四時」，蓋晦朔盈虚，聖人所無如何，姑置閏焉，使不至春爲冬、秋爲夏而已。小小出入，固不計也。當時之民，但見朝廷於是歲增置一月，則亦多曆一月而已。所謂「不識不知，順帝之則」也。然則如邢雲路者，不容於堯舜之世。

國朝孫承澤《春明夢餘録》論徐光啓改造曆法云：「舊法不過時刻之差，不害於事。新法將來亦必有差。」此論甚正，治曆者所當深思也。

奏議末附刻詔旨

臣工奏議之末附刻當時所奉詔旨，唐宋以來未有此體。國朝郭琇《華野疏稿》五卷，自康熙二十七年至四十一年，凡四十四篇，篇末多載原奉諭旨，近來刻奏議者法之。然《四庫全書提要》特舉此而論之曰：「蓋琇所恭録，而其後人併敬刊之也。」則亦可見此格爲僅見矣。

知縣行取須御試

國朝江蘩《奏議稿》有康熙二十五年十月，由靈寶縣知縣擢御史時，御試策二道。是國初知縣行取亦須御試也。

前代遺老書年變例

世稱陶淵明入宋以後，止題甲子，不書年號。此考之未審。若唐韓偓書裴郡君祭文時，唐亡已八年，不書梁年號，止書甲戌歲，此當爲前代遺臣止書甲子不書年號之創例。若元初陳友仁《周禮集説序》題丙子後九歲，則不但不書元年號，並不題甲子，而追溯丙子宋亡之歲以紀年。是謂丙子以後無年號並無甲子也，其用意更深矣。

宋文文山集杜詩，自序題：「歲上章執徐，月祝犂單閼，日上章協洽。」是庚辰歲己卯月庚未日也，歲月日皆書歲陽歲名，並不書甲子。

宋牟巘字獻之，登進士第，官至大理寺少卿。宋亡不仕，閉户三十六年。嘗言：「世稱淵明入宋書甲子，然《陶集》本無書年號者，此不須深論。」故其所作《陵陽集》仍書至元年號，則又別有所見矣。

避諱不舉進士

李賀父名晉肅，不舉進士，昌黎爲作《諱辨》。然在當時，固不以爲然也。《宋史·劉熙古傳》：「祖寶進，嘗爲汝陰令。熙古避祖諱，不舉進士。後唐長興中以《三傳》舉。」是五代時，尚有避諱不舉進士者。昌黎之論，猶未饜人心也。然晉肅之「晉」止是嫌名，寶進之「進」實爲本字，未知昌黎論此又當如何耳。

浙江商籍

明葉永盛字子沐，涇縣人，萬曆中以御史巡視浙江鹽政。時有請增課税者，永盛力争乃已。又疏請許商人占籍應試。今其所著《葉玉成全集》四卷，後附《鄉會中式録》一卷，詳載其事，并商人占籍後歷科中式者，皆載其姓名。所載至本朝康熙某科，蓋後人所增入也。此即吾浙商籍所自始。浙商多徽人，永盛亦徽人，其力争加課，自爲公議。請許商人占籍，或亦維桑之私意乎？

六元七元文會

明成化六年，浙江解元同仕於朝者六人，共爲文會，是爲六元文會。其六人則范理、商輅、姚夔、盧楷、楊守陳、楊守阯也。成化十五年，復爲七元會，則胡謐、沈繼先、楊文卿、黄珣、謝遷及守陳、守阯也。成化二十二年，再爲後七元會，則李旻、王華、胡謐、沈繼先、謝遷及守陳、守阯也。守陳、守阯兄弟三會皆與，乃録其贈答倡和詩文爲《浙元三會録》。按此亦吾浙盛事，今日下諸公罕知之矣。

明嘉靖間，有西湖八社詩，曰紫陽社，曰湖心社，曰玉岑社，曰飛來社，曰月巖社，曰南屏社，曰紫雲社，曰洞霄社。主之者閩祝時泰，徽州王寅，仁和高應冕、劉子伯、沈仕，錢唐方九叙、童漢臣。分春社、秋社二目，以所作詩編爲一集。在朝有七元之會，在鄉有八社之詩，皆明代浙中佳話。

儒會效法佛會

佛氏書稱佛説經之處有四，其會十有六：鷲峯山七會，給孤獨園七會，他化天宫一會，竹林園一會。余視明人聚徒講學，亦頗類此。唐樞所至必有咨言：曰《金波園咨言》，曰《木鐘臺咨言》，曰《飛英寺咨言》，曰《天心書院咨言》。羅汝芳所至必有會語：曰《五華會語》，曰《雙玉會語》。其後至白下，又作《會語續録》，首章云：「今日吾儕聚講大宗師，諸僚友諸俊彦不下千人應期而集。」亦全是如來舍衛城中大比邱衆千二百人光景也。

唐時有《花樹韋家宗會法》，見《伊川語録》。又有《高氏三宴詩》，皆同人會集之作。一會爲一集。韋氏之會見一族雍睦之美，高氏之會見一時聲氣之盛，勝於明人之會多矣。

明嘉靖間有《海岱會集》十二卷，作者八人：石存禮、藍田、馮裕、劉澄甫、陳經、黄卿、劉淵甫、楊應奎。或仕宦而適居林下，或已致仕，或未入仕，結詩社於北郭禪林，後編成此集。有長至日、五月五日、九月九日、上巳日、七月七日《會集序》五篇。其社約有云：「不許將會内詩詞傳播，違者有罰。」蓋不惟不如講學諸公以聲名標榜，且并不欲以詩得名。良辰偶届，勝友相從，一觴一詠，異乎末流之喧雜也。

九九銷夏録卷十一

經義格式

自王安石以經義取士，而王安石所作經義格式至今猶有存者，其題如「里仁爲美」、「五十以學《易》」之類。其文似論非論，而時文家所謂起承轉合諸法已備。南宋劉安上《給諫文集》，載有經義數篇，其題如「以肺石達窮民」、「以其餘爲羨」，皆經義。如「請問其目」、「陳善閉邪謂之敬」，皆《四書》義。其文亦與荆公相似，然體格渾成，未易尋其塗徑。元王充耘著《書義矜式》六卷，其格律有破題、接題、小講，謂之冒子；冒子後入官題，官題下有原題，有大講，有餘意，亦曰從講；又有原經，亦曰考經；有結尾。或稍稍變通，而冒題、原題、講題、結題則一定不易。此則今八比時文之大輅椎輪矣。

元陳説道著《書義斷法》，冠以「科場備用」四字。其書摘録可以命題者逐句詮解，並標舉作文之法。明陳雅言著《書義卓躍》，每段必以「此題」二字冠首，所論亦皆作文之法。凡此皆今坊刻《四書題鏡》等類之濫觴也。

南宋時閩人魏天應著《論學繩尺》十卷，皆選録當時場屋應試之論。甲集十二首，乙集至癸集俱十六首。每兩首立爲一格，共七十八格。謂之《繩尺》，殆應試之士皆以此爲程也。今世墨腔墨調有自來矣。

春秋合題

《春秋》許出合題，蓋亦元代舊制。元楊維楨有《春秋合題著説》三卷。其自序曰：「《春秋》正變無定例，故闕合無定題。筆削有微旨，故會通有微意。初學者不知通活法以求義，場屋中往往不得有司之意。今以當合題凡若干，各題著説，使推其正變無常，縱横各出，以禦場屋之變。」可知元時場屋中，《春秋》多出合題也。明代亦相沿用之。趙恒著《春秋録疑》，張杞著《麟經統》，皆於經文之可出題者，以一破題括其意，而皆有合題。鄒德普著《春秋匡解》，專論合題，可知當時風會如此。夫屬辭比事，《春秋》教也。宋沈棐《春秋比事》，元趙汸《春秋屬辭》，治《春秋》皆有取也，則以合題施之《春秋》，似無不可。然其弊也，合數事爲一題，茫無頭緒，不免各以意見窺測試官之旨，此顧亭林先生所以歎此「一經爲射覆之經」也。

余嘗見明鄭鄤有「子路宿於石門」、「子路從而後」兩章題文，則明代《四書》亦有合題矣。《日知録》卷十六云：「洪武三年開科，以《大學》『古之欲明明德於天下者』二節，《孟子》『道在邇而求諸遠』一節合爲一題，問所言平天下大旨同異。」此即《四書》合題所由昉歟。國初舊制，《春秋》一單題、一雙題、一脱經題。雙題即合題也。脱經題則未知何説，當更核。

春秋傳文亦可出題

宋禮部《貢舉條式》云：「崇寧貢舉，令《春秋》義題聽其於《三傳》解經處出。靖康元年改止用正經出題。紹興五年禮部議，《春秋》正經詞意簡約，比之《五經》爲略，問目所在，易於周徧。往往州郡問目重複甚多，程文鮮不相犯，仍聽於《三傳》解經處出題。」據此則場屋中《春秋》題可兼出傳文矣。然云於《三傳》解經處出題，則《公羊傳》必如「元年者何？君之始年也」、

「春者何？歲之始也」，《穀梁傳》必如「公何以不言即位？成公志也」，《左傳》必如「段不弟，故不言弟」、「如二君，故曰克」之類方可出題，非其餘傳文概可出也。

賦題示出處

宋禮部《貢舉條例》載，出題必具出處。如《周以宗強賦》，以「周以同姓強固王室」爲韻。又書其後曰：「出《史記》叙《管蔡世家》曰：『周公主盟，太任十子，周以宗強，嘉仲改過』」云云。是賦題必示知出處，亦見宋待士之寬也。《條例》又載，賦限三百六十字以上，其官韻八字一平一仄相間即依次用，平仄不相間即不依次用。此等條例亦今人所未知也。

百段錦

宋理宗時，福州人方頤孫爲太學，篤信齋長，著《太學黼藻文章百段錦》一卷，取唐宋人之文，摽其作法，分十七格，每格綴文數段，每段綴評於其下。蓋與永嘉《八面鋒》同爲科舉之學者也。

群雅集

國朝李振裕字維饒，吉水人，康熙庚戌進士，官至兵部尚書，著有《白石山房稿》。其視學江南時，選録諸生詩賦雜文彙刊成十二卷，曰《群雅集》。《四庫全書總集》存目著録焉。按：學使者刊刻士子文賦及詩，至今多有之，而此集獨傳，殆以不録時文故耳。

館草閣草

明嘉魚李沂字景魯，萬曆丙戌進士，有《中秘草》三卷。其自記稱，每月上旬、中旬，下旬試於翰苑者曰「館草」，每月朔、望試於東閣者曰「閣草」。其館師、閣師評語皆具録焉。是明制庶吉士有館課、有閣課，與今制異。然今庶吉士見閣臣猶用師生之禮，或猶前明之故事也。

説經不通小學

國朝劉斯組著《撥易堂周易解》。「撥易」二字殊無意義。託之夢幻，更爲不經。其説「撥」字，以爲有發揮三才之義，是以「撥」字爲從發從才也。不知「撥」字從「手」不從「才」，於小學疏矣。毛奇齡《續詩傳鳥名》謂「鸎」字「從二目一八」，乃《艮》八之象。不知「鸎」字上半從「賏」，乃二貝，與「嬰」字上半同，非「二目一八」也。又以《離》爲目爲火，「鸎」從二目，故變體作「鶯」，從二火。其説更誕。劉不足責，毛固大儒，乃亦至此乎？

文字不必盡依説文

唐唐元度《九經字樣》，前載開成二年八月牒云：「古今體異，隸變不同，如總據《説文》，即古體驚俗；若依近代文字，或傳寫乖訛。今與校勘官同商較是非，取其適中，纂録《新加九經字樣》一卷，請附《五經文字樣》之末。」按：篆隸變遷，體裁各別。適中之處，亦頗難取。然字體不能概依《説文》，則自唐代已然矣。

顔元孫《干禄字書》云：「自改篆行隸，漸失其真。若總據《説文》，便下筆多礙。當去泰去甚，使輕重合宜。」此與元度之説皆通人之見也。必如明黄諫《從古正文》之作，一切以篆改隸，無乃泥古而不知所裁乎？

宋李從周著《字通》一卷，末附糾正俗書八十二字。如「衣裳」必作「衣常」，「添減」必作「沾減」，「規矩」必作「規巨」，「心膂」必作「心吕」，「袒裼」必作「但裼」，「負荷」必作「負何」，「巾帨」必作「巾帥」，「肘腋」必作「肘亦」，不免於好古而泥矣。

宋黄昇字叔暘，有《散花庵詞》一卷，汲古閣本改其名爲黄昪，乃世傳宋本。《詩人玉屑》有昇所撰序，猶鉤摹當日手書，則作黄𦤺。蓋「升」字篆作「𠀚」，用篆體署名耳。毛氏不識，妄改爲「昪」，固是可笑，然叔暘必以篆體署名，致使人不識，亦無謂也。

宋張有著《復古編》，頗爲精審。《樓鑰集》有此書序，載其二事。一則篆楊時踵《息庵記》，以小篆無「庵」字，竟作隸體書之。一則爲林攄母撰碑，書「魏」字作「巍」，終不肯去山字。按：此二事一通一介。愚謂「魏」字不可去山，「庵」字竟可去奄，蓋庵實即广字，後人以广不成文，故又從奄聲作庵耳。然即此二字，亦見生今之世《説文》之不能盡拘矣。

至於作篆書，則又宜以《説文》爲圭臬。宋時有徐競，工於作篆。宣和六年，高麗國請於朝，願得能書者至國中，於是以競爲國信使使高麗。亦足徵書名之重矣。魏了翁《鶴山集》稱：「競篆於《説文解字》以外自爲一家，雖其名「競」字見於印文者亦與篆法不同。」然則競之篆不本《説文》，蔑棄古法，不可爲訓。至今徐競之篆一字無傳，雖一時頗得虚名，固不足以欺後世矣。

字母異同

三十六字母傳入中原，通行已久矣。明焦竑《筆乘》引吴幼清云：「三十六字母，俗本傳訛。群當易以芹，非當易以威，知徹牀孃四字宜廢」云云。是明人於字母不盡遵守也。考明時有《併音連聲字學集要》四卷，不知何人所作。萬曆中，會稽陶承學得之吴中，其書前列切字要法，於三十六字母中，以「勤」字易「群」字，以「逸」字易「疑」字，以「歎」字易「透」字，而删去「牀、禪、知、徹、孃、邪、非、微、匣」九母，殆亦即吴幼清之説邪。明代又有葉秉微作《韻表》，删去「知、徹、澄、孃、敷、疑」六母。李登作《書文音義便考》，删去「知、徹、澄、孃、非」五母。皆於三十六字有所删除。至蘭廷秀作《韻略易通》，并字母爲二十攝，曰：「東風破早梅，向暖一枝開。冰雪無人見，春從天上來。」更爲自我作古矣。其後張位著《問奇集》，考論形聲訓詁，分十九門，其三曰早梅詩切字例，其四曰好雨詩切字例。則不止有此「東風破早梅」二十字也。明桑紹良撰《青郊雜著》，又以「國開王向德，天乃賚禎昌。仁壽增千歲，苞盤民勿忘」爲二十母，是又於「早梅」「好雨」之外别成新法矣。

明末又有馬自述[一]《等音》外、内集各一卷，併三十六母爲「見、溪、泥、端、透、疑、邦、滂、明、精、清、心、照、穿、審、曉、影、非、微、來、日」二十一母。又以四聲爲未備，增爲五聲，曰平、上、去、入、全。以全聲爲一聲，列入聲後。如云通、桶、痛、突、同，灘、坦、炭、忒、壇之類。余按：三十六字母本有異同之論，删併尚無不可。至平上去入，則自六朝以來相沿至今，從無異論，豈馬氏所能擅加，祇見其妄矣！

國朝樊騰鳳著《五方元音》二卷，并序母爲二十，曰「梆、匏、木、風、斗、土、鳥、雷、竹、蟲、石、日、翦、鵲、系、雲、金、橋、火、蛙」。又變易韻部爲十二部：一天、二人、三龍、四羊、五牛、六

[一] 馬自述，《四庫全書總目》著録爲「馬自援」。

獒、七虎、八駝、九蛇、十馬、十一豺、十二地。如此之類，皆鄉壁虛造之書，不經莫甚。

明時西洋人金尼閣著《西儒耳目資》一書，其説謂元音有二十九，自鳴者五，曰丫、額、依、阿、午。同鳴者二十，曰則、測、者、撦、格、克、百、魄、德、忒、日、物、弗、額、勒、麥、搦、色、石、黑。無字者四。自鳴者爲萬音之始，無字者爲中國所不用。故惟以則、測至石、黑二十字爲字父。其列音分一丫、二額至四十九碗、五十遠，皆謂之字母。其輾轉切出之字，則曰子、曰孫、曰曾孫。按，此説甚奇，是有字母又有字父矣。今泰西之學行於中華，未知尚有能通其説者否。

唐韻次弟與今廣韻異

宋夏竦著《古文四聲韻》，其自序云「本唐《切韻》」。然覃、談二韻列於麻後陽前，蒸、登二韻列於添後咸前，與今本不同。考唐顔元孫《干禄字書》，其次弟亦復如此。然則今所傳《廣韻》次弟非《唐韻》之舊矣。蓋隋陸法言等所撰本爲《切韻》，唐孫愐重定改名《唐韻》，後嚴寶文、裴務齊、陳道固又各有添字。宋景德中，命陳彭年等重修，乃名《廣韻》，即今所傳本也。然則《廣韻》非《唐韻》，《唐韻》非《切韻》，宜其次弟之不盡相同矣。夏竦《四聲韻》仙韻後增宣韻，齊韻後增移韻，亦與今異。

國朝紀容舒以《廣韻》既出而《唐韻》遂無傳書，惟雍熙三年徐鉉等校定《説文》，在大中祥符重修《廣韻》之前，所用翻切一從《唐韻》。翻切之法，其下一字必同部，乃取《説文》所載《唐韻》翻切排比分析，各歸其類，成《唐韻考》五卷。自有此書，而《唐韻》大略猶有可尋，即陸氏之《切韻》亦或可得其梗概矣。

《玉篇》有三本，顧野王原本不可見。唐上元元年孫強增加本，所謂上元本也。宋大中祥符陳彭年等重修，所謂重修本也。明初二本俱在，《永樂大典》每字下引顧野王《玉篇》即上元本，又引宋重修《玉篇》，即大中祥符本也。今世所行張士俊刊本，朱竹垞稱爲上元本，實即宋重修本耳。如世間真有上元本，則其所有翻切尚在天寶改定《唐韻》以前，真可推尋《切韻》之舊矣。

以諧聲字分部

明田藝蘅著《大明同文集》五十卷，變改《説文》部分而以其諧聲之字爲部母。如東字爲部，即棟涷之類從之，工字爲部，則紅江之類從之。按：此即近時姚氏《聲系》、朱氏《通訓定聲》諸書所從出也。

國朝劉凝著《文字韻原》，謂《説文》以形相次，《韻原》以聲相從。後又以其限於篇幅，層次排列，未免間斷，乃仿《史記》諸表之例，從各字偏旁序其世系，分其支派，爲《韻原表》。此書視姚氏《説文聲系》或不及其精審，然要是其先河也。

字書以筆畫多少爲次

明周嘉棟著《正韻彙編》四卷，取《洪武正韻》以偏旁分八十部，所分之部，與部中所列之字，皆以字畫多少爲序。每字之下注曰某韻。按：此即今所行《初學檢韻》之類。

明都俞著《類纂古文字考》五卷，亦取《洪武正韻》中字以偏旁分類，編之爲三百一十四部，每部之中以字畫多少爲次。按：此例亦後來字書所承用也。

草字彙

余桉頭有《草字彙》一書，乾隆間石梁暨庵撰，頗爲精好。篇首有趙思道序，云：「視前代中書官郭諶所輯《草韻辨體》，體制過之。」知前乎此者，有郭諶之書。但云前代人，不知何代也。明楊慎《墨池瑣録》云：「金時錦溪老人張君用錫集古人名家草書，名曰《草書韻會》，趙秉文爲之序，精妙神彩不減法帖。元時好事者改名《草書集韻》。洪武初，蜀郡又翻刻，并趙序及諸書家姓名皆去之，刻又粗惡，可重惜也。」按：此書至今猶在，《四庫全書》著録在藝術存目中，與《草韻辨體》又非一書也。

國朝陶南望有《草韻彙編》二十六卷，輯秦程邈至明朱克誠三百四十一家，依韻編次。其入聲一類，則其友侯昌言等所續。書成在康熙間，則尚在石氏《草字彙》之前，而石氏亦不知有此書也。然諸家皆依韻編纂，而石氏《草字彙》則依《字彙》偏傍編纂，體例不同。石氏之書成於乾隆五十二年，乃不依《康熙字典》，仍依《字彙》，何也？

説文附許冲説

《説文繫傳·氏部》𢆉下云：「家本無注。臣鍇按，一本云許氏無此字，此云家本無注，疑許慎子許冲所言也。」按：此字大徐本止云闕，而小徐本乃有此説，可知許冲於《説文》亦頗有考訂，非止表上其書也。

𠛎字

元人敖𠛎作《中説》三卷，至今猶存。𠛎字見夏竦《古文四聲韻》，以爲是古文淵字。此何足據而以自名，可謂怪矣。按，《説文》：「淵，回水也。從水𣶒，象形。左右，岸也；中，象水皃。」或體作𣶒，省水。此作𠛎者，疑本當作𣶒，即𣶒之變體，而誤移左旁一豎於右旁，遂似隸書刀字偏旁，令人不識矣。北魏有《張猛龍碑》：「諱猛龍，字神囦」。囦字亦不可識。王氏《金石萃編》謂即㘫字之誤。然則亦淵字也。此二人一字一名，同此淵字，而一作𠛎，一作囦，遂成奇字，亦可云物必有偶矣。元元淮官溧陽路總管，著《金囦集》，蓋以溧陽有投金瀨，故名。考仇遠有《金淵集》，遠亦嘗官溧陽教授也。金囦即金淵，改寫古字，或以别於仇耶？

宋徐璣字靈淵，即永嘉四靈之一，或書作「靈囦」，用古字也。淵字必用古字，亦未知何意。

埡字

《集韻·十姥部》有隖、塢、碼、埡四字，並於五切，或從土，從石，亦作埡。然則埡即隖字，而自來詩文未見用此字者。

國朝林堯峯有《山薵花埡長短句》一卷。山薵花埡實與輞川之辛夷塢等耳，改書埡字，幾令人不識。

左右字

明喻國人著《周易辨正》，言古人左圖右書。左，陽也，故左字五畫。右，陰也，故右字六畫。其説殊怪。以楷書書之，左右字皆五畫。其曰六畫，蓋右字從口，作兩豎畫、作兩横畫，則六畫矣。漢人説字固有此例。《廣韻》十二霽，桂字下注以炅、香、桂、炔四字，皆九畫。今數之，炅、香皆八畫。可知漢人於日字竟作五筆書，則口字可作四筆書矣。明人未必見及此，或左五右六，方術家書舊有此説也。

避諱改寫字不可押韻

宋禮部《貢舉條式》云：「齊桓避諱作齊威，可用於句中，不可押入微韻。」按：此亦詞賦家所宜知。嘉慶中，先舅氏東石先生在京師爲人作萬壽詩，用一先全韻，已脱稿矣，有人曰：「内有廟諱字。」若不用，非全韻也；若改寫，元字出韻也。先舅氏憫然自失。宋制此條，洵可爲式矣。

唐韋莊詩「欲將張翰松江雨，畫作屏風寄鮑昭」。按：鮑昭本名照，唐避武后諱改作昭耳。韋詩乃是誤押，非以昭爲照也。

字如其人

《黄文獻公集》云：「温公《通鑑》書稿作字方整，未嘗爲縱逸之態，宜其十有九年始克成書。」烏呼！此所以爲司馬温公也。蔡絛《鐵圍山叢談》云：「王元澤奉詔爲《三經義》，王丞相介甫爲提舉，《周禮新義》親爲筆削。政和中，吾得見之。筆蹟如斜風細雨，誠介甫親書。」烏呼！此其所以爲王荆公也。

《墨莊漫録》云：「王荆公書清勁峭拔，飄飄不凡，世謂之横風疾雨。」此云「斜風細雨」，蓋當時品評荆公書法類如此。

名人書額

江蘇婁縣周氏，世居干山，所居曰山舟堂，其堂額乃趙子昂所書。國朝有康熙丙子副榜名士彬者，猶居是堂，所著詩文，即名《山舟堂集》。余親家姚氏居仁和之唐西鎮，其堂額曰致和堂，猶董香光所書，亦爲難得，惜亂後毁矣。

余兄壬甫嘗言：「人家聽事所懸之額，至百餘年後，書額者姓名人猶知之，方是舊家。」余寓吴下，聽事樂知堂額，彭剛直書；客坐春在堂額，曾文正書。此兩公者，雖至三千年，人猶無不知之也。

八行書

《後漢書·竇融傳》：「融玄孫章與馬融、崔瑗同好。融與章書，書惟一紙，紙八行，行七字。」今人稱八行書，當本此。《北夢瑣言》云：「盧相光啓立性周謹，受知如租庸張濬[一]。每致書疏，凡一事别爲一幅，朝士至今效之。蓋八行重疊别紙，自公始也。」然則書疏每紙八行，自漢至唐並同。

[一] 受知句，宋吴曾《能改齋漫録·事始一》作「受知於租庸張濬」。

腕有鬼

《雲仙雜記》云：「虞世南書冠當時，人謂其腕有羲之鬼。」此事人所習知也。明朱國楨《湧幢小品》曰：「王弇州不善書，好談書法。其言曰：『吾腕有鬼，吾眼有神。』此説一倡，不善畫者好談畫，不善詩文者好談詩文，極於禪玄，莫不皆然。」按：弇州此語，蓋謂腕不能作書，而眼則能鑒別，故云「腕有鬼」而「眼有神」。然則弇州腕中之鬼，殆非羲之鬼，而別一不能書之鬼矣。是可一噱。

九九銷夏録卷十二

記載甲子之誤

晉釋法顯《佛國記》[一]稱：「弘始二年，歲在己亥。」按：後秦姚興弘始元年，當晉隆安三年，歲在己亥，則二年在庚子矣。此云「己亥」，必「庚子」之誤也。唐范攄《雲溪友議》稱：「乾符己丑歲。」按：乾符元年爲甲午，至庚子改元廣明，自甲午至庚子中間但有己亥，無己丑。此云「己丑」，必「己亥」之誤也。五代高彦休著《唐闕史》，序中自言乾符甲子生。按：乾符起甲午，訖己亥，無甲子。此云「甲子」，必「甲午」之誤也。

〔一〕晉，原誤作「宋」，徑改。

苻秦時有《廣武將軍碑》，云：「惟大秦建元四年，歲在丙辰。」按：《晉書・載記》：「興寧三年，堅又改元爲建元。」然則建元元年歲在乙丑，建元四年當在戊辰。此碑乃云「丙辰」，刻石勒碑，乃亦有誤邪。

稱述先世之誤

太史公自叙司馬氏之所從出，誤合重氏、黎氏爲一族；白香山自叙白氏所從出，誤以秦白乙丙爲楚白公勝之後，皆爲後人所譏。然世冑已遥也。若元黄溍卒於至正十七年，但有孫四人，危素所作行狀記載甚明，而其所作《日損齋筆記》，首尾皆題「大明天順四年十三世孫叔善重刊」。計自至正十七年丁酉至天順四年庚辰，止百有四年，而有十三世孫，已歷十世，則必世世十歲生子而後可，安有是理邪？子孫之詞，錯誤至此，何也？

皇祖伯父

昭十二年《左傳》「昔吾皇祖伯父昆吾」注云：「陸終氏生六子：長曰昆吾，少曰季連。季連，楚之祖，故謂昆吾爲伯父。」按：季連爲楚之遠祖，遠祖之兄，豈得以伯父稱之。杜注小誤。「皇祖伯父」四字連讀，不可分讀。古人稱皇祖伯父，即今人所稱伯祖父耳。昆吾世系已遠，仍稱伯祖父者，亦猶曾孫之稱不論遠近耳。杜注當云：「故謂昆吾爲皇祖伯父。」直云伯父，失之矣。《吕東萊集》有祭林之奇文云：「昔我伯父西垣公，躬受中原文獻之傳。」按：所稱西垣公，謂吕本中也。東萊之祖弸中爲本中之弟，本中乃其從祖，而稱之曰伯父，蓋用楚靈稱昆吾之例，而不知靈王稱昆吾爲「皇祖伯父」，非僅稱伯父也。好古而不解古語，不如從時從俗之爲安矣。

書門人不書女壻

唐李漢《昌黎先生集序》云：「門人李漢編。」李漢實昌黎之女壻，但稱門人。於是黄榦編《朱子集》，余祐編胡居仁《居業録》，亦用其例。二人皆女壻，而止稱門生。國朝閻若璩《潛邱劄記》謂是重道統而輕私親。考古人於妻之父母本不甚重，師居在三之尊，則稱女壻自不如稱門生矣。李漢雖止稱門生，其文曰「門人隴西李漢辱知最厚且親」，則女壻之誼，亦既及之矣。今人或云昌黎女初適漢，後離昏，嫁樊氏。漢不稱女壻，蓋緣於此。考《皇甫持正集》云：「壻，左拾遺李漢、集賢校理樊宗懿，次女許嫁陳氏，三女未笄。」則公之長女先適李後適樊自有明證。但公女何以無故離昏，此不可解。余疑公殁後，李亦旋卒。後其女乃改嫁耳。李漢爲《昌黎集序》，妻必尚在，即皇甫湜作墓志時，距公殁止數月，公女亦當尚在李氏。湜之原文但云「壻，左拾遺李漢」而已。其後韓女改嫁，皇甫編定文集，乃又書樊宗懿之名。黄黎洲先生《金石要例》云：「韓文公三女，其長女初適李漢，改適樊宗懿。誌書『壻左拾遺李漢，聟集賢校理樊宗懿』。聟即壻之别名，此皇甫持正變例也。」夫皇甫持正既書兩壻之名，自宜詳叙其初嫁改嫁之事，豈以「壻」「聟」二字别之？聟爲壻之俗字，未聞初嫁稱壻，再嫁稱聟也。黎州所見《皇甫集》有「壻、聟」二文，可知其原文止作：「壻，左拾遺李漢」，其後又增益其下曰：「聟集賢校理樊宗懿。」即壻、聟之異，知非一時之筆矣。夫死改嫁，古人常有，不足爲韓女病。若夫未死而無故離婚改嫁，此必無之事。誠有之，則情誼已絶，李漢何以云「最厚且親」乎？然則止稱門人，不稱女壻，自以閻百詩説爲是。在今人，不可行；在古人，實執此義也。

文章傳女

世稱中郎有女傳其遺書，然所傳者止其家所藏墳籍四千餘卷，寫出四百餘篇耳。蔡中郎所作之文，初不煩文姬手寫也。乃近時竟有兩家文集，賴女子以傳者。馮甦《嵩庵集》五卷，晚年以付其女，女適洪氏，外孫洪承澤刻以行世。宋振麟《中巖集》六卷，殁後其女孫攜其殘稿以適王氏，女孫之子王文昭官福建，乃校刊之。嗟乎！門衰祚薄，名山大業藉弱息以存，視生女作門楣爲尤重矣。

膠州高西園鳳翰自跋其《南阜山人集》云：「盲子頑孫，篋笥誰付？不知有人拾取於蛛絲蠹腹之餘，以少得流傳人世否？」其言可歎。馮氏之女子，宋氏之女孫，勝高氏盲子頑孫多矣。

才子

明景泰時，劉溥、湯允勣、蘇平、蘇正、沈愚、王淮、晏鐸、鄒亮、蔣忠、王貞慶稱十才子。嘉靖時，李開先、王慎中、唐順之、熊過、陳東、任瀚、趙時春、吕高稱八才子。明人標榜之習如此。然十才子中，惟劉溥尚有《草窗集》一卷，餘皆泯没無聞矣。八才子有唐順之在，自當較勝也。

十五歲童子作序

王勃《滕王閣序》自稱「童子何知」，然其年實在二十外矣。明崇禎戊寅，吴下諸人爲千英之會，集於虎丘。華亭彭師度字古晉，年十五，即席成《虎邱夜宴同人序》。以象勺之年而能辦此，真不可及矣。

《摭言》稱王勃年十四作《滕王閣序》。然考本傳，勃父左遷交阯令，勃往省，度海溺水，痵而卒，年二十九。而《滕王閣序》有「家君作宰」句，又有「他日趨庭，叨陪鯉對」句，則正其省父交阯之年，非年十四也。自稱童子，殆父在則然耳。

海沂子論禮

《世説》載謝太傅劉夫人聞人稱《關雎》《螽斯》，曰：「周公是男子，相爲耳。若使周姥撰詩，當無此言。」明人王文禄著《海沂子》，有《敦原篇》，謂：「古人父重母輕，以制禮者乃男子，故爲己謀，不免偏私。」此其所見與劉夫人同。如其言，當更起周姥别制一禮也。

唐高宗上元元年十二月，天后上表，請父在爲母服齊衰三年。然則《海沂子》之言不爲無見。

士齋

明當塗女子鄒賽貞著《士齋集》三卷。其曰「士齋」者，以當時有女士之稱也。女子而以士名齋，亦奇。然女子能詩文，世所恒有。若餘姚孫陞妻仁和楊文儷，則并能爲科舉之文。生四子：鑨、鋌、鑛皆至尚書，鋐至太僕卿，其舉業皆母授也。斯則真可題爲士齋矣。楊文儷有集一卷，附其夫《孫文恪集》之後，其夫亦官至尚書也。

徐都講

《毛西河集》附《徐都講詩》一卷，女子徐昭華所作，駱加采之妻也。其父咸清與西河友善，西河暮年，昭華從之學詩，故附《西河集》以行。余按：章氏《文史通議》云[一]：「文章雖天下之公器，而男女實人生之大防。如來因許女子出家，故五百年後正教中衰。」然則女弟子之名，其可爲典要乎。西河此例一開，其流極於隨園。

[一] 文史通議，今通行作「文史通義」。

李因之

明海寧葛徵寄《蕪園詩集》中，多與其姬人李因之倡和之作。因之字是庵，善畫花鳥，能吟詠，亦一明慧女子也。李因之之名大可與柳如是作對。

娖律

《娖律》一卷，本無撰人名姓，雪港沈氏刻入《昭代叢書》，末有震澤楊復吉跋，稱詢諸武林友人，知是文簡公之筆。文簡公謂海寧陳元龍也，故卷首即題公名，然究未知是否。余按：明王思任有《奕律》一書〔一〕，定奕棋禁令，各以明代律文列前，而以奕者所犯比照之，分笞、杖、徒三等，納贖有差，凡四十二條。《娖律》之書，即仿此而作也。

〔一〕奕，通「弈」，參文義知爲弈棋事。崔校本改「弈」而未出校。

新婦譜

國朝陸圻著《新婦譜》一卷，乃嫁女之時作以訓其女者。凡五十九條，於婦職婦道言之頗詳。陸圻字麗京，錢唐人，國初名士。其書惜未通行，若刊布行於閨閣中，當勝於坊間所有《女兒經》等書也。

優童志

北里有志，教坊有記，大率爲青樓中人而作耳，若鄭櫻桃、周小史一流人未有彙萃成書者。明陳泰交有《優童志》一卷，於是白紵同蹝，别開生面矣。泰交，平湖人，字同倩，有《尚書注考》，糾蔡《傳》之譌，頗爲精審。乃亦有此等筆墨，何也？

道學風月

道學家不得作風月語，固也胡澹庵「黎頰微渦」一語，爲紫陽所譏。然家妓侑觴，乃宋代士大夫家常事。酒酣耳熱，率書所見，正其坐中有妓，心中無妓，不足爲澹庵病也。若明黄佐《泰泉集》有《春夜大醉言志詩》云：「倦遊卻憶少年事，笑擁如花歌落梅。」自注以爲欲淨理流，則以風月語飾爲道學語，君子病之矣。

因琵琶記而知學問

王晫《今世説》載：「嘉興王翃字介人，少失學，《論》《孟》不卒讀，識字而已。弱冠偶覽《琵琶記》，欣然會意，曰：『此無難，吾亦能之。』即據案唔唔學填詞，竟合調。自後學不稍懈，工詞曲，遂能詩。所著《二槐草存》，有『前路夕陽外，行人春草中』句，爲陳子龍所賞。」此豈《琵琶記》所有耶？《滄浪》論詩謂『詩有别才』，信矣。然此不過天機偶爾湊泊，得魚得兔，筌蹏久棄。

若必以此中求文章，則是金聖歎一流見識矣。

國朝沈起評點《西廂記》，言：「十六闋立名，上下相對。猶《乾》與《坤》對，《屯》與《蒙》對。」以《大易》之體，行《左傳》之法。是其所見更出金聖歎上，然同一浪費筆墨而已。

王圻《續文獻通考》以《西廂記》《琵琶記》同入經籍類中，究亦失之泛濫。

西遊集

《邱長春真人西遊記》，錢竹汀《元史藝文志·地理類》著録。注云：「李志常述邱處機事。」此書世多知之。《千頃堂書目》有僧宗泐《西遊集》一卷，此書無傳本，世罕知者。宗泐字季潭，臨安人。洪武初舉高行沙門，命往西域求遺經。還，授左善世。《西遊集》，蓋其奉使求經，道路往還所作。見聞既異，記載亦必可觀。今俗有《西遊記演義》，託之邱長春，不如託之宗泐，尚是釋家本色。雖金公木母，意近丹經，然意馬心猿，未始不可附會梵典也。

平話

《永樂大典》有「平話」一門，所收至夥，皆優人以前代軼事敷衍而口説之，見《四庫全書提要·雜史類》附注。按：《七修類稿》云：「小説起宋仁宗時，國家閒暇日，欲進一奇怪之事以娱之，故小説得勝頭迴之後，即云『話説趙宋某年』云云，此即平話也。」《永樂大典》所收必多此等書。如得見之，亦足銷閒而娱老矣。

宋劉斧所著《青瑣高議》，每條各有七字標目，如「張乖崖明斷分財」、「回處士磨鏡題詩」之類，頗與平話體例相近。明萬曆間，播州宣慰使楊應龍叛，郭子章巡撫貴州，與李化龍同討平之。化龍時巡撫四川，進總督四川、湖廣、貴州軍務。事平，化龍有《平播全書》之作，其後一二武弁造作平話，以播事全歸化龍一人之功。子章不平，作《平播始末》二卷，以辨其誣。據此知明人於時事亦有平話也。

宋時平儂智高，孫沔與狄青同事，而其後歸功於狄。明時平楊應龍，郭子章與李化龍同事，而其後歸功於李，二事正相類。郭子章作《平播始末》，猶是自表其功。若滕元發作《孫威敏征南録》，則以他人表白其功，是尤足徵公論也。

國朝張時爲《界軒集》有擬奏疏一通，欲請定天下傳奇爲六等。此論大奇，不知講學家何以有此。

圖説如平話體例

明楊東明所繪《河南饑民圖》，至今有刻本，乃東明萬曆中所上也。圖凡十有四。前十三圖繪饑民之狀，各繫以説。末一圖乃東明拜疏之象，亦有説，曰：「這望闕叩頭的就是刑科右給事中小臣楊東明。」諸説皆俚俗之語，冀人主閲之，易於動聽，亦深費苦心矣。

明薛夢李《教家類纂》一書，首以圖説繪畫故事，而係之以説，云：「這一箇門内站的人，是某朝某人」云云。疑明代通行小説平話有此體也。

説夢

昔沈約有《夢美》之詩，項斯有《夢仙》之詠，以至如盧綸之《夢桃源》、舒亶之《夢天台》，文人寓言，託之於夢，往往然矣。明羅一峰以一代大儒，篤守宋儒門徑，所著《一峰集》，大約如昌黎所謂「獨得雄直氣，發爲古文章」者，乃有《夢稿》二卷，紀夢之詩，多至三百餘首，迷離徜怳，莫測其旨，殆別有寄託乎？講學家有此筆墨，亦奇。

明儒吴與弼《日録》中自稱夢見孔子、文王，夢見朱子，又夢見孔子之孫，夢見朱子之父，并其妻亦夢見孔子攜二從者相訪。國朝王命岳《耻古齋文集》有《周易雜卦牖中天》一卷、《讀詩牖中天》一卷，自序謂：「辛卯冬，夢文王、周公先後車蓋，喝道甚盛，命岳自牖中窺視之。」故二書皆以「牖中天」爲名。真歟，僞歟？《楊椒山先生年譜》中亦言從韓邦奇學樂律，夢見虞舜。此等事之有無，只可以人爲斷矣。

劉勰《文心雕龍·序志篇》云：「齒在踰立，夜夢執丹漆之禮器，隨仲尼而南行。大哉聖人之難見也，乃小子之垂夢歟？」後人之夢，似皆緣此一夢而來。乃本朝有女子華浣芳，華亭張榮之妾，所著《挹青軒詩稿》，榮爲作序，言其九歲時，夢見唐太宗召有唐一代詩人教之作詩，則更誕矣。

國朝程正揆《青溪遺稿》有《奇夢録》一卷。正揆本以畫名家，所畫《江山臥遊圖》，散在人間者數百餘，則奇夢之録，與臥遊之圖，同一筆墨雲烟而已。

九九銷夏録卷十三

丹青即古圖録之法

《周禮·大司徒》以天下土地之圖，周知九州之地域廣輪之數，辨其山林、川澤、邱陵、墳衍、原隰之名物，此即後世畫山水之法也。内宰掌書版圖之法，鄭注謂：「圖：王及后、世子之宫中吏官府之形象也。」此即後世畫宫室之法也。《漢書·藝文志》兵書五十三家，圖四十三卷。曆譜十八家，中有《耿昌月行帛圖》二百三十二卷。凡古人圖録之學，即後世丹青之法。《日知録》謂：「古人圖畫皆指事爲之。」蓋繪事本原於圖録，自以徵實爲長，不以翻空爲貴。至於後世，人物尚白描之雅，花卉矜没骨之工，而古人遺法蕩然。所謂畫者，止供几席之玩，故雖顧、陸之名筆，不得入《藝文志》中矣。張彦遠《歷代名畫記》收日月交會九道諸圖。米芾《畫史》收渾天圖及五聲六律十二宫旋相爲君圖。此二家者，似猶知丹青即古圖録之遺，爲畫苑擡高身分。

畫古人像

閻立本畫秦府十八學士圖、淩烟閣功臣二十四人圖等類，皆見《唐・藝文志》，其時相距未遠，必有所受，非以意爲之也。後世時代既遥，典型已失，乃欲追爲之圖，此必不能肖者。明吴守大有《名臣像圖》一卷，畫徐達以下四十九人，人各一圖，圖皆相似，面貌不可辨，惟以題識爲别，此無謂之甚矣。乃志地理者，亦或爲之。明黄璿撰《建陽縣志》，有先賢畫像十二。李讓撰《崇安縣志》，有諸儒圖像十六。是殆等於坊間所刻平話彈詞之有繡像矣。

仁和縣學石刻聖賢圖贊，有明宣德二年巡按御史吴訥序，稱是李龍眠筆，宋高宗時刻石。然諸賢多手執書卷，未免俗態。所執書卷又非古簡策之制度，必非龍眠手筆。甚者樊遲名須，即畫一多鬚之人；梁鱣字叔魚，即手持一魚，是可一大噱矣。

神妙能逸

自來評品書畫者，但分別等第而已。如鍾嶸《詩品》分三等、庾肩吾《書品》分九等是也。李嗣真作《書品後》，始以李斯等五人爲逸品。張懷瓘作《書斷》，始定神、妙、能三品之目。至朱景元作《唐朝名畫録》，乃始合兩家所品定爲神、妙、能、逸四品，後來者咸宗之。然以逸品置能品之下，似失其次。至黄休復撰《益州名畫録》，又升逸品於神品之上，更爲未安。夫逸品者，猶人中之有逸民也。若置之神品之上，則是伯夷之徒過於孔子矣。若置之能品之下，則伯夷之徒不如管、晏矣。竊謂宜在妙品之下、能品之上，庶位置得所乎。劉道醇著《宋朝名畫評》，仍從張懷瓘之例，止分神、妙、能三品，而不立逸品，殊爲有見。

《名畫評》於黄筌、黄居寀父子二人，人物門中則入妙品，花草、翎毛兩門則入神品，具見鑒別之精。然班史《古今人表》，既分列九等，又標聖人、仁人、知人之名，文王、太姒則曰仁人，武王、邑姜則曰智人，如斯之類，殊多未協。況書畫藝事，流品難區，不如約計之則三等，析計之則九等，不設四品之名，轉免紛紜之論也。

黄氏父子或入神品，或入妙品，神妙相去一間耳。若《宣和畫譜》，於山水部稱王士元兼有諸家之妙，於宫室部則以皁隸目之，未免天壤之隔矣。

畫品無定

明王穉登《吴郡丹青志》以沈周入神品，唐寅、文徵明入妙品。而李開先《中麓畫品》，沈周、唐寅皆在第四等。王漁洋《香祖筆記》曰：「李中麓太常藏書畫極富，自負賞鑒，持論與吴人頗異。」即謂此也。今日久論定，李中麓所品題，自不及王百穀之當。然彼此一是非，自古從無定論，况書畫乎？歐、柳、顔三公書法，至今無異詞。而米襄陽《海岳名言》則以顔魯公真字便爲俗品，以歐、柳爲醜怪惡札之祖。雖宗晉自宜黜唐，然詆之亦太甚矣。

以詩爲畫

張華《博物志》言：「漢桓帝時，劉褒畫《雲漢圖》，見者皆熱。及畫《北風圖》，見者皆寒。」

按：《雲漢》《北風》，皆《毛詩》篇名也。《南史》言梁豫章王綜以白團扇畫《伐檀詩圖》餉徐勉，是古人固有以詩爲畫者。明黄鳳池有《唐詩畫譜》，取唐人五六七言絶句詩各五十首，繪爲圖，而書原詩於左方。詩中畫，畫中詩，此兼之矣。

楊補之畫梅

明李日華《六硯齋二筆》云：「楊補之所居有梅樹，大如數間屋，繁花如簇。補之日臨畫之，大得其趣，以進之道君。道君曰：『村梅耳。』因自署《奉敕村梅》〔一〕。更作疏枝冷蘂，清意逼人，而道君不及見矣。」是楊補之之畫，道君病其太繁也。使見其疏枝冷蘂，必嘉許矣。乃范石湖著《范村梅譜》，其後序言：「楊畫大略如吴下之氣條，雖筆法奇峭，去梅實遠。」是則楊无咎之梅，始終不合格也。然至嘉熙、淳祐間，江西人得无咎一幅梅，價不下百千匹，見趙希鵠《洞天清禄集》。豈江西人阿其同鄉乎？抑日久而論定也？世人貴遠賤近，凡詩文皆然，固不

〔一〕自，原刻作「目」，據文義改。

獨畫梅矣，爲之三歎。

《洞天清禄集》云：「臨江楊无咎補之學歐陽率更楷書，殆逼真。以其筆畫勁利，故以之作梅，下筆便勝華光仲仁。」然則逃禪之畫，其高古可想。村梅之軟，吴下氣條之譏，恐皆非篤論也。

舊傳楊補之爲揚子雲之後，其姓從手旁，不從木旁。余從前在江西見揚孝廉翎，自云系出逃禪，名刺揚字從手不從木。然楊子雲之姓，實不從手。《日知録》辨之詳矣。楊補之字无咎，號逃禪老人。晁補之亦字无咎，亦有逃禪之號，此則甚奇。

自宋以來圍棋國手

宋晏天章《元元棋經》後有一跋云：「自宋以來，善弈者，昔日老劉宗，今日劉仲甫、楊中隱、王琬、孫侁、郭範、李百祥輩。」按：此皆宋以來圍棋國手也。《古今圖書集成·弈棋部·名流列傳》所載明以前人，殊寥寥，因記此。

《春渚紀聞》載：「圍棋待詔劉仲甫，自江西入都，於邸前懸一幟云：『江南棋客劉仲甫』」

云云。其事記載甚詳。是劉仲甫棋名甚盛。今尚有《棋訣》一卷，凡四章，曰布置，曰侵凌，曰用戰，曰取捨，其所著也。而《春渚紀聞》又載有祝不疑能勝之。蔡絛《鐵圍山叢談》又載有王憨子、晉士明能勝之。是此三人者，又高出劉上矣。

琴家虞山派

近世言琴者，以虞山一脈爲最勝。蓋始於明之嚴澂。澂字道澈，大學士訥之次子也。其論琴，以爲古樂不傳，但傳其聲，故古樂皆倚聲而歌之，非以歌取聲也。孔子鼓琴，既得其人，而師襄始言是《文王操》，可知其有聲無文也。使有文，則孔子固已知之，何待師襄之告乎？其所著《松絃館琴譜》二卷，録有二十八曲，皆有聲無文。余謂，聲者，天籟也，文者，人籟也。天地之間，先有天籟而後有人籟，如先有五聲而後人以宫、商、角、徵、羽合之，非先有宫、商、角、徵、羽而後有五聲也。先有四聲而後人以平、上、去、入合之，非先有平、上、去、入而後有四聲也。嚴氏此譜，不爲無見。葉夢得《避暑録話》載：「廬州崔閑姜所彈三十餘曲，請夢得各爲之詞。」是宋譜固有聲而無文。但夢得既各爲之詞，則依夢得之詞而尋求之，亦可得其聲矣。聲之與文，固二而一者也。今虞山一派，清微淡遠，爲世所重。余不知琴，因嚴説而論之，未知有合否也。

明胡文焕《文會堂琴譜》云：「琴獨尚浙操者，猶曲之有海鹽也。余此譜皆親傳之浙操。」然則明時虞山派未興，固以浙操爲重。虞山派盛行，亦如曲之有崑山矣。

唐時端石

唐李賀有《楊生青花紫石硯歌》云：「端州石工巧如神，踏天摩刃割紫雲。」則唐時已重端石矣。而宋蘇易簡作《文房四譜》，以青州紅絲硯爲首，何也？蓋端石以下岩爲貴，下岩之上曰中岩，中岩之上曰上岩，自上岩轉山之背爲龍岩，唐時取硯之所，後下岩得石勝龍岩，龍岩遂不復取，詳見宋時葉樾所傳《端溪硯譜》。可知，唐時所取乃龍岩之石。宋米芾《硯史》言：「上岩石理粗，性硬，其岩深處間有潤者，終不如下岩。」可知上岩之石已不佳，況龍岩又在其上乎？唐人取石於此，其硯必不甚佳，故亦不甚著。李長吉詩所云「踏天摩刃割紫雲」，極言其佳，而不知「踏天摩刃」一語，正足見其非下岩佳品也。

宋高似孫著《硯箋》，則第一卷即端石矣。中有硯圖四十二式，注曰：「歙石亦如之。」則歙石已與端石並重。考歙硯之所自始，在唐開元中。獵人葉氏逐獸，至長城里，見疊石如城，瑩潔可愛，因攜歸刊硯，温潤大過端溪。則唐時歙石已出也。今歙石不如端石，而云大過端溪，亦可知唐時端石之不甚精矣。

灌瓦

曾敏行《獨醒雜志》云：「贛之雩都尉廳後舊有灌嬰廟臨池上，廟毁，瓴甓墮池中。歲年不可計矣。因刀鑷工取半瓦爲礪石，人見而異之，遂求其瓦爲硯，於是有灌瓦之名。」按：銅雀香姜，藝林珍重，灌瓦則罕知者。

《贛州府志》云：「漢尉佗數擾邊，灌嬰將兵擊之，克捷。雩人立廟祀之，名昌文侯廟。廟今廢，有人掘其地，出瓦，可爲硯，太守洪邁有《灌瓦硯銘》。」

宋趙與時《賓退録》云：「灌嬰蹤跡未嘗到江南，今江西郡縣城隍多指爲灌嬰，其實非也。友人蕭子壽大年考《功臣表》，始知爲陳嬰。嬰定豫章、浙江，封堂邑侯，都漸。顔師古謂：

『漸，水名，在丹陽黝縣蠻夷中。』嬰既定諸地，即都之。始知定江南者爲陳嬰，俗傳誤其姓耳。」據此，則灌瓦未必真也。

英石非真

國朝吴綺《嶺南風物記》有論石一條云：「米芾所賞之石，本出浛洭縣地。秋深水涸之時，於沙坑中取之，謂之脱沙。後浛洭併入英德，遂以英德石當之，實皆贋物。」按：浛洭之石，疑即衢州石洪溪石之類。明李日華《六硯齋二筆》云：「衢州常山縣石洪溪之石，奇秀萬狀，有高不盈尺，而數十峯高下起伏具諸洞穴者。」余常覓得數石，實水沙凝結而成，不是真石。浛洭脱沙亦必與之同矣。

京塼

余在吴下，有以京塼贈者，云是製備上用，此因有微疵，故不堪進御也。余鑲成一小桌，置曲園中，然質甚粗，殊不見佳。偶閲明人張問之《造塼圖説》，乃知明代自永樂中，始命造塼於蘇州，凡窰户六十三家，皆隸長洲縣。其塼長二尺二寸，徑一尺七寸，所取之土，産於城東陸墓。其色乾黄，與金色同。自掘而運而曬而椎而舂而磨而篩，凡七轉而後得土，澄以三級之池，濾以三重之羅，築地以晾之，布瓦以晞之。勒以鐵弦，踏以人足，凡六轉而後成泥。揉以手，承以托版，砑以石輪，椎以木掌，避風避日，置之陰室，而日日輕築之。閲八月而後成坯。其入窰也，防驟火激烈，先以糠草薰一月，乃以片柴燒一月，又以棵柴燒一月，又以松枝柴燒四十日。凡百三十日而後窨水出窰。或三五而選一，或數十而選一，必面背四旁色盡純白，無燥紋，無墜角，叩之聲震而清者，乃爲入格。其費不貲。按此知明代造塼，采煉燒造，如此不易，今其法未必盡傳矣。

香匣

世俗通行卍壽香匣，余案頭亦有數具。近日花農又自廣東肇慶寄來一具，其形如鼎，亦頗可玩。因思此具爲自來詩文集中所未載，羌無故實。偶讀明周嘉胄所著《香乘》二十八卷，有印香方一卷，印香圖一卷，則知明中葉已盛行矣。

壁帖

宋尹焞《和靖集》有壁帖一卷，乃其手書聖賢治氣養心之要，黏之屋壁以自警。後人録之成帙。按：壁帖之名殊新。明張岱《瑯環文集》有《柱銘鈔》，蓋即楹聯也。壁帖、柱銘正堪爲對。書楹聯可云「柱銘」，則書横披條幅可云「壁帖」矣。

十處士

明支立字中夫，撰《十處士傳》，取布衾、木枕、紙帳、蒲席、瓦罏、竹牀、杉几、茶甌、燈檠、酒壺十物各爲姓名里貫，仿毛穎作傳。按：自昌黎始創此體，踵而爲之者甚衆。明徐常吉曾搜葺唐宋以來以物爲傳者七十餘篇，名曰《諧史》。陳邦俊又增補得二百四十餘篇，名曰《廣諧史》。然遊戲之文，體例相沿，疊牀架屋，亦殊無謂。此十處士者，尚不失爲山堂清供也。

九九銷夏録卷十四

南北

孔子分别南方之強、北方之強，不過謂風氣不同耳。至六朝而學派遂有南北之分。《北史·儒林傳序》云：「南北章句，好尚不同。江左，《周易》則王輔嗣，《尚書》則孔安國，《左傳》則杜元凱。河洛，《左傳》則服子慎，《周易》《尚書》則鄭康成，《詩》則並主毛公，《禮》則同遵鄭氏。」此經術流派有南北之分也。及至二氏之教興，而南北顯分兩派，有南宗、北宗之名。《傳燈録》云：「五祖下曹溪慧能爲南宗，神秀爲北宗。時號南能、北秀。」此佛家之南北二宗也。明都印《三餘贅筆》云：「道家南宗自東華少陽君得老子之道，以授漢鍾離權，權授唐進士呂巖、遼進士劉操，操授宋張伯端，伯端授石泰，泰授薛道光，道光授白玉蟾。北宗自呂巖授金王嚞，嚞授七弟子：一邱處機、次譚、次端、次劉處元、次王處一、次郝大通、次馬珏及珏之妻孫不二。」此道家之南北兩宗也。乃至畫有南宗、北宗，詞曲有南曲、北曲。群分類聚，凡事皆然。言南北不言東西，何也？愚嘗謂，南條之水江爲大，北條之水河爲大。西北之地，皆河所環抱，故三代建都皆在河北；東南之地，皆江所環抱，故荆楚之強，自三代至今未艾。南北之分，實江河大勢使然也。

世有賈島《三南密旨》一卷，以「林有僕遬，野有死鹿」爲南宗，「我心匪石，不可轉也」爲北宗，是則不知其意云何矣。

九宫蹉一

《太乙行九宫法》，後儒至尊爲《洛書》。其位則左三右七。二四爲肩，六八爲足，所謂法龜文也。乃唐王希明《太乙金鏡式經》，則就原位而右旋之，以《乾》《巽》爲一、九，此不知何義。其以《乾》爲一者，或謂王侯得一爲天下貞，故蹉一以就《乾》。以《巽》爲九者，或謂地缺東南，故蹉九以補之。要皆曲説。竊謂如舊式，則縱横各十五。若蹉一，則四正四隅合中央固皆十五。就一面而言，則或十二，或十八，或十四，或十六矣。恐不可用。

斗木獬

二十八宿禽星所屬東北斗木獬，皆以爲獬豸之獬也。明人池本理著《禽星易見》一書，則以斗木爲蟹，故其性弱静而安閒，此亦異説。

佛氏書有吉凶，時日善惡，宿曜經序，分定宿直，品言日月。天子以五星臣佐，而日光焰猛，以陽獸師子爲宫神；月光清凉，以陰蟲巨蟹爲宫神。其第十二宫，井一足，鬼四足，柳四足，爲大陰之位，其神如蟹，故名蟹宫。若人生屬此宫，法合惡性欺誑，聰明而短命。然則二十八宿自有蟹宫而非斗木也。且「惡性欺誑」，則亦與「弱静安閒」有異。池氏之説，恐未足據。

九天玄女課

《輟耕録》載九天玄女課，其法折草一把，不計莖數，兩手隨意分之。左手在上，豎放；右手在下，横放。以三除之，不及者爲卦。一竪一横曰太陽，二竪一横曰靈通，二竪二横曰老君，二竪三横曰太吴，三竪一横曰洪石，三竪三横曰祥雲，皆吉兆。一竪二横曰太陰，一竪三横曰懸厓，三竪二横曰陰中，皆凶兆。按：此課今無占者，世有《九天玄女課》一書，其此迥異。按：此法竪一者多凶少吉，竪三者多吉少凶，竪二者則皆吉。未知何意。

尺算

算法有籌算、筆算、珠算諸法。按：籌算最古，然今之籌算非古之籌算也。其用之便者，莫如珠算。梅氏文鼎謂起於元末明初，或又據宋人有走盤珠、算盤珠、定盤珠戲語，謂宋已有之。余按：明程大位《算法統宗》載算經源流，元豐、紹興、淳熙以來，刊刻者有曰盤珠算、有曰走盤集。此宋世有珠算之明證。又按：《清異録》載宣武劉氏鑄鐵爲算子，則五代時已有之矣。乃國朝方中通所撰《數度衍》，又有尺算。梅氏謂以三尺交加取數，只能用平分一綫，其法不詳，今亦無用之者。

珠算便矣，而國朝陳訏謨《句股引蒙》則又兼用筆算、籌算。加減用筆算，乘法用鋪地錦，亦筆算也，除法用梅文鼎之籌算，各取其便。諸法中惟鋪地錦尤捷，本於程大位之《算法統宗》。余習用之，惟原法用斜格，余用正格，稍變其式。

三教

宋趙友欽著《仙佛同源》一書，則已合釋、道而一之矣。金王嚞立三教平等會，以《孝經》《心經》《老子》教人諷誦，則并以儒教合釋、道而爲一。夫《仙佛同源》不過彼教之調人，三教平等，實爲吾道之蟊賊。明季諸儒高談心學，皆其流派也。

三乘之名應歸道家

佛家有上乘禪、大乘禪、小乘禪，見於《傳燈録》，蓋以禪理言也。若經論，則止分大小二乘。《隋書·經籍志》稱《維摩》《法華》等經爲大乘之學，《長阿含》等經爲小乘之學，是其證也。又云：「大業時，令沙門智果於東都内道場撰諸經目，以佛所説經爲三部：一曰大乘，二曰小乘，三曰雜經。」是止有二乘，而雜經不稱乘也。若道家則實有三乘之名：洞真部爲元始天尊所流演，是爲大乘上法。洞元部爲太上老君所流演，是爲中乘中法。洞神部亦出太上老君，是爲小乘初法。此三乘即稱三洞，因之又有四輔：太元部，洞真之輔；太平部，洞元之輔；太清部，洞神之輔。正一部，三洞所會歸。詳見明白雲霽《道藏目録》。三洞四輔是爲七部，宋張君房《雲笈七籤》以此分也。然則道經實有三乘之名，言三乘者宜歸道家矣。

白雲霽字明之，號在虚子，上元人。其所撰《道藏目録詳注》，以《千字文》爲次。自天字至群字，一字當一函，實爲道家之總會，有功於玄門甚大，而世人不甚知其姓名，轉不如白玉蟾之婦豎皆知也。考白玉蟾實非人姓名，其人姓葛名長庚，字白叟，閩清人。白玉蟾乃其別號，不知其何取也。然其人實有可疑。陳振孫《書録解題》稱其嘗得罪，亡命姦妄之流，則其人不足取。然猶曰朝菌蟪蛄之見，不爲定論。乃《劉克莊集》有王隱居《六學九書序》，稱所見丹家四人，白玉蟾夭死。則其人乃學道不成而死者，烏能躋列仙班乎？故吾謂道家之有白玉蟾，不如有白雲霽矣。

釋氏入中國

釋氏入中國，始於漢明一夢。然《列子》所載西域化人事，不得謂非釋氏也。則謂漢以前已有之，不可盡斥爲妄。唐時釋智昇著《開元釋教録》，以三藏經論編爲目録，首爲《古經録》一卷，謂是秦始皇時釋利防等所獻。次爲《舊經録》一卷，謂是劉向校書天録閣所見，并云出自孔壁。其説不經，然使中國先時竟絶無此等書，則漢明帝夢見金人，漢廷諸臣安知其爲佛乎？

元僧覺岸著《釋氏稽古略》，用編年之體。始於太昊伏羲氏，遠引洪荒，殊爲無徵不信。然必謂當於周昭王九年釋迦降生爲始，則亦非通論也。釋教之有釋迦牟尼，猶吾儒教之有孔子。謂釋迦以前無釋教，豈孔子以前無儒教乎？元僧念常著《佛祖通載》謂：「莊嚴劫賢劫，不知當中國何年，不能編次，但略存帝王統系。釋迦誕生以後，始據内典編年。」此其所見似爲得之。西方之有佛教，不自釋迦牟尼爲始。中國之有佛教，亦未必自摩騰法蘭爲始也。

西洋人至中國

宋宗室趙汝适曾爲福建路市舶提舉，著《諸蕃志》二卷，乃其市舶所通者也。所列有天竺、大秦諸國。大秦即祆教所從出，今西洋之國也。南宋時已有海舶至福州，則西洋之航海而至中國，由來久矣。岳珂《桯史》稱：「廣州海獠即大秦種類。」豈其時已有遺種於中華邪！

晉釋法顯《佛國記》所載，法顯於摩梨帝國附商人大船，晝夜十四日，到師子國。又九十日許，到邪婆提國。以四月十六日發邪婆提，七月十五日到青州長廣郡界。據此推之，其海程所歷，亦不過二百日，即由西洋至中國矣。

禦火器之法

西人火器之法，傷天地之和，爲萬世之害，而自來無能禦之者。余謂中國自有禦火器之法，但人不考掌故，致失其傳，實即軍中所用藤牌也。康熙中，曾用之以破羅刹。恭讀《平定羅刹方略》云：「康熙二十三年十二月乙巳，命選擇藤牌官兵。上諭兵部，征勦羅刹所需藤牌官兵，應分遣司員至山東、河南、山西三省，於安插褪荒福建投誠官兵内選擇善用藤牌、願行效力五百人，令地方大臣給銀，贍其妻子，兼爲整裝。又諭，聞福建有雙層堅好藤牌，移文提督施琅選取四百，并長刀速送至京，毋誤軍機。二十四年，兵部以福建送至雙層藤牌三十、單層藤牌三百七十呈閲。上諭，藤牌稍薄，雙層者加舊棉一層，單層者加舊棉二層。」是康熙時征羅刹以藤牌爲利器也。此事大興劉獻廷所著《廣陽雜記》述建義侯林興珠事言之最詳：「甲子冬，上在景山，召見，論及火器之利，問所以禦之者。曰：『惟滚被爲第一。』上問：『何物？』曰：『即人家所用棉被也，柔能制剛。』因詳言其進退滚閃之法。上又問：『被之外更有何法？』曰：『有滚牌，臣家有之。』命取至，曰：『汝家有能用此之人否？』曰：『有數人耳。』命召六人來，于上前跳舞。上命善射者，以雹頭射之，皆不能中，滚至面前，疾於飛鳥。上大喜，問：『能用滚牌之人，何方可以召募，得人幾何可成一旅？』曰：『多則一千，少或五百，可以用之。惟臣鄉漳泉之人多善此者，須於閩募之。』上曰：『此去閩遠，今直隷、山東、河南多臺灣投誠恳種者，皆閩人，召用之，五百可得也。』」此康熙中用藤牌之縁起也。後阿克薩之捷，林興珠果以藤牌得利。羅刹見之，皆驚呼曰「大帽韃子」。然則藤牌能禦火器，信而有徵。今軍中非無藤牌，視同戲具，莫知其爲利器也。天心仁愛，必有善用藤牌者出，或更有善用滚被者，兩器相輔，使西人火器盡失其利，遂廢不用，豈非千古所大快乎。

西人水法

西人火器可惡，而其水法亦甚可喜。《舊唐書・拂菻國傳》：「盛夏之月，人厭囂熱，乃引水潛流，上偏屋宇，機製巧密，人莫之知。觀者惟聞屋上泉鳴，四簷飛溜，懸波如瀑，激氣成凉風，其巧妙如此。」按此即今西洋人水法之權輿。但《宋史・拂菻傳》則言：「其地甚寒，土屋無瓦。」屋果如此，則水法不必用，且亦不能用矣。與《唐書》所載不合，何也？

明萬曆時，西洋人熊三拔著《泰西水法》一書，一卷曰龍尾車，用挈江河之水。二卷曰玉衡車，附以專筩車，曰恒升車，附以雙升車，用挈井泉之水。三卷曰水庫記，用蓄雨雪之水。四卷曰水法附餘。五卷曰水法或問。六卷則諸器之圖式也。末有附記云：「此外決排江河，蓄洩湖淀，别爲一法。或於江湖河海之中，欲作橋梁、城郭、宫室，别爲一法。或於百里之遠，疏引泉源入於國城，任人取用，别爲一法。」是其法尚不盡於此書也。

日本國有鐵棒開井之法，用木製長梯架鐵棒一支，每支長四間，重六十貫目。日本以六尺爲一間，一百兩爲一貫目。將此棒硾入地中，盡一棒，又以一棒繼之，兩棒相接處有三孔，以横鐵貫之，隨地淺深，以及泉爲度。盡十二棒，無不及泉矣。抽出鐵棒，以巨竹如棒粗細者通其中節，首尾相銜，插入原穴中，即有清泉上湧如箭，盛夏不竭。一井之水可溉田十反。日本以方六尺爲一坪，三百坪爲一反。此法往歲曾有言於星使黎蒓齋者，星使以告知總理衙門，未知中國能試行否也。

今有以泰西水法施之園圃以爲玩者，然所費不貲，且又常需修理，頗不易也。余輿行市廛，間見賣魚者，蓄魚桶中，上設木桶盛水，以管引使下行，又決之使上注入魚桶，使魚得活水以生。余曰：此法可效也。因於曲園中山石間安一水缸，盛水其中，引而下之，又激而上之，注入小池，一如魚桶之法。雖不能久，然一擔水亦可歷兩時許。月夜聽之，丁東作琴筑聲，因笑曰：「何必機器。」

瓢泉

余西湖俞樓之後彭剛直爲鑿一小池，王夢薇以其小也名之曰瓢池。按：元時朱晞顔有《瓢泉吟藁》，則瓢池之名，亦有所仿矣。

洛如花

《雲仙雜記》云：「吴興山中有一樹，類竹而有實。鄉人以問陸澄，澄曰：『名洛如花，郡有文士則生。』」是洛如花固吴興山中所産也。乃朱竹垞有《洛如詩鈔》六卷，則皆康熙丁亥平湖人社集之詩。序言：「洛如花幹如竹，實似莢，郡有文士則生。」是又平湖故事矣。豈嘉禾接壤，並有此花乎？抑此花出《雲仙雜記》，本屬子虛，姑以是爲藝林佳話，隨地皆可施用乎？

桂花三種

明張朝瑞有《貢舉考》九卷。其第一卷事例之中引桂有三種，紅爲狀元，黄爲榜眼，白爲探花，以證鼎甲三人所自起。按：此不經之論。然近代久不聞矣，得此亦一佳故實也。

《俞樾全集》總目録